LE DISCOURS ESCHATOLOGIQUE
DE MATTHIEU 24-25:
TRADITION ET RÉDACTION

NIHIL OBSTAT
Le 31 août 1982
P. BENOIT, O. P.

IMPRIMATUR
Le 20 septembre 1982
P. FAYNEL, v.é.

ISBN 2-85021-011-0

ÉTUDES BIBLIQUES

(NOUVELLE SÉRIE No 2)

LE DISCOURS ESCHATOLOGIQUE DE MATTHIEU 24-25 : TRADITION ET RÉDACTION

par

Victor Kossi AGBANOU

PARIS

LIBRAIRIE LECOFFRE

J. GABALDA et Cie Éditeurs

rue Bonaparte, 90

—

1983

MATRI ET AMICIS

ABRÉVIATIONS COURANTES

AThANT	Abhandlungen zur Theologie des Alten und des Neuen Testaments.
Bibleb	Bibel und Leben.
BZNW	Beihefte zur Zeitschrift für die Neutestamentliche Wissenschaft.
Did	Didachè.
EHPhR	Études d'Histoire et de Philosophie Religieuses (Strasbourg).
EKK	Evangelisch-katolischer Kommentar.
EvTh	Evangelische Theologie.
FRLANT	Forschungen zur Religion und Literatur des Alten und Neuen Testaments.
HThK	Herder Theologischer Kommentar zum Neuen Testament.
ICC	International Critical Commentary.
JBL	Journal of Biblical Studies.
JTS	Journal of Theological Studies.
LThK	Lexikon für Theologie und Kirche.
NF(NS)	Neue Folge (New Series).
NovTest	Novum Testamentum.
NTA	Neutestamentliche Abhandlungen.
NTD	Das Neue Testament Deutsch.
NTS	New Testament Studies.
RB	Revue Biblique.
RHPhR	Revue d'Histoire Philosophie Religieuse.
RNT	Regensburger Neues Testament.
RQ	Revue de Qumran.
RSR	Recherches de Sciences Religieuses.
SBM	Stuttgarter Biblische Monographien.
SBS	Stuttgarter Bibelstudien.
StANT	Studien zum Alten und Neuen Testament.
Str.-Bill.	Strack-Billerbeck.
ThHK	Theologischer Handkommentar zum Neuen Testament.
ThWB	Theologisches Wörterbuch zum Neuen Testament.
ThZ	Theologische Zeitschrift.
TLZ	Theologische Literaturzeitung.
TOB	Traduction Œcuménique de la Bible.
TThZ	Trierer Theologische Zeitschrift.
TU	Texte und Untersuchungen zur Geschichte der Altchristlichen Literatur.
V. (vv.)	verset (versets).
VTB	Vocabulaire de Théologie Biblique.
WMANT	Wissenschaftliche Monographien zum Alten und Neuen Testament.
ZNW	Zeitschrift für die Neutestamentliche Wissenschaft und die Kunde des Urchristentums.
ZThK	Zeitschrift für Theologie und Kirche.

PRÉFACE

La présente étude sur les chapitres 24 et 25 de l'Évangile de Matthieu contient l'essentiel d'une thèse de doctorat en théologie, soutenue le 17 février 1982 à l'Institut d'Exégèse Biblique (NT) de la Faculté catholique de l'Université de Munich sous le patronnage du professeur J. Gnilka.

Le désir d'étudier le discours eschatologique du premier évangéliste est né au hasard d'une conversation avec le professeur Gnilka, qui n'a depuis lors cessé de m'encourager et de me prodiguer conseils. Qu'il soit ici salué et remercié pour son extrême bienveillance et sa rigueur scientifique qui force l'admiration. Sans lui ce travail n'aurait pas abouti à ce présent résultat.

Qu'il me soit permis aussi, par la même occasion, de remercier ici tous mes amis allemands et français qui m'ont aidé d'une façon ou d'une autre. Toute rencontre est grâce et je suis seul à savoir ce que je leur dois. Je voudrais en particulier remercier Mᵐᵉ Christel Heil qui a bien voulu dactylographier le manuscrit. A elle mon souvenir de particulière gratitude. Que le Père E. Soika soit ici remercié. J'ai trouvé chez lui une généreuse et cordiale hospitalité et un cadre propice à la recherche. J'exprime ma sincère gratitude à l'Institut MISSIO d'Aix-La-Chapelle, qui non seulement m'a accordé une bourse d'étude mais a bien voulu prendre en charge une partie des frais d'impression du présent ouvrage. Le Père Benoît a relu attentivement le manuscrit, l'accompagnant de ses observations critiques toujours bienvenues. A lui ainsi qu'à tous mes étudiants de Sᵗ-Gall ma profonde gratitude.

Akodéha Février 1983
Victor AGBANOU

INTRODUCTION

A côté des nombreux travaux consacrés, dans ces dernières années, au discours eschatologique de Marc et de Luc, le premier évangéliste fait figure de parent pauvre parmi les synoptiques[1]. En effet depuis W. Marxsen — pour commencer par celui qui, le premier a appliqué la méthode critique de la « Redaktionsgeschichte » à ce chapitre — les discours apocalyptiques de Marc et de Luc ont été l'objet d'études constantes et approfondies. On pourrait citer, pour ne mentionner que ceux-là, les travaux de W. Marxsen[2], de F. Mussner[3], de L. Hartman[4], de J. Lambrecht[5], de R. Pesch[6], de L. Gaston[7] sur Mc 13 ; ceux de J. Zmijewski[8] et de R. Geiger[9] sur le discours eschatologique de Luc. A part quelques pages réservées dans les commentaires à ce discours du Christ matthéen, ou quelques monographies rapides sur l'une ou l'autre péricope, il n'y a jusqu'à présent, à notre connaissance, aucune étude satisfaisante sur l'ensemble du discours eschatologique de Matthieu[10].

Ce manque d'intérêt est peut-être dû au fait que l'on a considéré que la perspective théologique de Mt dans ces deux chapitres n'est pas différente de celle de Marc, que l'évangéliste Matthieu aurait ainsi reprise à son compte. Ainsi pour l'exégète belge B. Rigaux, « Mt reprend de très près la marche du discours de Mc », composition littéraire présentée comme un discours d'adieu, selon un genre répandu dans le judaïsme, l'apocalyptique, où traditions juives et chrétiennes sont intimement entremêlées[11]. On n'étudie bien

---

1. Cette pauvreté, voire ce manque d'étude sur l'apocalyptique matthéenne rend un examen de l'état de la recherche inintéressant, sinon impossible.
2. *Der Evangelist Markus*, Göttingen 1956.
3. *Was lehrt Jesus*, Freiburg 1958.
4. *Prophecy interpreted,* Lund 1966.
5. *Redaktion*, Rome 1967.
6. *Naherwartungen*, Düsseldorf 1968.
7. *No Stone on another*, Leyden 1970.
8. *Eschatologiereden*, Bonn 1972.
9. *Endzeitreden*, Bern/Frankfurt/M 1973.
10. Il ne nous a pas été possible de consulter la thèse non encore publiée de S. VADAKUMPADAN, soutenue à Rome (Institut Biblique) en 1976, sous le titre de *The Parousia Discourse Mt 24-25. Tradition and Redaction*. L. SABOURIN la mentionne dans son commentaire de Mt (Rome 1978), p. 302.
11. B. RIGAUX, *Mt*, p. 127.

souvent le discours de Matthieu qu'en fonction des modifications qu'il apporte au texte de Marc. Notre étude voudrait se consacrer à l'ensemble des deux chapitres eschatologiques, pour en dégager la perspective théologique et cela dans son rapport avec l'ensemble de la théologie mathéenne.

Nous nous rallions à l'hypothèse de la « petite apocalypse » pour la composition de Mc 13, hypothèse selon laquelle Marc aurait rédigé le discours eschatologique à l'aide d'un livret apocalyptique composé vers l'an 40 à la suite des tentatives de l'empereur romain Caligula d'installer sa statue dans le temple[12]. Mais quelle que soit l'histoire de la composition littéraire des différentes parties du texte marcien, il est parvenu à Matthieu comme une unité, et il est nécessaire de se pencher surtout sur l'examen de l'origine des éléments que Matthieu seul rapporte pour réinterpréter ces données de Marc, en modifiant de façon bien significative son texte. Cet examen est d'autant plus nécessaire qu'écrivant son évangile après la destruction de Jérusalem et du temple, il fait une lecture des événements d'un autre point de vue que le second évangéliste. Il les place dans une nouvelle perspective, celle de l'histoire du salut, telle qu'elle se dégage de son œuvre : ainsi par exemple il fait une distinction entre la destruction du temple et la Parousie et la fin du monde.

Un certain nombre de problèmes seront abordés, qui méritent un nouvel examen : la nature de l'attente de la Parousie chez le premier évangéliste, qui croit qu'elle aura lieu au cours de « cette génération » (24,34), affirmation qu'il faut comparer à d'autres où semble s'exprimer un certain retard de la Parousie (cf. 24, 48 ; 25, 5.19). Enfin dans la péricope du jugement dernier, il y aura à examiner qui sont « toutes les Nations » rassemblées pour le jugement : l'expression désigne-t-elle seulement les païens, ou aussi les Juifs et les chrétiens ? Qui sont « ces plus petits de mes frères » auxquels le Fils de l'Homme s'identifie ? Nous espérons apporter une solution satisfaisante à ces questions. Mais la première question que pose l'exégèse de ce discours est celle de la provenance des passages propres à Mt, et qui sont relativement abondants ici. On verra qu'on ne doit pas tout de suite écarter l'hypothèse de l'utilisation d'une source particulière. L'analyse permettra de préciser tant soit peu les contours de cette source.

Notre présupposé est la théorie des deux sources, ici la dépendance de Mt par rapport à Mc et à Q ; le rapport des évangiles synoptiques entre eux, vu sous cet angle, n'est certes pas un problème résolu, mais la théorie des deux sources a fait ses preuves et constitue pour le moment la meilleure solution du problème synoptique.

Notre méthode de travail sera celle de la critique des formes, de la tradition

---

12. Ainsi E. SCHÜRER, *Geschichte*, I, p. 495-506 ; G. HÖLSCHER, *Ursprung*, p. 193-202 ; d'autres auteurs tiennent les années 66-70 pour plus probables, c'est-à-dire juste avant la rédaction de Mc, sous l'influence de la crise juive : W. GRUNDMANN, *Mk*, p. 259 ; W. MARXSEN, *Mk*, p. 115 s. ; J. GNILKA, *Mk* II, p. 211-212 ; R. PESCH, *Naherwartungen*, p. 216-218, admet l'une et l'autre possibilités.

et de la rédaction. Nous procéderons par l'analyse de petites unités, telle que la pratique la Formgeschichte. Cela permettra de replacer ces unités dans le Sitz im Leben de la communauté primitive. Pour ce faire, il sera d'abord nécessaire de faire la comparaison des textes synoptiques, étudier les ressemblances et les différences, les emprunts ou l'indépendance de Mt envers Mc ou Q, ou autres sources — cette comparaison synoptique sera notre « critique littéraire ». L'analyse des formes se bornera à l'étude des particularités de la composition matthéenne. Ces deux premières étapes déboucheront sur l'examen des éléments de la tradition et l'origine des différents matériaux. Et comme l'évangéliste n'est jamais un simple copiste ou compilateur, mais qu'il laisse son empreinte sur les unités, même prises de la tradition, il sera nécessaire d'établir une distinction entre tradition et rédaction, ce qui permettra de souligner les éléments prématthéens d'une part, et leur interprétation théologique par l'évangéliste d'autre part, et cela en tenant compte non seulement des deux chapitres, mais de l'ensemble de l'Évangile, car comme le dit bien B. Rigaux « l'eschatologie devenue un chapitre dans l'ensemble de la doctrine matthéenne reste cependant attachée à la vie du mouvement qu'a déclenché l'annonce du Règne par Jésus »[13].

Le chapitre premier cherchera à situer le discours eschatologique dans le contexte général de l'Évangile. Le chapitre second sera consacré à l'analyse de la structure du discours en faisant ressortir les petites unités thématiques. Les péricopes ainsi délimitées seront étudiées en détail dans les chapitres suivants. Une brève conclusion permettra de présenter les résultats des analyses précédentes.

Telle est la tâche que se propose la présente étude. Si nous réussissons, ce sera une appréciable contribution à l'approfondissement de l'apocalypse synoptique et de la théologie de Matthieu.

13. B. Rigaux, *Mt*, p. 180.

PREMIÈRE PARTIE

CHAPITRE PREMIER

LE CONTEXTE DU DISCOURS ESCHATOLOGIQUE DANS L'ÉVANGILE DE MATTHIEU

Considéré du point de vue historique, théologique ou littéraire, chacun de nos Évangiles synoptiques est un contexte ; dès lors une étude, même partielle, ne peut négliger l'examen de l'ensemble de l'Évangile, car c'est dans l'ordonnance qu'il impose à sa matière que l'auteur révèle sa conception fondamentale. Ceci est d'autant plus vrai pour Matthieu dont la plupart s'accordent à dire que son Évangile présente un caractère plus étudié et plus ordonné[1].

Avec raison note P. Bonnard, « L'analyse de la structure générale de l'Évangile, puis de chaque péricope comparée aux parallèles évangéliques et surtout de l'usage matthéen de l'Ancien Testament nous a fait découvrir un genre littéraire à la fois populaire et achevé ou étudié »[2].

Cependant, si la plupart des exégètes s'accordent sur le caractère composé et étudié de l'Évangile de Matthieu, l'accord est loin d'être fait sur le plan suivi par l'auteur. Il y a plusieurs catégories de systèmes différents qui s'opposent les uns aux autres, surtout à partir du chapitre 4, 12 jusqu'à l'arrivée de Jésus à Jérusalem (chap. 21). Les uns mettent l'accent sur la théologie de Matthieu, ou plus précisément sur sa christologie, tandis que pour les autres, ce sont les éléments structurels, biographiques ou géographiques qui servent de motifs pour la structuration de l'Évangile.

Nous proposons de présenter dans les pages qui suivent quelques-uns des divers plans suggérés pour le premier Évangile, en portant notre attention sur le sort réservé aux deux chapitres eschatologiques qui font l'objet de notre étude. Nous ne pouvons prétendre entrer dans les détails ; notre seul intérêt est de montrer la place qu'occupe le discours eschatologique dans l'ensemble de l'Évangile.

---

1. Cf. P. GAECHTER, *Kunst*, p. 5 ; E. LÉVESQUE, *Quelques procédés*, p. 388.
2. P. BONNARD, *Mt*, p. 7.

1. DIFFÉRENTS ESSAIS DE STRUCTURATION DU PREMIER ÉVANGILE

a) *Plan typologique de l'école de Bacon.*

L'hypothèse d'une division de l'Évangile de Matthieu en cinq livres remonte sans doute à Papias dont le commentaire de Matthieu en cinq livres correspondrait à la structure même de l'Évangile[3]. La position de B.W. Bacon s'appuie sur la récurrence des cinq formules stéréotypées : « Et il arriva, quand Jésus eut achevé ces discours... » (Mt 7, 28 ; 11, 1 ; 13, 53 ; 19, 1 ; 26, 1). Frappé en outre par le lien des sections narratives avec les discours, il propose un plan en cinq livres : chaque livre contiendrait une section narrative qui prépare un discours[4]. Les chapitres 1-2 et 26-28 tombent en dehors de ce plan et sont considérés respectivement comme prologue et épilogue de l'Évangile.

L'influence de l'hypothèse de Bacon sur les études matthéennes a été considérable. De nos jours, bon nombre de commentateurs adoptent cette hypothèse et trouvent dans l'Évangile de Matthieu une réplique du Pentateuque : Jésus est le nouveau Moïse et le nouvel Israël, venant avec une nouvelle Révélation de Dieu[5].

K. Stendahl propose un plan détaillé ainsi charpenté :

Ie partie   : a) 3, 1-4, 25 Section narrative.
             b) 5, 1-7, 27 Le Sermon sur la Montagne.
IIe partie   : a) 8, 1-9, 35 Section narrative
             b) 9, 36-10, 42 Discours de Mission
IIIe partie : a) 11, 2-12, 50 Section narrative.
             b) 13, 1-52 Enseignement sur le Royaume des cieux.
IVe partie : a) 13, 54-17, 20 Section narrative
             b) 17, 22-18, 35 Discours communautaire.
Ve partie   : a) 19, 2-22, 46 Section narrative.
             b) 23, 1-25, 46 Discours eschatologique et adieux[6].

Tout en adoptant cette hypothèse de Bacon, il se montre cependant bien réservé, reconnaissant l'impossibilité de tenir à la division en cinq livres[7].

P. Benoit découvre lui aussi chez Matthieu une division traditionnelle en cinq parties, à l'instar des cinq livres du Pentateuque, des cinq recueils des

---

3. Cf. EUSEBIUS, *Hist. eccl. III*, 39, 1 ss.
4. Cf. B.W. BACON, *The five Books*, p. 56-66 ; *Studies in Matthew*, p. 82, 265-335.
5. Cf. J.L. McKENZIE, *The Gospel*, p. 62 ; J. SCHMID, *Einleitung*, p. 236 ; G. BORNKAMM, *Uberlieferung*, p. 32 ; R. HUMMEL, *Die Auseinandersetzung*, p. 72.
6. K. STENDHAL, *The School*, p. 24-25.
7. *The School*, p. 27 : « it is hardly possible to make a detailed division of the Gospel into five consistent books with five distinct headings, as Bacon and Findlay do, for they fail to recognize strongly enough Matthew's nature as a revised Gospel of Mark ; the disposition which Matthew accounts for is primarily that of the discourse ».

psaumes, des cinq Megillot dans le canon juif des Écritures : Cantiques, Ruth, Lamentations, Ecclésiaste, Esther[8]. Il va même plus loin : pour lui la structure pentateucale serait prérédactionnelle, l'ordonnance même de la source commune des trois synoptiques[9].

Et même dans l'arrangement de ses matériaux Matthieu serait tenté par le chiffre cinq : par exemple les cinq épisodes de l'Évangile de l'Enfance[10], les cinq pains pour les cinq milles personnes[11], les cinq sujets avec les pharisiens[12], les cinq vierges étourdies et les cinq vierges prévoyantes[13], les cinq talents[14].

Mais P. Benoit n'en reste pas à cette division en cinq livres. Dans le plan qu'il propose, il présente finalement l'Évangile en sept sections, assez subtilement d'ailleurs : « Il n'est donc pas surprenant qu'il (Matthieu) ait délibérément choisi le chiffre de cinq pour diviser le corps de son ouvrage. D'autant plus qu'en ajoutant au début les récits de l'Enfance (1-2) et à la fin ceux de la Passion et de la Résurrection (26-28) il obtenait le chiffre non moins traditionnel de *sept*, qui lui était également cher »[15].

Des exégètes comme F. Hahn[16], G.D. Kilpatrick[17] et J.L. McKenzie[18] restent faborables à la thèse de Bacon et insistent surtout sur les cinq discours de l'évangile. Le dernier, par exemple, propose un plan en huit parties, les cinq discours formant la partie centrale encadrée par les récits de l'Enfance et ceux de la Passion et de la Résurrection.

Le grand reproche qu'on peut faire à ce plan typologique est qu'il laisse en marge les deux premiers et les deux derniers chapitres de l'Évangile, considérés seulement comme prologue et épilogue. Ces chapitres sont essentiels à la compréhension de l'Évangile. Pour Matthieu, Jésus est avant tout le Messie, le fils de Dieu, et il prend soin de le montrer dans les premiers chapitres de son « Livre » (1, 1-4, 16). D'autre part la Passion-Résurrection occupe une place capitale dans le récit. Annoncée par trois fois[19] et préparée progressivement

---

8. Cf. P. BENOIT, *Mt*, p. 11.

9. P. BENOIT, *Mt*, p. 29 ; Cf. aussi J.C. FENTON, *Mt*, p. 14 et l'exposition de L. CERFAUX, *La voix vivante*, p. 44 ss ; L. VAGANAY, *Le problème synoptique*, dans *Eph. Theol. Lov.* 28 (1952), 238-256.

10. Mt, 1, 18-25 ; 2, 1-12 ; 13-15 ; 16-18 ; 19-23.

11. 14, 17-21 ; 16, 9.

12. 21, 23 ss ; 22, 15 ss.

13. 25, 1 s.

14. 25, 15 ss.

15. P. BENOIT, *Mt*, p. 12 ; cf. aussi p. 179-185 et RB 72 (1965) 595-601, où par contre il affirme : « Je m'associe tout à fait à sa conclusion » (de W. Davies). « Cette disposition réglée sur cinq discours est un fait littéraire certain, qui ne doit pas être sous-estimé : mais Mt ne l'a pas trouvée dans des sources, c'est lui qui en est l'auteur. Le rapprochement avec le Pentateuque ne dépasse guère l'arrangement par cinq... » (p. 596).

16. *Hoheitstitel*, p. 400-401.

17. *The Origins*, p. 99 et 135-136.

18. *Mt*, p. 62.

19. Mt 16, 21 ; 17, 22-23 ; 20, 18-19 ; cf. aussi 26, 2.

par les événements de la vie de Jésus, elle représente le point culminant vers lequel converge tout l'Évangile.

Mais il faut rendre compte de la place faite aux chapitres 24-25 dans les différents plans. On les a bien souvent considérés comme faisant partie d'un vaste ensemble. Chez B.W. Bacon par exemple, le cinquième livre correspondrait aux chapitres 19, 2-26, 2[20]. Il est clair que la partie narrative de cette partie de l'Évangile a un rapport thématique étroit avec le discours eschatologique.

b) Le plan géographique et biographique.

Le plan le plus communément adopté par les commentateurs est à base géographique, selon l'ordonnance de Marc que Matthieu aurait en grande partie suivie[21]. Suivant ce principe J. Lagrange propose le plan suivant :

Mc 1, 15-7, 23 par Mt 4, 12-15, 20 : Ministère en Galilée.

Mc 7, 24-9 par. Mt 15, 21-18, 35 : Ministère aux environs

Mc 10, 1-52 par. Mt 19, 1-20, 34 : Voyage à Jérusalem.

Les derniers chapitres concernent le ministère à Jérusalem. Cette structure proposée par Lagrange concerne les sections strictement parallèles à Mc, c'est-à-dire à partir de Mt 4, 12 jusqu'à l'arrivée à Jérusalem[22]. W. Trilling part de ce schéma pour construire un plan regroupant tout l'Évangile : 1-2, 23 : Prologue ; 3, 1-4, 11 : Préparation du ministère de Jésus ; 4, 12-13, 58 : Jésus en Galilée ; 14, 1-20, 34 : autour de la Galilée et vers Jérusalem ; 21, 1-28, 20 : Jésus à Jérusalem[23].

Ce plan géographique semble avoir inspiré X. Léon-Dufour, qui reproche à la division en cinq discours de cacher le caractère dynamique de l'Évangile et d'en faire un manuel, alors que Mt veut avant tout raconter une vie : « Wenn man die von Mt eingefügten Übergänge berücksichtigt, wandelt sich der geographische Grundriss in einem dynamischen und dramatischen Aufbau »[24]. Il propose à cause de cela un plan dynamique et plus matthéen, à partir de l'activité de Jésus. Pour lui, un des principaux éléments qui permettent de déterminer le plan est le rôle joué par le Baptiste. Ce dernier est en effet mentionné aux principaux moments de la vie de Jésus : sa prédication (3, 1-17) introduit celle de Jésus, marquée par l'expression : ἀπὸ τότε ἤρξατο ὁ Ἰησοῦς (Mt 4, 17) ; sa mort (Mt 14, 1-12) préfigure dans une certaine mesure

---

20. B.W. BACON, *Studies in Mt*, p. 80. Ainsi à peu près J.L. McKENZIE : 19, 1-25, 46 ; P. BENOIT : 19-25.

21. Cf. F. NEIRYNCK, *Structure*, p. 66 ; W.C. ALLEN, *Mt*, p. LXIII ; G. KÜMMEL, *Einleitung*, p. 77 ; J. SCHMID, *Einleitung*, p. 226-229.

22. Cf. M.-J. LAGRANGE, *Mt*, p. XXIV.

23. Cf. W. TRILLING, *Mt*, p. 153 ; comparer aussi F. NEIRYNCK, *Structure*, p. 58-59 ; A. WIKENHAUSER, *Einleitung*, p. 127-130 : « Trotzdem der Evangelist den ev. Stoff möglichst in systematischer Ordnung darzubieten bestrebt ist, hat er seinem Buch doch den gleichen historisch-geographischen Aufriß des Wirkens Jesu zugrunde gelegt wie die beiden anderen Synoptiker (p. 135).

24. X. LÉON-DUFOUR, in A. ROBERT/A. FEUILLET, *Einleitung*, p. 157.

la passion de Jésus. Il obtient ainsi un plan à deux parties, les chapitres 1-2 étant considérés comme prologue : chapitres 3-13 : le peuple juif refuse de croire à Jésus ; chapitres 14-28 : Passion et Gloire.

Pour lui les chapitres 24, 1-27, 66 forment une unité qui a trait au jugement de Jésus par les hommes[25].

D'après E. Lohmeyer, Schmauch et E. Krenz la formule ἀπὸ τότε ἤρξατο ὁ' Ιησοῦς apparaît aux moments essentiels de l'Évangile et marque le début d'une nouvelle phase de la vie de Jésus : 4, 17 à partir de ce moment, Jésus se mit à prêcher... 16, 21 à partir de ce moment Jésus se mit à dire à ses disciples qu'il lui fallait s'en aller à Jérusalem, y souffrir... Cette formule devrait être considérée comme un exorde, un commencement solennel ; Matthieu aurait donné au verbe ἄρχομαι un sens fort ; les deux versets 4, 17 et 16, 21 doivent, pour cette raison, être considérés comme des incipits déterminant les deux parties du livre : 4, 17-16, 20 : La prédication du Règne de Dieu en Galilée ; 16, 21-25, 46 Jésus en route vers Jérusalem. Ici aussi les chapitres 1-4 et 26-28 sont considérés comme prologue et épilogue[26].

Ces divers essais de structuration du premier Évangile pèchent certainement par leur manque de précision. Presque tous laissent en dehors du plan le récit de la Passion, qui pourtant est d'une grande importance pour l'évangéliste. D'autre part le chapitre 23 a été bien souvent à tort regardé comme une unité à part sans lien avec le discours eschatologique.

c) *Le plan didactique.*

Restent favorables à cette hypothèse J. Schmid, A. Schlatter et de nos jours P. Bonnard. Ce dernier ne propose pas dans son commentaire un plan détaillé : « Tous les plans sont dangereux »[27].

Comme A. Schlatter[28], il propose un plan didactique, à la base des cinq discours, auxquels il donne plutôt le nom d'instructions que celui de discours, car, pour lui, ce ne sont pas des développements logiques et unis comme les grands discours johanniques. Ce sont plutôt, reconnaît-il, des collections de sentences rassemblées par l'évangéliste dans un but pédagogique et didactique : « Comme les rabbis de son temps, le Christ matthéen enseigne par brèves touches successives et imagées... »[29]. Plus nuancé que A. Schlatter il reconnaît un certain caractère biographique aux parties narratives, lesquelles ont pour fonction de décrire la destinée historique et mettre en lumière les instructions pratiques du maître pour la vie de l'Église[30].

Intéressant pour le point de vue qui nous préoccupe, ce plan voit une

25. X. Léon-Dufour, in A. Robert/A. Feuillet, *Einleitung*, p. 157 ; différent chez Wikenhauser (*Einleitung*) qui considère les ch. 23-25 comme un double discours portant sur le jugement « Gerichtsreden », p. 133.

26. Cf. F. Neirynck, *Structure*, p. 56.

27. P. Bonnard, *Mt*, p. 17.

28. *Die Kirche des Matthäus.*

29. P. Bonnard, *Mt*, p. 7.

30. Cf. P. Bonnard, *Mt*, p. 7 ; J. Schmid, *Einleitung*, p. 239.

grande unité entre les chapitres 21 à 25 et reconnaît un lien très étroit entre le chapitre 23 et le discours eschatologique[31].

Cette proposition se rapproche de notre propre point de vue, car, comme nous le verrons, les chapitres 19-25 forment une section unique à cause de la thématique du jugement que Matthieu y traite.

d) *Le plan structurel.*

Partant du principe qu'un texte porte en soi les principes de sa propre structuration, P. Gaechter s'est efforcé de relever les éléments structurels qui permettent de déterminer le plan du premier Évangile. Il y découvre sept parties. Le chiffre sept domine et détermine la structure de l'Évangile, non seulement dans sa forme extérieure, mais aussi dans la répartition interne des chapitres[32]. Il obtient ainsi le schéma suivant : I) 1-4 ; II) 5, 1-9, 34 ; III) 9, 35-12, 50 ; IV) 13, 1-16, 20 ; V) 16, 21-20, 16 ; VI) 20, 17-25, 46 ; VII) 26-28.

Ainsi les chapitres 1-4 et 26-28 sont intégrés au plan. Ils ne contiennent aucun discours, formant ainsi un chiasme qui encadre les parties contenant des discours. Quant aux chapitres 24-25, ils sont insérés dans un ensemble plus vaste, mais il considère le chapitre 23 comme un genre littéraire à part, sans lien avec le discours eschatologique[33].

e) *Autres plans.*

B. Rigaux, bien réservé à l'égard du plan à base de discours, propose un plan quadripartite, tenant compte à la fois des parties, des formules et des sommaires fournis par l'auteur lui-même : dans l'ordonnance de l'ouvrage, c'est la volonté de l'auteur lui-même qui constitue la seule norme sûre[34] : 1, 1-2, 23 : les récits de l'Enfance ; 3, 1-4, 1-11 : Introduction au ministère public de Jésus ; 4, 12-20, 35 : Jésus en Galilée et en dehors de la Galilée ; enfin la quatrième partie correspond aux chapitres 21-28 : les derniers jours de Jésus à Jérusalem[35]. Pour lui, le discours eschatologique, le sixième de l'Évangile, est bien nettement séparé de celui contre les pharisiens[36].

Pour J.D. Kingsbury, l'Évangile de Mt est essentiellement une christologie, et sa structure met en lumière l'importance et la signification de la personne de Jésus, à la fois pour Israël et les Gentils. Il voit ainsi à la base du livre une présentation de l'histoire du salut en deux moments : le temps d'Israël et le temps de Jésus. Une première partie 1, 1-4, 16, présente la personne de Jésus le Messie ; la seconde 4, 17-20, 16 la proclamation de Jésus, le Messie ; enfin la troisième 20, 17-28, 20 : la Passion et Résurrection. Il trouve lui aussi une justification de cette structure dans la formule ἀπὸ τότε ἤρξατο ὁ Ἰησοῦς

31. Cf. P. BONNARD, *Mt*, p. 330 et 345 : il voit dans les versets 23, 37-39 un logion indépendant que Mt a inséré ici pour passer directement au discours eschatologique.
32. Cf. P. GAECHTER, *Kunst*, p. 13.
33. Cf. P. GAECHTER, *Mt*, p. 720.
34. B. RIGAUX, *Mt*, p. 52.
35. Cf. B. RIGAUX, *Mt*, p. 20-25.
36. Cf. B. RIGAUX, *Mt*, p. 124.

(4, 17 et 20, 17) qui détermine les deux moments essentiels de la vie de Jésus[37].

Nous ne pouvons pas nier la fécondité des divers plans ci-dessus exposés. A l'occasion nous avons critiqué les uns et montré les insuffisances des autres. Nous ne préjugeons cependant pas d'un plan qui soit absolument le meilleur. Chacun de ceux proposés présente son originalité propre et tente de mettre l'accent sur un aspect important du premier Évangile, sans toutefois qu'on puisse prétendre qu'il a épuisé la richesse et éclairé la complexité de Matthieu.

Sans toutefois aller dans les détails, nous sommes cependant d'avis qu'un essai de structure de Mt doit être la plus englobante possible, tenant compte à la fois des nombreuses corrélations présentes dans le texte et des charnières d'une section à l'autre. Les premières comme les dernières, qui sont des éléments rédactionnels, peuvent certainement aider à percevoir la ligne directrice immanente au texte de l'Évangile.

2. LE PLAN PROPOSÉ DE L'ÉVANGILE DE MT

Les constatations négatives relevées dans les pages précédentes nous poussent à ajouter notre voix à ce concert déjà fort varié ; la complexité même du plan du premier évangile vient de la diversité des traditions utilisées par l'auteur pour la composition de son ouvrage. Il garde sa liberté de composition par rapport à Marc, à la structure duquel il ne se conforme que dans les grandes lignes ; les trois premiers chapitres, par exemple, présentent une structure originale. Ce n'est qu'à partir de Mt 13,53 qu'il reprend l'ordre de Mc 6, 1-16, 8.

Les distinctions souvent notées entre récits et discours sont artificielles et ne sont pas aussi nettes qu'on le suppose : en effet les sections dites narratives sont également étoffées de discours (Mt 11, 7-30 ; 12, 25-50 ; 21, 28-22, 14). La formule stéréotypée « et il arriva quand il eut fini ces instructions » ne veut que mettre en évidence cinq grands discours du Christ matthéen et ne doit pas être considérée comme l'élément structurel déterminant le plan de Mt.

Rien que ces observations générales nous poussent à chercher un principe structurel autre que celui basé sur les cinq discours. Ce principe structurel doit plutôt être cherché dans les préoccupations christologiques et ecclésiologiques de l'évangéliste et dans son insistance sur le thème du jugement, sans pourtant qu'il y ait toujours lieu de distinguer une ligne de partage absolue entre ces trois niveaux.

Pour Mt, Jésus est le Messie envoyé à Israël et exclusivement à lui (1, 21 ; 2, 16 ; 10, 5-6 ; 15, 24 ; 23, 37), pour accomplir les promesses concernant le Messie (1, 22-23) et enseigner le juste accomplissement de la Loi (3, 15 ; 5, 17-20 et les antithèses de 5, 21-48). Mais malgré ses enseignements et les miracles qui authentifient sa messianité, Israël refuse son Messie (27, 25). Ce rejet historique disqualifie Israël et lui enlève le privilège du peuple élu. Il ne sera plus

---

37. Cf. J.B. KINGSBURY, *Mt*, p. X.

désormais le seul destinataire et le seul agent du salut ; le Royaume est désormais confié à l'Église des Nations (21, 43 ; 28, 19) qui ainsi réalise la vocation universaliste du véritable peuple de Dieu, tandis qu'Israël est jugé[38]. C'est autour de ces trois grands traits que s'articulent les différents matériaux de l'Évangile.

I. — Dans une première section qu'on pourrait intituler « les débuts de Jésus le Messie » (1, 1-4, 11), l'évangéliste s'intéresse à la personne de Jésus, non pour les éléments biographiques, mais pour montrer son origine divine et sa mission messianique : Jésus est l'Emmanuel, le Sauveur d'Israël. La généalogie (1, 1-17) veut montrer son insertion humaine ; 1, 18-25 montre son origine divine ; 2, 1-12 : les païens viennent l'adorer, tandis que les Juifs le refusent et qu'il doit fuir en Égypte (2, 13-18) ; 2, 19-23 : le retour d'Égypte et l'établissement à Nazareth. A partir de 3, 1 commence le cycle de Jean Baptiste, mais il est entièrement tourné vers la personne et la mission messianique de Jésus, inaugurée par son baptême et ses tentations. 3, 1-12 : la prédication de Jean Baptiste ; 3, 13-17 : le baptême de Jésus, où se révèle encore son origine divine ; 4, 1-11 : les tentations de Jésus, vainqueur de Satan.

Deux grands thèmes dominent cette première section : christologie et ecclésiologie : Jésus, Fils de David et d'Abraham, présentation qui implique que tous les croyants sont inclus (cf. 3, 9). Dans la généalogie quatre femmes païennes sont mentionnées ; les rois mages viennent adorer Jésus : de la sorte le chemin de l'Église vers les païens se trouvent tracé.

II. — A partir de 4, 12, s'ouvre une nouvelle période : la mission de Jésus. Ce début est nettement marqué par l'arrestation de Jean-Baptiste et le départ de Jésus de Nazareth, 4, 1-17. Ce dernier morceau est généralement considéré comme le début d'une nouvelle section, sans toutefois que l'accord soit fait sur l'autre terme de la section. Elle contient une collection de paroles et d'actes de Jésus. Elle comprend aussi bien le discours de mission que le chapitre des paraboles qui finit en 13, 52. Cet ensemble 4, 12-13, 52 concerne la mission en Galilée. On pourrait y distinguer quatre grands chapitres.

A) Le sermon sur la montagne (chap. 5-7) précédé de l'appel des disciples (4, 18-22). Les vv. 23-25 constituent une conclusion-ouverture qui introduit à l'instruction sur la montagne. Les deux chapitres forment une unité. 5, 1-12 : les béatitudes ; 5, 13-16 : les exhortations ; 5, 17-48 : enseignement sur la justice ; 6, 1-34 : le caractère intérieur de la justice nouvelle ; 7, 1-27 : les monitions. Les vv. 27-29 constituent un résumé-conclusion sur l'effet de l'enseignement de Jésus sur la foule : « il les enseignait en homme qui a autorité... ».

B) Jésus puissant en actes (8, 1-9, 34). Ces deux chapitres sont à lire avec le sermon sur la montagne : ils sont encadrés par une sorte d'inclusion ; 4, 23 : « Puis, parcourant toute la Galilée, il enseignait dans les synagogues, procla-

---

38. C'est en particulier la thèse de W. TRILLING, *Das wahre Israel*, p. 105 ; cf. H. FRANKEMÖLLE, *Jahwebund*, p. 105 et 143.

mant la Bonne Nouvelle du Règne et guérissait toute maladie et toute infirmité parmi le peuple » ; et à la fin du chapitre neuvième, la répétition de la même formule : « Jésus parcourait toutes les villes et les villages, il y enseignait dans leurs synagogues, proclamant la Bonne Nouvelle du Royaume et guérissait toute maladie et toute infirmité » (9, 35). Les deux chapitres présentent dix miracles en trois cycles entrecoupés de récits. Ils montrent les actes de Jésus en faveur des pauvres et des malades : il a reçu le pouvoir de réaliser ce qu'il annonce ; la première série de miracles (8, 1-17) est expliquée par le passage d'Isaie 53, 4, montrant Jésus comme le Serviteur souffrant qui nous sauve. Les trois miracles suivants (8, 23-9, 8) sont encadrés par des appels à suivre Jésus et à devenir ses disciples (8, 18-22 ; 9, 9 ss.) ; Jésus invite à prendre conscience de la nouveauté du temps messianique et oblige à un choix (9, 14-17). La dernière série comprend quatre miracles (9, 18-34) et se termine par une note sur l'opposition des pharisiens à Jésus (9, 34) tandis que la foule s'émerveille (9, 33).

C) la mission des disciples (9, 35-10, 42). Ce chapitre fait pendant à la mission de Jésus en Israël, comparé à un troupeau sans berger (9, 36) ; 10, 24 s. les disciples sont comparés au maître. Il leur donne le pouvoir de guérir, de ressusciter... (10, 7-8). Les vv. 9, 35-10, 4 constituent une conclusion-ouverture, rappelant, d'une part, le contexte des chapitres précédents, et introduisant, d'autre part, à la situation du discours missionnaire. Jésus envoie les douze en mission proclamer la paix et le jugement pour les villes qui n'accueillent pas leurs paroles (10, 5-15) ; avertissement au sujet des persécutions (10, 16-25) ; promesse d'assistance dans les persécutions (10, 26-33) ; priorité de l'attachement à Jésus (10, 34-42).

D) Jésus part prêcher le Royaume (11, 1-13, 52). Ce chapitre marque un pas de plus dans le dévoilement du mystère du Christ matthéen, en même temps qu'il marque un tournant décisif dans le ministère galiléen de Jésus ; Mt présente en effet le Christ-Sagesse (11, 19) ; Fils (11, 25-27) ; Fils de l'Homme (12, 8) ; Serviteur (12, 18-21) ; Fils de David (12, 23) ; Jésus annonce sa passion (12, 40).

1) Jésus part en mission (chap. 11-12) : la question de Jean-Baptiste (déjà répondue en 9, 18-34) et la Sagesse manifestée par les œuvres de Jésus (11, 2-19) ; le refus de conversion d'Israël et la menace du jugement (11, 20-24) ; l'hymne de jubilation (11, 25-30) ; le refus des pharisiens : deux controverses sur le sabbat (12, 1-14) ; Jésus comme serviteur de Dieu (12, 15-21), thème illustré par la guérison du possédé (12, 22-32). Dans les péricopes suivantes l'évangéliste veut montrer l'attitude requise face à Jésus : l'homme sera jugé sur ses paroles (12, 33-37) ; l'exigence de conversion (12, 38-42) ; l'accomplissement de la volonté du Père comme condition d'appartenance à la famille de Jésus (12, 46-50) ; la péricope suivante (12, 43-45) lance un avertissement contre cette « génération mauvaise qui réclame un signe » (12, 39).

2) Le discours en paraboles (13, 1-52). Il se situe à la fin du ministère galiléen et est destiné à approfondir le mystère du Royaume chez les disciples

et la foule qui s'est attachée à l'enseignement de Jésus. La série des sept paraboles est entrecoupée par deux explications (celle de la parabole du semeur et de l'ivraie), une théorie sur l'enseignement en paraboles (13, 10-17) et sur le procédé parabolique (13, 34-35).

Cette section de l'Évangile de Mt a pour but de montrer le Messie, à travers ses actes et ses paroles. Jésus s'adresse au peuple comme l'Envoyé de Dieu, mais il se heurte à son incompréhension et à son refus. Les chap. 8-9 montrent en particulier l'intérêt ecclésiologique de Mt.

III. — Après avoir ainsi instruit les disciples et les foules sur le mystère du Royaume (cf. 13, 52), Jésus se concentre davantage sur le groupe des disciples et de ceux qui ont accueilli son message ; les pharisiens et les scribes et une grande partie de la foule ont rejeté Jésus. Face à leur opposition il se retire humblement (cf. 12, 14-15) et se replie sur le petit groupe chargé de continuer sa mission. La section concerne d'une part la foule, mais d'autre part la communauté des disciples et Pierre : « Tout ce que tu lieras sur la terre... » (16, 19) ; « tout ce que vous lierez sur la terre... » (18, 18). L'insistance particulière sur les traits concernant Pierre est propre à notre évangéliste[39]. Joints au thème du scandale, ces traits qu'on trouve dans les chap. 14 à 18, montrent que ces chapitres doivent être considérés comme une section et concernent la constitution de l'Église. La structure de 13, 53 à 18, 35 est donc déterminée par ces deux intérêts, la foule et la communauté avec Pierre à sa tête (13, 53-16, 4 et 16, 5-18, 35).

1. La foule considère Jésus seulement comme le fils du charpentier (13, 53-58) ou comme Jean-Baptiste ressuscité des morts (cf. 14, 1-12). Devant la foule et les disciples Jésus manifeste encore une fois par ses miracles ses pouvoirs divins (14, 13-36), qui culminent dans la confession : « Vraiment, tu es Fils de Dieu » (14, 33). Dans les vv. 15, 1-20, Jésus est aux prises avec les pharisiens sur les questions de tradition. Par opposition aux pharisiens et aux Juifs, Jésus loue la foi de la Cananéenne (15, 21-28) ; le lien de cette péricope avec la précédente s'explique par le fait que la Cananéenne est une non-juive, donc en quelque sorte en rapport avec le thème du pur et de l'impur des versets précédents. La multiplication des pains reprend le thème de nourriture des vv. 15, 10-20. Les vv. 16, 1-4 marquent un nouveau clivage entre Jésus d'une part et les pharisiens et sadducéens d'autre part. Ceux-ci représentent le peuple incrédule.

2. La seconde partie de cette section commence par un changement de lieu intentionnel : Jésus passe « à l'autre rive » (16, 5) et instruit en particulier ses disciples. Une seule fois il est explicitement question de la foule (17, 14) ; il est question surtout des disciples, de leur incompréhension (16, 5-12 ; 17, 13.23) ; mais Mt supprime la phrase concernant la « dureté » des disciples (Mc 8, 17) ; ils sont des hommes de peu de foi, mais ce sont ceux qui, comme Jésus, font la

---

39. Cf. aussi 14, 28-31 ; 15, 15 ; 16, 18-19 ; 17, 24-27 ; 18, 21-22.

volonté du Père, à qui, par conséquent, il confiera sa mission. Pierre occupe le centre de la scène : la confession de Césarée de Philippe et la promesse d'invincibilité à l'Église (16, 13-20) ; l'annonce de la Passion (16, 21-23) ; les conditions pour suivre Jésus (16, 24-28). Le récit de la transfiguration (17, 1-13) et la guérison de l'enfant lunatique (17, 14-21) sont présentés comme une aide à la foi des disciples. La seconde annonce de la Passion n'a pas de rapport immédiat avec la péricope précédente ; elle se situe au terme d'une étape de voyage : Jésus est en route vers Jérusalem, lieu de sa mort.

La séquence suivante (17, 24-27) doit être rattachée au chap. 18 et en développe le thème (18, 6-10) de sorte qu'il faut voir un lien intentionnel entre ces versets, l'exemple servant d'appui au précepte. D'autre part le chap. 18 commence par une indication chronologique très vague : « à cette heure-là »[40]. Le discours dit ecclésiastique est composé de deux grandes séquences, illustrée chacune par une parabole : 18, 1-20 : une communauté confiée à des pasteurs ; 18, 21-35 : le devoir de pardonner parce qu'on est pardonné.

IV. — La dernière section de l'Évangile concerne le Jugement, la Passion et la Résurrection (19, 1-28, 20). Un net changement de ton, de lieu et de circonstances distingue cette nouvelle section de la précédente. La formule du v. 19, 1 indique que l'unité précédente est close. Il y a ici encore quelques instructions sur le mariage, le divorce et le célibat, sur le danger de la richesse et la gratuité du don divin (19, 1-20) mais le ton est nettement polémique et dominé par le thème du jugement pour atteindre son point culminant dans la Passion et la Résurrection. La communauté est invitée à se comporter de façon à ne pas subir le sort d'Israël.

La troisième annonce de la Passion (20, 17-19) et la demande de la mère des deux fils de Zébédée (20, 20-28) sont motivées par la proximité de Jérusalem. L'insertion du récit de la guérison des deux aveugles (20, 29-34) est elle aussi commandée par ce contexte topographique et constitue comme une dernière révélation du mystère de Jésus, Fils de David.

Dans les chapitres 21 à 23 se fait le grand clivage entre Jésus et l'autorité religieuse du peuple, une sorte de procès qui causera finalement sa mort. Jésus entre à Jérusalem et est acclamé comme Fils de David (21, 1-11) ; il purifie son temple (21, 12-17). L'épisode du figuier maudit (21, 18-22) est destiné à renforcer la foi des disciples. De 21, 23 à 23, 39 tous les événements ont lieu dans le temple et se passent en un seul jour. La remise en question de l'autorité de Jésus (21, 23-27) se réfère directement à la purification du temple. Les trois paraboles suivantes (21, 28-22, 14) sont un jugement passé sur Israël et ses autorités. Les trois discussions rabbiniques (22, 15-40) sont présentées comme des pièges pour prendre Jésus au mot, mais il se montre souverain, de sorte que ses adversaires n'osent plus l'interroger (22, 41-46). Avec le chapitre 23 la rupture est consommée : Jésus dénonce l'hypocrisie des pharisiens.

Du chap. 24 à 28 se déroule le jugement en trois phases : dans le discours

40. Cf. E. SCHWEIZER, *Gemeinde*, p. 106.

eschatologique, c'est Jésus qui juge le monde ; dans la Passion il est jugé par les hommes (chap. 26-27) ; le dernier chapitre de l'évangile constitue en quelque sorte le jugement de Dieu : Jésus est ressuscité et apparaît en Galilée, donnant à ses disciples l'ordre de mission dans le monde entier.

Nous pouvons résumer comme suit la composition du premier évangile :
I.   Les débuts de Jésus le Messie (1, 1-4, 11)
II. La mission de Jésus le Messie (4, 12-13, 52)
     A Le sermon sur la montagne (chap. 5-7)
     B Jésus puissant en actes (8, 1-9, 34)
     C La mission des disciples (9, 35-10, 42)
     D La prédication du Royaume (11, 1-13, 52)
III. Vers la constitution de l'Église (13, 53-18, 35)
     A Jésus se sépare de la foule (13, 53-16, 4)
     B Jésus instruit son Église (16, 5-18, 35)
IV. Le jugement, la Passion et la Résurrection (19, 1-28, 20)
     A Jésus face à l'opposition des Juifs (19, 1-23, 39)
     B Le discours eschatologique (24, 1-25, 46)
     C La Passion et la Résurrection (26, 1-28, 20)

L'ordonnance générale du premier évangile ainsi esquissée permet de rendre compte de la compréhension matthéenne de l'histoire du salut, centrée sur Jésus et son enseignement, dont l'Église a reçu la mission d'actualiser le contenu pour le présent et l'avenir « jusqu'à la fin du monde ».

A la suite de ce plan, nous nous proposons de montrer l'importance et la place du discours eschatologique dans l'Évangile, et ceci en partant du chapitre 19. Ensuite nous pourrons passer à l'analyse de son contexte immédiat pour le situer et le délimiter. L'étude du contexte élargi aux chapitres 19-23 d'une part, et au récit de la Passion d'autre part, permettra ainsi de préciser le rôle que joue ce dernier discours de Jésus dans le déroulement de l'Évangile. Pour mettre en évidence le réseau de relations entre ces différentes sections, nous nous attacherons à relever les correspondances qui montrent l'unité rédactionnelle et thématique de ces chapitres.

3. LE THÈME DU JUGEMENT.

C'est d'abord le thème du jugement qui retient l'attention dans ces chapitres. Une rapide comparaison entre le chapitre 13 de Marc et les chapitres 24-25 de Mt fait apparaître la longueur du discours chez Matthieu. A la différence de celui de Marc qui ne comporte que de courtes exhortations à la vigilance (Mc 13, 33-37), le discours chez Matthieu se termine par quatre paraboles qui, toutes, sont orientées vers la Venue glorieuse du Fils de l'Homme et le jugement dernier. Déjà dans la partie où Matthieu reproduit presque fidèlement Marc (Mc 13, 1-37), on retrouve des passages ayant trait au jugement et qui sont absents chez Marc : Mt 24, 10-13 ; 30b, 38-41 : ils se présentent comme une sorte de prophétie qui s'accomplira dans la grande apothéose du jugement des Nations (Mt 25, 31-46).

Ce thème du jugement est logiquement annoncé et préparé depuis les chapitres 19 à 23 qui relatent la montée de Jésus vers Jérusalem (19, 1-20, 34), l'entrée à Jérusalem (21, 1-22) et la rupture finale avec les ennemis (21, 1-23, 39). On sent dans l'attitude des scribes et des pharisiens et dans les réponses que Jésus leur oppose, une atmosphère de procès, d'abord de la part des dirigeants du judaïsme : Matthieu, comme Marc, présente l'intervention des pharisiens comme une « mise à l'épreuve, une tentation », πειράζω (Mt 19, 3 ; 21, 23 ; 22, 15-22. 23-33. 34-39). C'est une mise en accusation de Jésus et de son enseignement. En réponse à cette contestation, Jésus passe à l'offensive, non seulement dans l'instruction qu'il donne à ses disciples, mais par des attaques directes contre les pharisiens. (Mt 22, 41-46 ; 23, 1-12. 13-39).

La réponse de Jésus à la question de Pierre (Mt 19, 28) exprime la certitude du jugement et sa portée eschatologique : « A la régénération (παλιγγενεσία) de toutes choses, quand le Fils de l'Homme siégera sur son trône de gloire, vous qui m'avez suivi, vous siégerez vous aussi sur douze trônes pour juger les douze tribus d'Israël ». La session du Fils de l'Homme sur son trône de gloire avec les douze fait de Jésus, non pas un simple témoin du jugement, mais le juge triomphateur des derniers jours (cf. Mt 25, 31-46)[41].

Ici Jésus semble promettre aux douze la participation à sa fonction de juge eschatologique. La perspective est différente en 25, 31-46 où le Fils de l'Homme est accompagné de ses anges[42]. « Le trône du Fils de l'Homme est le trône du jugement »[43]. 19, 30 ; 20, 16 : ce logion isolé, qu'on retrouve avant et à la fin de la parabole des ouvriers de la onzième heure, a son parallèle chez Luc 13, 30, mais dans un autre contexte. Il correspond ici à une sentence de jugement : les uns seront admis au royaume, tandis que d'autres seront laissés. Dans le contexte général des chapitres 19 à 23, ce logion annonce le renversement des situations humaines. Toutes les situations humaines acquises sont menacées de jugement.

C'est surtout à partir de la question d'autorité posée à Jésus par les Anciens et les grands prêtres (Mt 21, 23), que nous voyons créée une véritable atmosphère de procès. Les trois paraboles qui suivent, montrent le procès de Jésus contre son peuple, procès qui va par étapes. La parabole des deux fils (Mt 21, 28-32) présente l'accusation : les collecteurs d'impôts et les prostituées ont reconnu et cru en Jean-Baptiste, tandis que les dirigeants du judaïsme ne l'ont pas reconnu (Mt 21, 32). Dans la parabole des vignerons révoltés (Mt 21, 33-46), l'accusation est plus grave encore et les auditeurs eux-mêmes prononcent la sentence qui convient à leur attitude et que Jésus entérine (21, 41-43) : « Le

---

41. Ce terme de παλιγγενεσία, qui ne se retrouve ailleurs dans le NT qu'en Tit 3, 5, est d'origine apocalyptique (Bar 32, 6 ; 44, 12) et exprime ici la régénération de l'humanité et de l'univers à la fin de l'économie présente ; cf. P. BONNARD, *Mt*, p. 289. Un bouleversement total se produira (cf. 24, 29-30ᵃ) et sera suivi d'un jugement (cf. 25, 31-46).

42. Dans Luc 22, 30 il s'agit aussi d'une association à la Royauté de Jésus.

43. E. SCHWEIZER, *Mt*, 254 ; cf. aussi P. GAECHTER, *Mt*, p. 628.

Royaume de Dieu vous sera retiré et il sera donné à un peuple qui en produira les fruits ». Dans la troisième parabole (Mt 22, 1-14), il s'agit de l'exécution de la sentence : «Jetez-le dehors, pieds et poings liés, dans les ténèbres extérieures : là seront les pleurs et les grincements de dents» (Mt, 22, 13).

Tandis que la seconde parabole (Mt 21, 33-46) s'applique à l'ensemble d'Israël dans la personne de ses responsables (cf. le thème de la Vigne, Isaïe 5), celle des invités aux noces fait apparaître le caractère personnel du jugement eschatologique. L'entrée du roi dans la salle des noces signifie le jugement pour chacun des invités.

Mais ces différentes étapes du procès engagé dans le temple entre Jésus et ses adversaires ne constituent pas encore le jugement définitif. Elles visent à avertir le peuple contre le jugement qui l'attend s'il n'agit pas autrement.

Les quatre controverses de Mt 22, 15-46 représentent aussi un procès : le tribut à César (15-22), la résurrection des morts (23-33), le grand commandement (34-40) et le Fils de David (41-46) : Jésus est épié par ses adversaires et soumis à la question, mais il se montre supérieur à eux, si bien que personne parmi les pharisiens n'est capable de lui répondre un mot (22, 46a).

Dans le discours contre les pharisiens (chap. 23) on retrouve le même schéma de procès : d'abord l'accusation 23, 1-32, puis la sentence (33-36) : la condamnation vous attend ; tout le sang des justes répandu sur la terre retombera sur vous ; enfin l'exécution de la sentence (23, 37-24, 2) : Jésus quitte le temple et annonce sa destruction. Ainsi au terme de son ministère à Jérusalem, qui a été présenté comme un perpétuel conflit entre les dirigeants juifs et lui, il quitte «leur temple», dont l'abandon, voire la destruction est pour Matthieu le jugement de Dieu sur Jérusalem qui tue et lapide les prophètes (23, 37). Ainsi la destruction annoncée en 24, 2 accomplit la sentence prononcée au 23, 37-38[44]. Le v. 23, 39 fait penser à la prochaine venue en gloire du Fils de l'Homme. Cette parousie est inséparable du jugement qui la suit (cf. 25, 31-46).

Il est intéressant de noter que, même dans les passages où Mt suit Mc presque mot à mot, il fait des additions qui se réfèrent au thème général. Ainsi par exemple, l'ébranlement des puissances célestes sera suivi de l'apparition du signe du Fils de l'Homme ; alors toutes les tribus de la terre se frapperont la poitrine (Mt 24, 30) en signe de lamentations (cf. Za 12, 10-14). Celles-ci expriment l'idée que le Fils de l'Homme vient en juge[45]. Tout ce passage (29-31) est la description d'un jugement symbolique contre les réprouvés. L'ébranlement des puissances célestes décrit, dans l'AT, l'image de la colère et du jugement divin[46].

---

44. Cf. G. BORNKAMM, *Enderwartung*, p. 229 ; A. FEUILLET, *Le sens du mot Parousie*, p. 262 : il conclut dans son article que la Parousie n'est pas tant la manifestation suprême du Christ à la fin de l'histoire du monde que le jugement historique du peuple juif ; cf. aussi W. TRILLING, *Das wahre Israel*, p. 84-86.

45. Cf. J. DUPONT, *La ruine du temple*, p. 253. Pour cet auteur, le Fils de l'Homme dans ce passage vient en juge plutôt qu'en sauveur.

46. Cf. G. BERTRAM, in *ThWB VII*, p. 66-70.

La suite du chapitre 24 et le chapitre 25 montrent que ce jugement menace tout le monde, même les disciples et qu'ils sont invités à l'attendre dans la vigilance et la « fidélité ». Le rapprochement entre les jours de Noé et l'avènement du Fils de l'Homme (24, 37-41) présente la parousie intimement associée à l'idée du jugement immédiat et souverain : l'un sera pris et l'autre laissé.

L'image du voleur qui vient dans la nuit est aussi à comprendre dans le contexte du jugement (cf. 1 Th 5, 2-4) où le jour du seigneur vient comme un voleur. De même la parabole du serviteur fidèle et avisé (24, 45-51) met aussi l'accent sur la certitude du jugement à venir : le serviteur est « avisé » dans la mesure où il tient compte de la réalité du jugement divin.

La parabole des dix vierges (25, 1-13) ne fait pas exception : la séparation des vierges en deux catégories, la fermeture de la porte et la réponse tranchante de l'époux « je ne vous connais pas » (v. 12) sont autant de traits qui rappellent le jugement sans appel de Dieu : c'est maintenant qu'il faut faire ce qu'il y a à faire pour ne pas être surpris et dépourvu à l'heure décisive du jugement.

C'est peut-être dans la parabole des talents que nous avons le plus de traits relatifs au jugement Mt 25, 14-30 par Luc 19, 12-27. A l'instar de Luc, Mt met aussi l'accent sur la récompense ou la punition : Mt 25, 21-23.30 par Luc 19, 17.19.27. Mais l'addition « Entre dans la joie de ton maître » (v. 21.23) et « jetez-le dans les ténèbres extérieures » (v. 30), sans parallèle chez Luc, montre bien que Matthieu a compris la scène des redditions de comptes comme le jugemntent dernier et le banquet messianique[47]. Que la conclusion (v. 29) soit utilisée dans un but parénétique, cela va de soi, d'après le contexte. Au jugement dernier la fidélité ou l'infidélité seront récompensées ou châtiées par le Christ juge du monde[48].

Ce bref aperçu des chapitres 19 à 25 a pu nous montrer que le thème du jugement est un des traits principaux du cadre où s'inscrivent ces chapitres ; les chapitres 19 à 22 d'une part, puis le chapitre 23 surtout, ont peu à peu déterminé le contexte dans lequel s'insère le discours eschatologique. Il semble donc exagéré de considérer la péricope 25, 31-46 simplement comme une conclusion[49]. L'aspect du jugement constitue l'arrière-fond qui sous-tend toute cette section que nous avons étudiée. Dans le corps du discours, le jugement devient le motif de la venue du Seigneur. La péricope 25, 31-46 décrit le point culminant de la Parousie du Fils de l'Homme-juge.

4. DU DISCOURS AU RÉCIT DE LA PASSION.

Il est clair que les synoptiques, non indépendamment les uns des autres,

---

47. Cf. L.C. McGaughy, *The fear of Yahweh*, p. 237.

48. Cf. R. Bultmann, *Tradition*, p. 176 ; E. Schweizer, *Mt*, p. 309 : Er hat Züge des Weltrichters, der zu ewiger Freude (v. 21, Ende, 23, Ende) oder Verurteilung (v. 30) bestimmt, sehr verstärkt.

49. Ainsi P. Gaechter, *Mt*, p. 810 ; S. Brown, *The Matthean Apocalypse*, p. 18. Ce dernier considère la péricope comme une captatio benevolentiae destinée à préparer la communauté à la responsabilité de la mission universelle en Mt 28, 19.

ont voulu insérer le discours eschatologique à la même place, c'est-à-dire immédiatement avant le récit de la Passion. Un simple relevé des correspondances entre les chapitres 24-25 de Matthieu et la section suivante devrait justifier cette position et nous permettre de les lire comme un ensemble rédactionnel voulu par l'auteur.

Signalons tout d'abord que chez Mt, il n'y a pas de changement entre le discours eschatologique et le début du récit de la Passion. Au 24, 3 Jésus est assis sur le Mont des Oliviers, où a lieu le discours. C'est là aussi qu'a lieu l'annonce de la Passion (26, 2-4) et de la Résurrection (26, 30-32).

Le discours et le récit commencent de la même façon, avec la même mise en scène. Dans les versets 24, 1-3, on voit Jésus sortir du temple et annoncer sa ruine à ses disciples, provoquant ainsi leur double question. Les versets 4-36 constituent le développement de son annonce. De même aussi, dans les versets 26, 2-4 Jésus annonce la proximité de la Pâque et le fait que le Fils de l'Homme va être livré pour être crucifié ; vient ensuite la préparation du complot. La suite du récit constitue aussi le développement de cette double annonce.

Dans la suite du récit, on voit comment tout ce que Jésus a dit du Fils de l'Homme et de son avènement (chap. 24-25) est complété dans sa Passion : il accomplit lui-même dans sa Passion l'œuvre annoncée par le Fils de l'Homme : les épreuves annoncées dans le discours, «on livrera» παραδίδωμι 24, 9) sont celles-là mêmes que Jésus subit (Mt 26, 1 ; cf. 26, 16.21.24.25.45.46) ; «on vous tuera» (24, 9 ; cf. 26, 4). Les faux témoins aux procès de Jésus font penser aux prophètes qui égareront la multitude (24, 11 ; cf. 26, 59-61). Le triple reniement de Pierre «Je ne connais pas l'homme» οὐκ οἶδα (26, 70.72.74) rappelle la réponse de l'époux aux vierges imprévoyantes : οὐκ οἶδα ὑμᾶς (25, 12). La venue du Fils de l'Homme sur les nuées 24, 30 trouve une correspondance significative en 26, 64.

L'aspect du jugement se rencontre ici aussi, mais dans une perspective différente de celle des chapitres 24-25. Dans le discours eschatologique, c'est le Fils de l'Homme qui est juge universel, tandis que dans le récit de la Passion c'est Jésus qui est jugé par le monde.

L'unité de la vision matthéenne dans ces deux sections présente la Parousie du Fils de l'Homme comme une prophétie qui s'accomplit en partie dans la Passion ; c'est à se demander si Matthieu ne donne pas une interprétation propre de la Parousie en l'incurvant dans un sens particulier : l'acte de Jésus mourant et ressuscitant n'est pas sans lien avec la Parousie du Fils de l'Homme ; elle est présence de Jésus avec les siens (cf. Mt 28, 20), mais pas encore la Parousie définitive en vue du jugement universel[50].

5. LE CONTEXTE IMMÉDIAT DU DISCOURS.

L'étude du contexte élargi du discours nous a permis de montrer la place

---

50. Cf. A. FEUILLET, *Synthèse*, p. 346.

qu'occupent ces deux chapitres dans la trame du premier Évangile et aussi les relations qui les lient à l'une et l'autre des sections étudiées. L'unité rédactionnelle et thématique des deux sections (chap. 19-23 et 26-28) entre lesquelles le discours s'insère en sandwich, nous a paru être essentiellement le thème du jugement. L'étude du contexte immédiat nous permettra de mieux préciser l'unité de composition du discours.

En amont et en aval de ce sixième discours, Matthieu reste fidèle au plan de Marc : Invectives contre les pharisiens, que Matthieu développe considérablement. A la suite du discours eschatologique l'un et l'autre placent immédiatement le récit de la Passion.

Seulement, Matthieu laisse tomber, avant le discours, l'épisode de la veuve Mc 12, 41-44, pour relier immédiatement la quasi-prophétie de 23, 38 à l'annonce de 24, 2. Cet épisode de la veuve aurait gêné la poursuite normale du thème du jugement que Matthieu traitait depuis le chapitre 19 et qui atteint son point culminant dans le chapitre 23 (cf. 23, 36)[51]. Les versets 23, 32-36 contenaient une accusation directe et une annonce de châtiment contre Jérusalem et ses habitants. Après avoir dénoncé la conduite hypocrite des scribes et des pharisiens et fulminé contre eux des malédictions, Jésus indique maintenant quelle sorte de châtiment ils encourent : «Tout le sang des justes depuis Abel jusqu'à Zacharie... retombera sur vous (v. 35), à cause des inconduites indiquées surtout dans les versets 32 à 36[52]. Cette annonce directe de la punition est encore renforcée par les vv. 38-39 : «Votre maison vous sera abandonnée»[53]. «Vous ne me verrez plus désormais» est une allusion directe à son geste symbolique et prophétique de départ du temple (24, 1). On peut dire que les vv. 23, 32-39 résument toute l'accusation portée contre Jérusalem et ses habitants et sont présentés comme la cause de ce qui va suivre en 24, 1-36[54].

On sent donc chez l'auteur du premier Évangile un effort rédactionnel pour relier le discours du chapitre 23 au discours eschatologique. Selon J. Dupont, «le discours eschatologique (24-25) forme le second panneau d'un ensemble plus large où le discours contre les scribes et les pharisiens (chap. 23) fait figure de premier panneau»[55].

Cependant il faut reconnaître que le discours eschatologique constitue en

51. Cf. J. LAMBRECHT, The Parousia Discourse, p. 317 : d'après cet auteur 24, 1-3 doit être lu à la lumière de 23, 29-39 et vice versa. « Matthew did indeed leave Mk XII, 41-44 out because he wanted the disciples 'pointing to the temple buildings (XXIV, 1) to be a reaction to Jesus' announcement of XXIII, 38 ».

52. R. PESCH (Ethik, p. 227) pense que les ταῦτα πάντα des versets 23, 36 et 24, 2 ont le même sens et se réfèrent au jugement.

53. A cause du contexte nous pensons que le terme « Maison » désigne ici, non pas d'abord « Israël » (contre W. TRILLING, Das wahre Israel, p. 87) mais la maison de Dieu, le Temple dont il va être explicitement question en 24, 1-3.

54. Cf. S. BROWN, The Matthean Apocalypse, p. 5.

55. J. DUPONT, La ruine du Temple, p. 263, et Les Béatitudes, t. III, p. 467-468. Cet auteur fournit une liste impressionnante d'auteurs qui partagent cette opinion. .

soi une unité. La césure entre le 23, 39 et les versets suivants se recommande d'elle-même : la situation décrite 21, 1-23, 39 se caractérise par l'opposition de Jérusalem, ville hostile à Jésus et par l'opposition de ce dernier aux scribes et aux pharisiens. A partir de 24, 1, il s'agit d'une instruction spéciale aux disciples.

Par deux fois il est dit que ceux-ci s'approchent de lui (προσῆλθον 24, 1.3) et pour la seconde fois Matthieu, à l'instar de Marc, ajoute κατ᾽ἰδίαν, indication qu'il s'agit d'une situation différente de celle du début du chap. 23, où Jésus s'adressait à la fois à la foule et à ses disciples (23, 1) ou tantôt aux disciples en particulier (23, 8-12), tantôt aux scribes et aux pharisiens. Au chapitre 24, il s'agit au contraire d'une instruction donnée aux disciples, dont la situation rappelle celle du Sermon sur la Montagne. Le choix du Mont des Oliviers n'est pas fait par hasard : Jésus se sépare désormais de Jérusalem et de son temple[56]. Ainsi l'insertion de ce morceau de transition 23, 37-39, tout en séparant le chap. 23 du suivant, a pour but de présenter le discours eschatologique comme une explication secrète donnée aux seuls disciples sur le sens de l'avertissement public donné en 23, 37-39. La finale des lamentations sur Jérusalem renvoyait d'ailleurs implicitement aux tribulations dont il va être question dans le discours : « Je vous déclare, tout cela va retomber sur cette génération » (23, 36) ; l'insertion de ce morceau de transition (23, 37-39) a permis à l'auteur d'introduire le discours[57].

En aval de notre texte, nous avons une claire indication que le discours est terminé (Mt 26, 1). L'expression « toutes ces instructions » se rapporte sans doute aux chapitres 23 à 25[58]. L'annonce de la Pâque et de la Passion suit immédiatement, sans changement de lieu. Matthieu « présente donc son récit de la mort de Jésus comme une confirmation de ce qu'il vient d'enseigner »[59]. Nous avons déjà souligné plus haut le lien de ces chapitres avec le discours eschatologique.

CONCLUSION.

Cet aperçu du plan du premier Évangile nous a permis de situer le discours des chapitres 24 à 25 dans le contexte général du récit évangélique et d'étudier son lien littéraire et thématique avec les sections où il est inséré. Tout le

---

56. Cf. S. BROWN, *The Matthean Apocalypse*, p. 19-20, note 1 : Mat 21, 23-25, 46 is actually a single bipartite discourse... The two parts of Matthew's final discourse are introduced respectively by Jesus entering the temple (21, 23) and leaving it (24, 1).

57. P. BONNARD (*Mt*, p. 343) pense avec raison que ces trois versets ne sont pas exactement dans le ton de ce qui les précède et les suit immédiatement, et qu'il s'agirait d'une « déclaration indépendante » de Jésus. Cf. aussi F.W. BEARE qui parle de « unmediated transition to the Mount of Olives ». (*The Synoptic Apocalypse*, p. 124). Quoi qu'il en soit, l'insertion de ces versets à cette place est un procédé littéraire utilisé par l'auteur pour introduire le discours.

58. L. SABOURIN (*Mt*, p. 335) pense, quant à lui, que l'expression doit se référer à tous les enseignements de Jésus et pas seulement au discours sur la parousie.

59. P. BONNARD, *Mt*, p. 369.

contexte est, nous l'avons vu, imprégné par l'ambiance du jugement. Il s'agit d'une composition systématique. Entre l'épisode des scribes et des pharisiens accusant Jésus (ch. 19-22) ou accusés par lui (ch. 23) et la Passion, où ces mêmes scribes se retournent contre lui, entre ces deux événements historiques, le discours sur le Mont des Oliviers annonce une série d'événements futurs, présentés dans un style apocalyptique (24, 1-36) et parénétique (24, 37-25, 30), le premier introduisant le second. Ces deux aspects sont voulus comme un tout ordonné par l'auteur. L'étude de la structure du discours nous permettra de préciser cette unité.

CHAPITRE II

LA STRUCTURE DE MT 24-25

Après avoir examiné le cadre et le contexte littéraire des chapitres 24-25 dans l'Évangile de Mt, il nous faut faire un pas de plus, en examinant la structure de ces deux chapitres, pour montrer, d'une part le caractère composé du discours et, d'autre part l'enchaînement des différentes parties. Une rapide présentation de quelques essais de structuration par des commentateurs mettra en lumière le nôtre.

1. QUELQUES ESSAIS DE STRUCTURATION.

a) P. Dausch voit dans les deux chapitres cinq grandes divisions[1]. Les vv. 1-3 servent d'introduction au discours. La première partie comprend les vv. 4-14 : exhortation de Jésus à ses disciples ; vv. 15-22 : la prophétie sur la destruction de Jérusalem ; vv. 23-36 : la prophétie sur la fin du monde ; vv. 24, 37-25, 30 : les paraboles exhortatives, et vv. 25, 31-46 : la scène du jugement dernier. Dausch est influencé par la structure du texte de Marc 13, comme aussi R. Pesch.

b) R. Pesch reconnaît dans Mt 24 le texte de Mc comme le montrent bien clairement les commencements : vv. 4.15.23.29.32. Il distingue trois parties : vv. 24, 3-36 le discours sur la Parousie ; vv. 24, 37-25, 30 exhortation à la vigilance ; vv. 25, 31-46 le jugement du monde. Il fait commencer la première partie déjà au v. 3, qui dans Mt 24 comme dans Mc 13 décrit encore la situation et l'occasion du discours. Le corps du discours ne commence qu'à partir de 24, 4b[2].

c) Selon F.W. Beare[3], le discours contient deux parties : une partie apocalyptique, qu'il élargit jusqu'au verset 42 (24, 1-42), et une partie portant sur les paraboles de la Parousie et le jugement dernier 24, 43-25, 46. Il établit pour la première partie une correspondance soigneuse entre les péricopes

---

1. P. DAUSCH, *Die drei älteren Evangelien*, p. 304.
2. Cf. R. PESCH, *Eschatologie und Ethik*, p. 228.
3. *The Synoptic Apocalypse*, p. 118.

marciennes et matthéennes : Mc 13, 5b-8 ; 9-13 ; 14-20 ; 21-23 ; 24-27 ; 28-37 par. Mt 24, 4-8 ; 9-14 ; 15-22 ; 23-25 ; 26-28 ; 29-31 ; 32-36. Contre Beare il faut reconnaître que les vv. 37-42 ne relèvent plus du genre apocalyptique. Ils introduisent directement aux paraboles de la vigilance eschatologique.

d) J. Lambrecht[4] distingue trois parties : l'une de caractère informatif (24, 1-35), l'autre de caractère exhortatif (24, 36-25, 30), enfin le jugement dernier 25, 31-46. Il ne justifie pas la division qu'il établit entre les vv. 35 et 36. Ce dernier verset, relié seulement au précédent par δέ, garde un caractère de transition et se rattache, nous le verrons, à la première partie.

e) J. Dupont[5] garde lui aussi la division tripartite du discours, mais il fait aller la première partie jusqu'au v. 41, en raison, dit-il, du contenu apocalyptique et du caractère informatif de ces versets. Mais où commence et s'arrête l'information dans le discours ? Information et exhortation sont étroitement mêlées. Ces versets 37-41 sont, du reste, plus informatifs qu'exhortatifs.

f) V. Monsarrat[6] divise artificiellement le discours en deux grandes parties, incluant chacune la communication d'un savoir et la recommandation d'un comportement. Les vv. 24, 4-26 comprendraient : a) savoir sur les événements destructeurs (24, 4-14) et b) comportement lors de ces événements (24, 15-26). La seconde partie englobe le vv. 24, 27-25, 30 : a) savoir sur l'avènement du Fils de l'Homme 24, 27-44 et b) comportement dans l'attente de la Venue 24, 45-25, 30.

Pour cet auteur la séquence finale (25, 31-46) ne rentre pas dans cette structure car «elle reprend, complète et corrige les récits paraboliques»[7]. Ce découpage, commode peut-être pour l'analyse des différents morceaux du discours, ne respecte pas l'allure générale du texte. D'autre part les aspects «communication d'un savoir et recommandation d'un comportement» sont constamment mêlés dans le texte, et non pas les uns à la suite des autres, comme le suggère V. Monsarrat.

g) Chez S. Brown on trouve aussi une division tripartite : 24, 4-31 : le jugement de Jérusalem et la mission vers les nations ; 24, 32-25, 30 : l'enseignement parabolique et exhortatif ; 25, 31-46 : le jugement des nations. Il fait commencer la seconde partie au 24, 32, parce que, pense-t-il, cette seconde moitié de la réponse de Jésus est exhortative et s'exprime en paraboles[8]. La suite des paraboles, commençant par celle du Figuier, a sans doute conduit S. Brown à regrouper autour du même thème l'enseignement exhortatif de Jésus. La source de Matthieu est ici déterminante pour la structure de cette section du discours, comme nous allons le voir.

4. *The Parousia Discourse*, p. 311.
5. *La ruine du temple*, p. 263.
6. V. MONSARRAT, *Mt, 24-25, Du temple aux démunis*, p. 75.
7. Cf. V. MONSARRAT, *Mt 24-25*, p. 79.
8. S. BROWN, *The Matthean Apocalypse*, p. 4-5.

2. UNE DIVISION TRIPARTITE.

C'est une théorie aujourd'hui généralement acceptée parmi les exégètes, que l'Évangile de Marc est premier et que Matthieu comme Luc s'en sont inspirés dans leur Évangile, en l'élargissant avec des matières provenant de Q ou de leur « Sondergut » respectif. Nous ne trouvons pas de raison de nous écarter de cette théorie.

Tout le monde reconnaît aussi qu'à la base du discours eschatologique de Matthieu, il y a le texte de Marc 13, dont le premier évangéliste s'inspire et qu'il reproduit presque *verbatim* parfois et dans le même ordre[9]. Ce discours marcien lui est parvenu comme une unité, aussi ne s'étonnera-t-on pas de retrouver en partie la structure de Marc 13.

A partir de 24, 37 cependant (cf. Mc 13, 32), Mt élargit sa source à l'aide de Q et ses matériaux que lui sont propres : 24, 37-25, 46. Ces sections comprenant des matériaux non marciens sont dominées par le thème général du jugement, d'abord dans une perspective parénétique 24, 37-25, 30 : parce que l'heure de la Parousie est inconnue (24, 36), l'attitude qui convient est celle de la vigilance et de la fidélité. La dernière section 25, 31-46 concerne la Venue en gloire du Fils de l'Homme et le jugement des Nations. Nous avons ainsi trois grandes parties : dans 24, 1-3 Jésus annonce la ruine du temple. Les disciples le questionnent sur le moment (πότε) de ces choses (c'est-à-dire de la ruine du temple) et sur les signes (σημεῖον) de sa Venue (παρουσία) et de la fin du monde. La réponse de Jésus n'est pas directe et ne suit pas l'ordre de la double question. Elle comprend trois phases : la fin et la Parousie viendront sûrement, mais nul n'en connaît le moment (24, 4-36) ; devant l'inconnaissance du moment de la Parousie il importe de veiller et d'être fidèle (24, 37-25, 30), car à la Parousie, le Fils de l'Homme viendra en juge (25, 31-46).

Passons maintenant aux différents tableaux de chacune de ces parties, et tout d'abord aux éléments de structure de la première partie.

A. *Mt 24, 1-36 : La Parousie du Fils de l'Homme.*

P. Gaechter qualifie le chapitre 24 de Mt de « hoffnungsloses Durcheinander », de « wahres Nest von literarischen Unordnungen »[10]. Cependant l'unité du discours ne fait pas de doute, si l'on examine les articulations et les éléments structurels du texte.

1) *24, 1-3 : l'exposition.*

Ces versets, de par leur contenu, présentent le caractère d'une introduction-exposition de la situation. Ils présentent la circonstance (la sortie du temple), le site du discours (le Mont des Oliviers) et les personnes en présence (Jésus et ses disciples). La question des disciples sur le moment

---

9. Cf. F.W. BEARE, *The Synoptic Apocalypse*, p. 121.
10. P. GAECHTER, *Kunst*, p. 37 ; comparez aussi son commentaire de Mt, p. 760, où il écrit : « Was vor 24,45 liegt, will aber keine Ordnung fügen, weder inhaltlich noch formell ».

(πότε) et le signe de la Parousie fournit le cadre du discours qui se caractérise au niveau littéraire par la récurrence aux moments importants du discours de diverses données temporelles, se référant au πότε du v. 3.

2) *24, 4-36 : Avertissement contre les faux prophètes ; Signes de l'approche de la Parousie.*

Ce sont surtout les données temporelles qui déterminent la structure de ces versets. Au v. 6 (fin) nous lisons ἀλλ᾽ οὔπω ἐστὶν τὸ τέλος et dans le même sens au v. 8 ἀρχή ὠδίνων. A la fin du v. 14 le même terme τὸ τέλος revient : καὶ τότε ἥξει τὸ τέλος. Enfin le v. 29 apporte une précision : εὐθέως δὲ μετὰ... κτλ.

C'est autour de ces trois grands moments que s'articulent ces versets. Puisque ce n'est pas encore la fin (v. 6) et que ces événements ne marquent encore que le début des douleurs (v. 8), il s'en suit logiquement une série d'événements qui s'enchaînent : παραδώσουσιν ὑμᾶς καὶ ἀποκτενοῦσιν... (v. 9) ; πλανήσουσιν πολλούς (v. 11). Ensuite surviendront les événements de la fin elle-même : l'abomination de la désolation (v. 15), les faux prophètes qui tromperont (v. 24), puis la manifestation de la Parousie (v. 27-28. La précision apportée par les versets 29 et suivants concernent les événements précédant immédiatement la Parousie.

Le texte des vv. 4-36 répond ainsi à un schéma temporel défini : il y a un « d'abord » qui correspond à deux séries d'événements délimités par les versets 8 (ἀρχὴ ὠδίνων) et 14 (τότε ἥξει τὸ τέλος). Ensuite il y a un « puis » qui marque les événements de la fin, délimités de part et d'autre par les versets 14 et 29. Cette série d'événements se répartit aussi en deux groupes : vv. 15-22 et 23-28 : les conjonctions (ὅταν) v. 15 et (τότε ἐάν) v. 23 marquent des débuts et servent de points de repère. Enfin les versets 29-36 avec le long complément de temps au début du v. 29 constituent le troisième moment. Ils précisent les événements des vv. 15-28, mais s'en séparent à cause de la nature des événements évoqués : la Venue du Fils de l'Homme (vv. 29-31) et la Parabole du Figuier (vv. 32-36).

a) Vv. 4-8.

Les versets 24, 4-8 sont caractérisés au début du v. 4 par le ἀποκριθείς rédactionnel et la fin du v. 8 par πάντα ταῦτα qui présume la série d'événements annoncés dans toute la péricope. Les mots de liaisons sont les conjonctions καὶ coordinatifs ou γάρ explicatifs (3 fois : v. 5.6.7).

b) Vv. 9-14.

La conjonction τότε revient trois fois. Au verset 9, elle sert à marquer le début de nouveaux événements et comme complément du v. 8. Les versets 9 et 10 sont réunis par καὶ τότε. Avec l'expression « toutes les nations », les vv. 9 et 14 forment une inclusion autour des vv. 10-13.

c) Vv. 15-22.

Seul le verset 19 semble isolé au milieu de deux constructions complexes (vv. 15-18 et 20-22). L'articulation de ces versets est formée par une suite de propositions reliées les unes aux autres par des conjonctions de subordination : ὅταν (v. 15) ; ἵνα μή (v. 20) ; εἰ μή (v. 22) ou de coordination : καὶ (v. 18) ; γάρ (v. 21) ; καὶ (v. 22). Le γάρ du v. 22 se réfère non seulement au v. 19 mais aussi aux vv. 16-18, de sorte que les deux constructions forment une unité cohérente.

d) Vv. 23-28.

Τότε ἐάν introduit une nouvelle unité parallèle à ὅταν οὖν du v. 15. Elle comprend deux sous-unités : 23-25, avertissements donnés aux disciples contre les faux prophètes, comme aux vv. 24, 5.11. La fin du v. 25 reprend l'avertissement sous une forme verbale plus concise. La construction avec ἐάν de la seconde sous-unité (vv. 26-28) est parallèle à celle débutant avec τότε ἐάν (v. 23) et lui est directement reliée par la conjonction οὖν comme une coordination logique. La comparaison du v. 27 sur le caractère manifeste de la Parousie est nécessitée par le contenu des vv. 26 et 23. Il n'y a aucun lien grammatical entre les v. 27 et 28, mais ce v. 28 est une illustration de l'événement de la Parousie.

e) Vv. 29-36.

Ces versets se distinguent des précédents par l'expression ευθέως δὲ μετὰ... qui indique nettement le début d'une nouvelle unité. Elle se compose de trois péricopes : les versets 29-31 reprennent avec des images apocalyptiques l'événement de la Parousie. La construction est simple : verbes au futur reliés les uns aux autres par καὶ ou καὶ τότε ; la seconde péricope (vv. 32-34) est introduite par une expression qui en indique le genre : μάθετε τὴν παραβολήν. La parabole et son application sont construites de façon parallèle, avec la répétition de la même formule γινώσκετε ὅτι ἐγγύς. La construction antithétique du v. 35 est reliée au verset précédent par la reprise du même verbe παρέρχομαι. Les deux πάντα ταῦτα (vv. 33 et 34) se réfèrent l'un à l'autre. Enfin, le verset 36 n'est relié par aucun élément structurel aux versets précédents. Il constitue une unité en soi et sert de transition entre la première et la deuxième partie du discours (cf. l'emploi des termes « heure » et « jour » qui reviendront plus souvent dans la suite du discours). Nous l'avons rattaché à cette première partie du discours parce qu'il se réfère directement à la question posée par les disciples au v. 3 : Jésus refuse d'apporter une précision chronologique sur la date de la Parousie.

B. Mt 24, 37-25, 30 : Les paraboles de la vigilance.

Dans le texte de Mc 13, le v. 32 parallèle à Mt 24, 36 marque aussi la fin de l'instruction eschatologique. Elle est suivie par une exhortation à la vigilance (Mc 13, 33-37). Chez Matthieu on retrouve plusieurs éléments de cette exhortation à la vigilance dans Q : Mt 24, 42 ; 25, 13-14.15 ; Lc 12, 38-40 ; 19, 12-13. Luc, après la parabole du figuier qui marque la fin de l'instruction eschatologique (Lc 21, 29-33), introduit le thème de la vigilance avec des éléments qui lui sont propres (Lc 21, 34-36). Dans l'un et l'autre cas l'instruction eschatologique est bien distincte de l'exhortation qui commence chez tous deux par des impératifs Mc 13, 33 : (βλέπετε) et Lc 21, 34 (προσέχετε). Pour ces raisons nous faisons commencer avec le v. 24, 37 cette seconde partie dominée par l'idée de vigilance. Elle comprend cinq importantes unités correspondant à chacune des cinq paraboles ou comparaisons (37-42) qui la composent.

a) 24, 37-42.

῞Ωσπερ introduit un nouveau développement du thème de la Parousie, dans une perspective *parénétique*. La comparaison avec les jours de Noé amène les constructions parallèles des vv. 37b et 39d qui forment une inclusion autour des versets 38-39. Les vv. 40-41 sont construits parallèlement avec les mêmes verbes. Ils sont une application de la comparaison, tandis que le v. 42 constitue la pointe qui introduit directement à la parabole suivante. Noter aussi les nombreuses données temporelles : ἡμέραι, repris quatre fois dans la péricope ; πρό, ἄχρι, ἕως, τότε.

b) 24, 43-44.

Le passage à une autre unité est marqué par l'injonction γινώσκετε[11]. Cependant il faudrait la rattacher aux vv. 37-42 avec lesquels elle forme une unité. Les expressions εἰ ᾔδει, ποίᾳ φυλακῇ visent à accentuer la pointe διὰ τοῦτο... (v. 44), attitude conséquente devant l'inconnaissance de l'heure, « car vous ne connaissez pas l'heure où le Fils de l'Homme viendra ».

c) 24, 45-51.

Cette péricope, de par son thème, l'inconnaissance de l'heure et du jour, s'inscrit d'emblée dans la trame de l'exhortation à la vigilance. A ce thème Mt joint pour la première fois depuis le début du discours, celui de la fidélité πιστός et qui sera repris en 25, 21 *bis*. Le v. 50 reprend sous une autre forme ce qui a été dit aux vv. 24, 39.42.44. Les vv. 45-47 et 48-51 obéissent à une construction antithétique : le serviteur fidèle et son opposé, le mauvais serviteur ; la grandeur de la récompense (v. 47) et la rigueur du châtiment (v. 51). Les termes ἐλθὼν ὁ κύριος αὐτοῦ (v. 46) ont leur correspondance en ἥξει ὁ κύριος τοῦ δούλου (v. 50). Le second membre de l'antithèse est cependant plus développé et comporte notamment un dialogue intérieur (fin du v. 48).

d) 25, 1-13.

Comme l'indique la formule introductive ὁμοιωθήσεται, il s'agit d'une parabole (cf. 13, 24). Le τότε du début (v. 1) relie la parabole à la péricope précédente (cf. 24, 50 : τότε c'est-à-dire à l'avènement du Seigneur). Les vv. 1-2 marquant l'exposition : dix vierges partent à la rencontre de l'époux (v. 1). Le v. 2 apporte plus de précision sur les vierges : cinq imprévoyantes et cinq sages. Les vv. 3-4 expliquent pourquoi ces vierges sont dites sages ou imprévoyantes : γάρ, car les unes prennent de l'huile et les autres n'en prennent pas. Les vv. 5-12 exposent l'action que déterminent deux temps : τότε (v. 7) et ὕστερον (v. 11). Enfin le v. 13 donne la pointe qui, du reste, ne passe pas bien avec le contenu du texte, car la vigilance ne joue pas un grand rôle dans la parabole. Cette pointe correspond plutôt au contexte : appel à la vigilance. De même la formule introductive ὁμοιωθήσεται ἡ βασιλεία τ. οὐρανῶν montre que le contexte original de la parabole n'est pas celui de la Parousie.

---

11. Cf. R. BULTMANN (*Tradition*, p. 185) qui parle de « Übergangswendung ».

e) 25, 14-30.

Ces versets forment une unité et présentent une structure simple en trois étapes : a) l'exposition : les talents confiés (vv. 14-15). La formule introductive présente une anacoluthe : ὥσπερ γάρ sans le οὕτως habituel ; b) le développement portant sur le règlement des comptes (vv. 16-25) ; c) le dénouement de la crise provoquée par le comportement du troisième serviteur (vv. 26-30). Caractéristique de l'ensemble, la reprise par deux fois des mêmes formules d'avancement par les deux premiers serviteurs (vv. 20 et 22) et d'approbation par le maître (vv. 21 et 23). Le terme ὑπάρχοντα (v. 14) annonce celui de συναίρει λόγον (v. 19), de même aussi ἀποδημῶν (v. 14) par rapport à ἔρχεται (v. 19). Ὁ μὲν, ᾧ μὲν et ὁ δὲ, ᾧ δὲ sont corrélatifs et s'appellent les uns les autres. Le v. 29 se présente sous la forme d'un dicton populaire et résume la parabole, tandis que le v. 30 exprime le châtiment encouru par le mauvais serviteur, châtiment attendu depuis le verset 18. La fin du v. 30 reprend la conclusion de la parabole du majordome (vv. 45-51) dont le thème rappelle celui de cette dernière parabole.

C. *Mt 25, 31-46 : Annonce du jugement dernier.*

Cette dernière péricope du chapitre 25 présente de nombreux liens avec les deux parties précédentes. La question introductive du discours portait sur les signes de la Parousie et de la fin du monde (24, 3). La péricope du jugement dernier, pas plus que les deux parties précédentes n'y apporte pas de réponse directe, mais lie Parousie et jugement des Nations ensemble.

Le terme « Fils de l'Homme » (v. 31) a été déjà employé à plusieurs reprises (cf. 24, 27.30.37.39.44). De même aussi l'expression « toutes les nations » (v. 32 ; cf. 24, 9-14). Le v. 31 rappelle les vv. 24, 30-31. L'expression « hériter du royaume » (v. 34) fait penser à « je t'établirai sur beaucoup » (vv. 25, 21.23).

Quant à la structure interne de la péricope, elle est caractérisée par l'emploi de divers éléments qui lient les différents moments du texte : τότε (vv. 31.34.37.41.44.45), ἐρεῖ (vv. 34.41) marquent les moments importants de la péricope. L'exposition (vv. 31-33) commande toute la structure du texte : imagerie du berger séparant les boucs d'avec les brebis : les versets 34[a] et 41[a] se réfèrent nettement à cette séparation des vv. 32b-33. A cette scène introductive correspond aussi la réponse du roi aux élus (v. 34) et aux réprouvés (v. 41) et aussi la structure parallèle antithétique stricte des versets 35-36 et 42-43. Le dernier verset offre une conclusion adaptée à la péricope et accentue à nouveau la séparation faite au début. Cependant il faut signaler que le terme « Fils de l'Homme » employé au début de la scène disparaît au profit d'une terminologie royale (vv. 34.40).

Conclusion

Ce bref aperçu de la structure du discours eschatologique matthéen a pu mettre en évidence l'unité et la cohérence du discours, non seulement par le thème mais aussi par les différentes articulations du texte. Notre but n'a pas été d'étudier les éléments rédactionnels ou ceux provenant de la tradition. Comme le montre le Synopse, Matthieu a composé son discours à partir de matériaux de diverses origines. Cette différenciation entre tradition et rédaction sera l'objet de la seconde partie de notre étude, dont l'analyse structurelle a préparé la voie.

DEUXIÈME PARTIE
Analyse des chapitres Mt 24-25

L'analyse détaillée du discours eschatologique Mt 24-25 suivra les grandes divisions que la structure, dans le chapitre précédent, nous a permis d'y découvrir. Nous procéderons par étapes : nous commencerons par la critique littéraire, qui nous permettra de déterminer jusqu'à quel point l'évangéliste dépend de sa source marcienne et dans quelle mesure il s'en écarte, et si possible, de déterminer si Matthieu utilise une source non marcienne. Cette étape nous conduira normalement à l'examen des éléments traditionnels et rédactionnels dans les différentes parties du discours.

CHAPITRE PREMIER

MT 24, 1-3 : INTRODUCTION DU DISCOURS

1. LE CONTEXTE.

Le lien de ces trois versets introductifs du discours eschatologique avec la fin du chapitre précédent saute aux yeux. Mt laisse tomber l'épisode de la veuve (Mc 12, 41-44), pour rattacher directement l'introduction du discours aux derniers versets du chapitre 23[1]. Les grandes invectives et malédictions du chapitre 23 se terminent par l'annonce quasi-prophétique des vv. 34-38. En effet, à la suite de la septième malédiction (vv. 29-31) Mt joint une accusation directe contre les scribes et les pharisiens et une indication du châtiment qu'encourt Israël (vv. 32-36).

Dans les vv. 29-31 Jésus dénonce le comportement hypocrite des scribes et des pharisiens : ils bâtissent des sépulcres et décorent les tombeaux des justes que leurs pères ont tués (v. 29) ; ils prétendent, à tort, être meilleurs que leurs ancêtres (vv. 30-31).

Les vv. 32-36 commencent par un appel direct et ironique[2] : « Eh bien ! vous comblez donc la mesure de vos pères » (v. 32), par la persécution et le meurtre de mes envoyés, les prophètes, les sages et les scribes (v. 34) ; et c'est à cause de cela que tout le sang des justes depuis Abel... retombera sur cette génération (vv. 35-36). Le v. 36 contient une indication temporelle importante : le terme γενεὰ αὕτη, dont la plupart des commentateurs s'accordent à dire qu'il désigne les contemporains de Jésus[3]. On peut voir dans ce terme une allusion à l'imminence du jugement contre Israël. L'expression ταῦτα πάντα

---

1. Cf. J. LAMBRECHT, *The Parousia Discourse*, p. 317 ; R. PESCH, *Eschatologie und Ethik*, p. 226-227.
2. Cf. S. BROWN, *The Matthean Apocalypse*, p. 4 ; J. LAMBRECHT, *The Parousia Discourse*, p. 315.
3. Cf. W. GRUNDMANN, *Mt*, p. 495 ; pour R. WALKER (*Heilsgeschichte*, p. 17-29, ici, p. 38), le terme désigne les scribes et les pharisiens et l'Israël coupable du temps de Jésus et des années avant 70 : « Geschlecht beschreibt das Israel des Täufers, das Israel Jesu und der Jesuboten ; J. SCHNIEWIND (*Mt*, p. 235) le fait porter sur l'ensemble d'Israël ; cf. aussi S. BROWN, *The Matthean Apocalypse*, p. 6.

reprend les inconduites énumérées plus haut dans les vv. 32-36, et pour lesquelles cette génération sera punie : « Non seulement le meurtre des prophètes par les ancêtres sera l'objet du jugement, mais aussi les persécutions après la mort et la résurrection de Jésus »[4].

Les trois derniers versets du chapitre 23 contiennent les dernières paroles de Jésus à Israël[5]. La rupture et le refus sont maintenant définitifs : « J'ai voulu rassembler tes enfants... mais vous n'avez pas voulu » (v. 37)[6]. En conséquence Jésus se sépare désormais du temple, de la ville et de ses habitants (vv. 38-39) : « Eh bien ! elle va vous être laissée, votre maison »[7].

L'abandon de la « Maison » sera confirmé par le geste de Jésus quittant le temple (ἐξελθὼν ἀπὸ τοῦ ἱεροῦ, 24, 1) et par l'annonce de sa destruction (24, 2). Sans doute, pour Mt, cette destruction n'est plus au moment, où il écrit son évangile, un événement futur. Elle a déjà eu lieu et Mt l'interprète comme un jugement divin contre Israël[8].

Ainsi l'introduction du discours est directement reliée aux menaces de la fin du chapitre 23. Mais dans la structure de l'évangile, il ne s'agit pas d'une relation chronologique des faits entre eux, mais d'une construction littéraire et logique — c'est sans doute pour cette raison que Mt insère ici ces trois derniers versets, que Luc place, non en son chap. 11 qui est parallèle à Mt 23, mais dans le chapitre 13, où il est manifestement question de tout autre chose (Lc 13, 34-35). C'est aussi pour relier la prédiction de la ruine du temple à ces trois versets que Mt laisse de côté l'épisode de la veuve (Mc 12, 41-44)[9]. Cette prédiction intervient maintenant, non plus comme une menace, mais comme un châtiment pour les raisons indiquées surtout aux vv. 23, 32-37, châtiment annoncé à plusieurs reprises dans ces versets : 23, 36.38.39 ; 24, 2, et introduit chaque fois par la formule solennelle : ἀμὴν λέγω ὑμῖν qui en indique le caractère prophétique.

2. CRITIQUE LITTÉRAIRE DE MT 24, 1-3.

Ces trois versets de l'introduction forment une unité, mais on y distingue deux scénarios reliés l'un à l'autre : vv. 24, 1-2 et v. 3[10].

Le premier scénario est directement préparé par la fin du chapitre 23 et

---

4. J. LAMBRECHT, *The Parousia Discourse*, p. 315. Mt a sans doute en mémoire la situation de l'Église à ses débuts, cf. Ac 8, 1 ; 12, 1-5 ; 13, 50. Cf. aussi W. GRUNDMANN, *Mt*, p. 495.

5. Dans les ch. 24-25 Jésus s'adresse aux seuls disciples.

6. D'après W. GRUNDMANN (*Mt*, p. 497) Mt ferait ici allusion à l'activité des Apôtres et de la communauté chrétienne à Jérusalem.

7. Certains manuscrits C ajoutent ἔρημος, sans doute sous l'influence de Jér 22, 5. Sur le sens du terme οἶκος, cf. O. MICHEL, in *ThWB V*, p. 127ss et note 27.

8. D'après O. H. STECK (*Israel*, p. 293, note 4), la disparition de Jésus au v. 38 est en lien direct avec le v. 24, 1 ; cf. aussi N. WALTER, *Tempelzerstörung*, p. 46.

9. Cf. E. SCHWEIZER, *Gemeinde*, p. 121 ; S. BROWN, *The Matthean Apocalypse*, p. 5.

10. Cf. R. PESCH, *Eschatologie und Ethik*, p. 227 ; P. BONNARD, *Mt*, p. 345 ; L. SABOURIN, *Mt*, p. 301-302.

commande le second. Tous deux déterminent le cadre et le sujet du discours. En effet, la prédiction de la destruction du temple (v. 2) provoque la double question des disciples sur le dénouement : « Dis-nous quand cela arrivera ». Mt élargit la question en associant étroitement la destruction du temple et l'avènement du Christ et la fin du monde. La réponse de Jésus reprendra chacun de ces éléments[11].

Cette introduction au discours est commune aux trois synoptiques : Mc 13, 1-4 ; Mt 24, 1-3 ; Lc 21, 5-7. Tous les trois comportent de nombreux point communs mais aussi des différences notables.

a) *Mt 24, 1 et Mc 13, 1.*

Au génitif absolu ἐκπορευομένου αὐτοῦ, Mt préfère l'emploi du participe en apposition ἐξελθὼν avec l'addition du nominatif ὁ' Ιησοῦς. C'est ce participe qui, chez Mt, est affecté du complément ἀπὸ τοῦ ἱεροῦ, qui en Mc 13, 1 va avec le verbe ἐκπορεύομαι ; Mt emploie ce dernier au sens absolu[12]. Cet emploi absolu du verbe lui permet d'éviter la forme composée ἐκ-πορεύομαι et d'utiliser la préposition ἀπό au lieu de ἐκ chez Mc. Au lieu de l'interpellation διδάσκαλε par l'un des disciples, Mt introduit ici un de ses schémas préférés προσῆλθον, qu'il étend à l'ensemble des disciples (οἱ μαθηταί). Le but de cette approche est indiqué par l'infinitif à sens final ἐπιδεῖξαι ; le style direct chez Marc est transformé en une proposition finale. Au lieu de l'exclamation admirative du disciple devant les pierres (λίθοι) et les constructions (οἰκοδομαί) du temple, Mt se montre très sobre et met simplement : ἐπιδεῖξαι αὐτῷ τὰς οἰκοδομὰς τοῦ ἱεροῦ.

Luc est très sobre dans l'exposition. Il ne précise pas la circonstance et ne s'intéresse pas à l'identité des personnes : il emploie le pronom indéfini τινων. L'adresse directe de Mc 13, 1 devient chez Lc un style indirect : λεγόντων περὶ τοῦ ἱεροῦ (v. 5). Cependant il a une meilleure formulation de l'admiration que Mt : λίθοις καλοῖς, ἀναθήμασιν..., absente chez Mc et Mt[13].

b) *Mt 24, 2 et Mc 13, 2.*

Ayant déjà mis ὁ' Ιησοῦς au début du v. 1, Mt ne le reprend plus comme dans Mc 13, 2, mais ajoute un *participium conjonctum* ἀποκριθείς que n'a pas Mc. Le pluriel αὐτοῖς et βλέπετε correspond à l'emploi du pluriel μαθηταί au v. 1. Mt ajoute la négation οὐ devant βλέπετε et reformule complètement le complément de ce verbe, en écrivant ταῦτα πάντα au lieu de ταύτας τὰς μεγάλας οἰκοδομάς. Au début de la prédiction sur le temple l'évangéliste ajoute un ἀμὴν λέγω ὑμῖν que n'ont ni Luc ni Marc. Par contre il supprime l'une des négations (μή) devant καταλυθήσεται, qu'il écrit au futur de l'indi-

---

11. Pour E. SCHWEIZER (*Gemeinde*, p. 122), jusqu'au v. 2 il faut lire, dans la prédiction sur la ruine du temple, la destruction d'Israël, tandis qu'à partir du v. 3 c'est le thème du sort de la communauté de Jésus.

12. Cf. E. KLOSTERMANN, *Mt*, p. 191 : « Jesus ging fortan fern vom Tempel seine Wege ».

13. αἰναθήμασιν est un hapax leg chez les synoptiques.

catif (cf. Luc) au lieu du subjonctif aoriste chez Mc[14]. A part cela, la prédiction est formulée de la même façon chez les trois synoptiques.

Lc écrit θεωρεῖτε (au lieu de βλέπετε) avec une proposition relative ; la phrase présente une anacoluthe ; pour introduire la prédiction, il emploie l'expression prophétique (très fréquente chez lui) : des jours viendront[15]. En outre, les deux verbes de la prédiction sont mis au futur de l'indicatif : ἀφεθ-ήσεται et καταλυθήσεται. Il corrige Mc, en écrivant ἐπὶ λίθῳ avec le datif, grammaticalement plus correct.

c) Mt 24, 3 et Mc 13, 3-4.

Au v. 3, chez Mc comme chez Mt, la scène est le Mont des Oliviers, seulement Mt ne donne pas la précision « vis-à-vis du temple » (Mc 13, 3). Il fait approcher (προσῆλθον) de Jésus une seconde fois l'ensemble des disciples et pas seulement les quatre privilégiés de Mc. Comme ce dernier cependant, il insiste sur le κατ᾽ ἰδίαν. Il remplace ἐπηρώτα de Mc par le participe λεγόντες. Entre la première et la seconde partie de la question des disciples : « Dis-nous quand ces choses auront lieu », Mt insère une addition importante : « Et quel sera le signe de ta parousie » et reformule autrement la fin de Mc 13, 4 : συντελείας τοῦ αἰῶνος, évitant ainsi la construction périphrastique de Mc : καὶ τὶ τὸ σημεῖον ὅταν μέλλῃ ταῦτα συντελεῖσθαι πάντα ; la parousie et la consommation du monde deviennent tous deux compléments du nom σημεῖον : « Et quel sera le signe de ta parousie et de la consommation du siècle »[16]. Mt emploie le substantif συντέλεια au lieu du verbe correspondant, et le précise par l'addition de τοῦ αἰῶνος, et ce, en supprimant le ταῦτα πάντα de Mc.

Le verset correspondant chez Luc (21, 7) ne signale aucun changement de lieu comme c'est le cas en Mc 13, 3 et Mt 24, 3 ; le discours a donc lieu chez lui en public, dans le temple[17]. Différence notoire dans la formulation de la question est l'emploi du verbe γίνεσθαι[18].

La comparaison synoptique précédente a pu rendre compte des éléments communs aux trois évangélistes mais aussi des nombreuses différences dans le texte de Mt, différences dues, soit à des corrections grammaticales ou stylistiques, par rapport au texte de Mc, soit à l'introduction de nouvelles idées

---

14. BLASS-DEBR, § 365 et § 370, 2.

15. Cf. J. ZMIJEWSKI, Lukas, p. 76 : « Diese Formulierung entspricht dem Stil alt. Unheilsweissagungen », ce qui montre ici l'importance et le caractère de la prédiction.

16. Pour J. DUPONT (La ruine du temple, p. 263), cette reformulation matthéenne traite apparemment de tout autre chose que Mc. Cf. TOB, Mc 13, 4, note n. : chez Marc « la question concerne seulement la date et les signes de la fin » (Lc 21, 7), sans allusion à l'avènement du Christ, comme c'est le cas en Mt 24, 3.

17. Cf. R. GEIGER, Endzeit, p. 163 ; J. DUPONT, La ruine du temple, p. 237.

18. Cf. R. GEIGER, Endzeit, p. 165 ; J. ZMIJEWSKI, Lukas, p. 77 : Pour ces deux auteurs, le verbe γίνεσθαι sert à marquer la séparation entre les événements histori-ques (innergeschichtlich) et ceux de la fin (Eschata der Weltvollendung). J. DUPONT (La ruine du temple, p. 238, note 80) l'interprète dans le sens de tout ce qui arrive : la perspective reste celle du déroulement de l'histoire.

ou à des explications, tendant à rendre le texte de Mc plus clair. Sur deux points cependant les trois synoptiques s'accordent : la prédiction de la ruine du temple, dont le noyau est le même chez les trois ; et la question des disciples (ou des auditeurs) sur le moment et le signe des événements. Au v. 3 Mt introduit une importante addition τῆς σῆς παρουσίας καὶ συντελείας τοῦ αἰῶνος, indication certaine qu'il a travaillé le texte de Mc. Améliorations de style, omissions ou additions, tous ces traits montrent l'intervention rédactionnelle de Mt et sont des indices clairs que l'évangéliste Matthieu a utilisé Mc comme source et que les différences observées dans son introduction sont dues à sa main. L'introduction de Luc 21, 5-7 paraît aussi être une édulcoration du texte de Mc, destinée à éviter toute méprise[19].

3. FORME ET GENRE DE MT 24, 1-3.

La comparaison synoptique nous a déjà fait remarquer les procédés stylistiques de Matthieu, tant dans la construction des phrases que dans le choix des mots ; il n'est donc pas nécessaire de revenir plus longuement là-dessus. Il reste à déterminer le genre de ces trois versets.

Les deux scénarios dont est composée l'introduction du discours forment deux genres littéraires différents Mt 24, 1-2 : la prédiction, et 24, 3 : la question sur le dénouement. La prédiction « Il n'en restera pas pierre sur pierre » constitue le noyau de ces deux premiers versets et en détermine le genre : un apophtegme biographique, mais de caractère prophétique[20].

Comme telle elle rentre dans le cadre général des prophéties de tout genre et plus particulièrement dans celui des prophéties sur le temple, comme celle de Michée (3, 12) reprise par Jérémie (26, 18) : « Jérusalem deviendra un monceau de décombres, et la montagne du temple une hauteur boisée » (cf. aussi Jér 7, 4 ; 12, 14 ; 26, 6 ; 26, 18 ; Dn 8, 11 ; Zach 5, 4). La formule « pierre sur pierre » rappelle bien Ag 2, 15, mais qui se situe dans un autre contexte : « Avant qu'on plaçât pierre sur pierre dans le sanctuaire... ». Mais, dans tous ces passages, on ne rencontre pas la prédiction sous forme dépouillée comme elle se trouve ici. On peut toutefois penser que cette prédiction a un arrière-fond vétéro-testamentaire certain[21]. Ici cependant la prédiction ne se situe plus dans un contexte de menace comme chez les prophètes (contre W. Grundmann, Mk, p. 351) : Jésus se trouve seul avec ses disciples qui ne sont plus directement concernés par le temple[22] ; il s'agit d'une simple prédiction de la destruction du temple[23].

19. Cf. A. FEUILLET, *Synthèse*, p. 347 : De l'introduction de Mt il dit qu'elle a « l'air d'un conglomérat » rassemblant des matériaux de différentes origines, sans toutefois donner d'autres précisions.

20. Cf. W. GRUNDMANN, *Mt*, p. 500 ; R. BULTMANN, *Tradition*, p. 58.

21. Cf. R. PESCH, *Naherwartungen*, p. 94-95 ; G. SCHENK, in *ThWB III*, 238 ss. Cf. ci-dessous p. 54, sur l'arrière fond vétéro-testamentaire.

22. Cf. R. PESCH, *Naherwartungen*, p. 95 : « Jesu Wort ist kein Drohwort, es wird nicht an Jesu Gegner gerichtet ». Cf. G. SCHENK, in *ThWB III*, p. 245.

23. Cf. J. GNILKA, *Mk II*, p. 181 : « Die Profetie gewinnt durch die doppelte Ver-

Quant au genre du v. 3, il se laisse déterminer par la question des disciples : « Dis-nous quand et quel sera le signe de ta parousie et de la consommation du monde ». Cette question se rapproche des nombreux passages de Mt qui rapportent une question posée à Jésus par des personnes connues, comme ici, par des disciples. La question des signes de la fin de ce monde était classique dans le judaïsme du temps de Jésus et déjà dans l'apocalyptique : Dn 8, 13 ; 12, 6 ; 4 Esdras 4, 33.35 ; 6, 11 s. : « Si j'ai trouvé grâce devant tes yeux, montre à ton serviteur les derniers de tes signes »[24].

4. TRADITION.

A. *Le v. 2 : la prédiction.*

La dépendance littéraire de Mt par rapport au texte de Mc ne permet pas encore de reconnaître l'origine de cette introduction au discours, et surtout la provenance de la prédiction du v. 2, qui a provoqué la question des disciples. Nous nous pencherons donc sur la question de l'authenticité de cette prédiction : remonte-t-elle à Jésus, ou est-elle de la composition de Mc, artifice rédactionnel pour introduire le discours eschatologique, ou repose-t-elle tout au moins sur une tradition qu'on pourrait attribuer à Jésus ? Diverses solutions ont été proposées, qui ont tenté d'établir un rapport entre ce logion marcien et les autres prédictions de la destruction du temple dans Mc 14, 58 ; 15, 29 ; Jn 2, 19 ; Ac 6, 14. Voici tout d'abord les principales opinions représentées :

a) Celle de R. Bultmann[25]. Pour lui, Marc n'a pas inventé ce logion, puisqu'il apparaît sous d'autres formes dans Mc 14, 58 ; 15, 29 ; Jn 2, 19 ; Ac 6, 14. C'est donc une prédiction dont la tradition remonterait à Jésus lui-même. Cependant il avoue que le cadre actuel de ce logion en Mc 13, 1-4 ne permet pas de reconnaître sa forme originelle.

b) L. Hartman serait disposé à prendre l'introduction comme due à la main de Marc et, partant de là, la formule du v. 2 ne peut être considérée comme la forme originelle de la prédiction de Jésus, d'autant plus qu'elle ne comporte pas le second membre portant sur la reconstruction du temple comme en Mc 14, 58. Il n'y aurait donc aucun rapport littéraire entre Mc 13, 2[c] et 14, 58. Pour lui, les trois autres passages Mc 15, 29 ; Jn 2, 19 et Ac 6, 14 représenteraient d'autres déclarations de Jésus[26].

c) Pour F. Flückiger[27], Mc 13, 1-4 constitue une unité rédactionnelle, mais entre les vv. 2 et 3 il y a rupture de pensée, qui serait due à une omission, car

---

neinung οὐ μὴ an Eindeutigkeit. Als solche besitzt sie zwar in der profetischen, intertestamentlichen und rabbinischen Literatur manche Analogien, aber keine literarischen Vorbilder ».

24. Cf. STR.-BILL., *I*, p. 949.
25. *Tradition*, p. 36 ; 126-127.
26. *Prophecy*, p. 219-220.
27. *Zukunftsrede*, p. 402-406.

Marc aurait supprimé le second membre de la prédiction telle qu'on la retrouve en Mc 14, 58 et 15, 29 : la prédiction comporterait la destruction et la reconstruction du temple. L'emploi du pluriel ταῦτα πάντα dans la question se référerait à ce double événement[28].

d) Quant à E. Schweizer[29], il pense que Mc 13, 2 est « probablement » la reprise d'une prédiction sur la ruine, dont la forme la plus ancienne se trouverait dans Mc 14, 58 et 15, 29. L'indice de cette ancienneté se trouverait dans le caractère énigmatique de la sentence.

e) J. Dupont[30] écarte la possibilité d'un lien littéraire entre Mc 13, 2 et 15, 58. Malgré leur parenté de fond, ces deux prédictions « ne témoignent d'aucune affinité littéraire » qui permettrait de chercher dans l'une l'origine de l'autre[31]. Il établit que le vrai parallèle de Mc 13, 2 se trouve en Luc 19, 44, où l'on rencontre la même expression οὐκ ἀφήσουσιν λίθον ἐπὶ λίθον : ce logion se serait trouvé comme tel dans la source de Luc. Contre R. Pesch, il montre que Mc 13, 2c ne peut s'expliquer par la rédaction de Marc : ce dernier a reproduit une prédiction issue de la tradition.

f) R. Pesch[32] établit soigneusement que l'introduction du discours eschatologique Mc 13, 1-4 est tout entière de la main de l'évangéliste et que ce logion ne constitue pas une prédiction indépendante de Jésus[33]. Pour déterminer l'origine de la prédiction dont Marc se serait inspiré pour composer le logion du v. 2c, Pesch a démontré que sa forme possible se trouverait dans Mc 14, 58 dont l'évangéliste aurait fait un logion isolé et différent : Mc 14, 58 est pour lui une sentence énigmatique indépendante. Marc en a fait dans le v. 2c une prédiction sans équivoque sur la destruction du temple[34].

La démonstration de l'intervention rédactionnelle de Marc dans ces versets introductifs ne nous donne pas droit d'affirmer que son travail ne repose pas sur une source. Il ne s'est certes pas contenté de transcrire une tradition, mais on ne peut pas non plus dire qu'il a tout créé. Plusieurs indices dans le v. 2 et dans la question des disciples permettent de penser que le v. 2 ne relève pas tout entier de la rédaction marcienne et même qu'il y a un noyau remontant à une tradition antérieure à Marc.

1. R. Pesch lui-même indique que la finale de la prédiction est superflue[35] : « il n'en sera pas laissé pierre sur pierre qui ne soit détruite » (οὐ μὴ καταλυθῇ). Cette annexe est destinée à renforcer, à préciser le sens de la prédiction, comme si en soi le logion n'était pas compréhensible[36] : un indice peut-

28. *Ibid.* p. 406.
29. *Mk*, p. 176 s.
30. Il n'en sera pas laissé pierre sur pierre, p. 301-321.
31. *Ibid.*, p. 319.
32. *Naherwartungen*, p. 87-96 : les conclusions de R. PESCH sont reprises par J. GNILKA, in *Verhandlungen*, p. 18.
33. *Ibid.*, p. 88.
34. J. LAMBRECHT (*Die Redaktion*, p. 68-91) partage le même avis, mais suit un autre cheminement. Cf. aussi J. ZMIJEWSKI, *Lukas*, p. 82-83.
35. *Naherwartungen*, p. 91.
36. Cf. J. GNILKA, *Mk II*, p. 181 : la double négation confère plus de clarté à la prophétie.

être que le logion a été sorti de son cadre originel et introduit ici pour les besoins de la cause, d'où le besoin qu'a éprouvé l'évangéliste de le préciser le plus possible. L'isolement de la prédiction de son contexte a entraîné un raccourcissement du logion original.

Un second indice, qui permet de penser à un raccourcissement est l'emploi de ταῦτα πάντα. A quoi se rapporte ce démonstratif pluriel ? En tout cas, pas à ce qui va suivre, sous peine d'être illogique, car les disciples seraient ainsi censés se référer à ce qui va être annoncé dans le discours[37]. Le ταῦτα ou le ταῦτα πάντα des vv. 29-30 sont plus vraisemblables : ils se refèrent nettement a ce qui a été dit précédemment. Grammaticalement l'emploi de ce démonstratif ne peut se référer qu'à la prédiction du v. 2c[38]. Or l'emploi du pluriel ne se justifie pas, s'il se rapporte seulement à la destruction du temple. On s'attendrait à lire plutôt un singulier τοῦτο[39].

Ces indices amènent à penser que la prophétie a été sortie de son contexte original, et partant de là, que l'évangéliste a laissé de côté les éléments qui ne rentrent pas bien dans le nouveau cadre où elle est insérée. Il transmet sous une forme raccourcie une prédiction qui, originellement, contenait d'autres éléments. La formule λίθον ἐπὶ λίθον, unique en Mc, semble être une expression figée (cf. Ag 2, 15 LXX), qui doit appartenir au noyau de la prophétie originelle. On peut, certes, admettre que la prophétie peut être formulée différemment et de plusieurs manières[40], comme le montrent les parallèles Mc 14, 58 ; 15, 29 ; Jn 2, 19 et Ac 6, 14 ; Mt 23, 38 ; Lc 23, 28-31 ; mais à cause des notations faites ci-dessus, on a de fortes chances d'être ici en présence d'une des formes originelles de la prophétie.

Il est difficile de préciser les circonstances dans lesquelles cette prophétie a été prononcée par Jésus ; sans doute au cours d'un de ses conflits avec les autorités religieuses juives : la prédiction originelle serait ainsi une menace contre le temple : ce dernier sera ruiné et cessera d'être un édifice consacré au culte juif (cf. Mt 21, 12).

La prédiction n'a pas de parallèle direct dans l'AT, mais elle est basée sur la tradition prophétique concernant le châtiment et la destruction de Jérusalem. Is 25, 2 : Tu as fait de la ville un tas de pierres (cf. Is 22, 4-5), comme on le retrouve en Michée 3, 12 ; Jer 26, 18 ; Is 5, 5 s. : Ses murs seront piétinés ; Is 64, 9 s : Sion est devenue un désert. Le thème de la profanation et de la destruction n'était pas étranger à la pensée juive du temps de Jésus[41].

On demanda un jour au Rabbi Éliézer (vers 90 après J.C.) : Les générations d'après (celles contemporaines du second temple) étaient-elles plus pieuses

---

37. E. SCHWEIZER (*Mk*, p. 144) et W. GRUNDMANN (*Mk*, p. 351) seraient disposés à comprendre ce démonstratif comme se référant aux événements de la fin.

38. Cf. F. FLÜCKIGER, *Zukunftsrede*, note 11, p. 404.

39. Cf. J. LAMBRECHT, *The Parousia Discourse*, p. 318.

40. Ainsi J. GNILKA, *Mk II*, p. 181.

41. A propos de la série des événements avant et pendant la destruction du temple et de Jérusalem, cf. le témoignage rabbinique dans STR.-BILL. *I*, p. 944-948.

que les générations précédentes (au temps du premier temple)? Il fit cette réponse : Que le temple vous serve de témoignage et vous en donne la preuve : Nos pères avaient enlevé le toit (du premier temple) et nous, nous avons rasé jusqu'aux assises (du second temple)[42].

Déjà à Qumrân les Esséniens adressaient des critiques au temple dont le culte ne représentait plus pour eux l'idéal[43]. Josèphe, après avoir rapporté une ancienne prophétie, selon laquelle la ville et le lieu de culte seraient pris et brûlés complètement[44], rapporte ensuite l'ordre de César ordonnant la destruction du temple : κελεύει Καῖσαρ ἥν τε πόλιν ἅπασαν καὶ τὸν νεὼν κατασκάπτειν[45].

En relation avec la prise de Jérusalem par Pompée en 63, l'auteur des Psaumes de Salomon écrit : « Et tu n'as pas empêché le païeb d'en renverser le mur » (Ps Sal. 2, 1).

Tous ces témoignages de la tradition sur la destruction du temple de Jérusalem comportent cependant des différences notables par rapport à la prédiction évangélique : cette dernière porte directement sur la destruction du temple, tandis que dans les textes précités il est question plus ou moins explicitement de la destruction et du temple et de la ville. De plus les auteurs de cette destruction sont nommés, tandis que la prédiction évangélique se contente d'un passif (ἀφεθῇ, καταλυθῇ)[46].

Signalons enfin que dans le psaume précité et dans les écrits de Qumrân, la catastrophe est considérée comme une épreuve purificatrice, à laquelle fera suite le relèvement ou la grandeur de Jérusalem (cf. Ps Sal 2, 33.35 «...Dieu est puissant par sa force immense. Il me relève à mon rang glorieux et humilie les orgueilleux dans leur porte éternelle »). De même dans 1 QM 1, 8, il est question après les combats des fils de lumière contre les fils des ténèbres, du moment de Dieu qui sera joie, gloire et longueur des jours pour tous les fils de lumière[47]. Cette pensée est étrangère à Mt : la destruction est définitive, sans allusion possible à l'écrasement des destructeurs.

B. Le v. 3 : la question du dénouement.

Dans l'AT comme dans les écrits apocalyptiques ou apocryphes on retrouve des questions analogues sur la fin des temps : Dn 8, 13 : ἕως πότε ἡ ὅρασις... ; 12, 6 : πότε οὖν συντέλεια ὧν εἴρηκάς μοι τῶν θαυμαστῶν ὁ κατα-

---

42. b Joma I, 38c, 57 ; Joma 9b ; Midr Ps 137 § 10 ; Cf. STR.-BILL. *I*, p. 946.

43. Cf. *CD IV*, 18.

44. Bell *IV*, 388 ; cf. S. SOWERS, *The Circumstances*, p. 317.

45. Bell *VII*, 1, 1 : Il est question ici non de ἱερόν mais de ναός ; dans Bell *VI*, 5, 3, Josèphe lui-même avait prédit la destruction du temple.

46. Dans l'Évangile de Thomas, c'est Jésus lui-même qui détruit le temple : « Jésus dit : je vais détruire cette maison et personne ne pourra la rebâtir (Logion 71). Les passifs ἀφεθῇ, καταλυθῇ ne peuvent être pris pour des passifs divins, bien que la catastrophe soit le signe du jugement de Dieu et en définitive puisse avoir Dieu pour auteur.

47. 1 QM I, 9.

ρισμὸς τούτων. La fièvre apocalyptique caractéristique des apocryphes s'est surtout intéressée à la question du moment : 4 Esdra 4, 33.35 : Jusques à quand durera encore cet éon ? Quand la fin surviendra-t-elle ? 6, 11 : Si j'ai trouvé grâce à tes yeux, montre à ton serviteur les derniers de tes signes ; 4 Esdra 6, 7 : Comment se fera la séparation des temps ? Quand auront lieu la fin du premier éon et le début du second ?[48].

Le champ sémantique de cette question a de nombreuses correspondances dans l'AT et dans les apocryphes. L'expression παρουσία, employée ici par Mt seul, est connue du monde gréco-romain, utilisée pour désigner les visites officielles des empereurs, telle qu'elle est employée dans 2 M 8, 12. Elle signifie présence. Dans Jdt 10, 18, elle prend le sens de arrivée, venue. Chez les apocalyptiques le terme exprime surtout l'idée de la venue (attendue) de Dieu : Test Jud 22, 2 : ἕως τῆς παρουσίας Θεοῦ τῆς δικαιοσύνης.

Le livre d'Hénoch (slave) fait même une différence entre la première venue de Dieu dans la création et sa seconde ou dernière venue (S1Hen 32, 1 ; 42, 5) ; il désigne par le même terme le retour d'Hénoch sur terre[49]. Josèphe emploie le verbe πάρειμι pour désigner la présence secourante de Dieu[50].

Dans le NT le terme est employé tantôt dans le sens de « présence » : 1 Cor 16, 17 : présence de Stephanos ; tantôt dans le sens de « venue, arrivée » : 2 Cor 7, 6-7 arrivée de Tite ; ou dans celui de « manifestation » : 2 Th 2, 8 la manifestation de l'inique.

La parousie chrétienne est greffée sur l'attente vétéro-testamentaire du « jour du Seigneur », grand objet des espérances du peuple juif. Comme telle, elle se rapporte au retour glorieux du Christ à la fin des temps[51].

L'expression « consommation du monde », liée à la parousie et qui est propre à Mt[52] peut se comparer au Test Levi 10,2 : συντέλεια τῶν αἰώνων ; Dn 9, 27 : συντέλεια καιρῶν ; Dn 12, 13 : συντελείαν ἡμερῶν ; 12, 4.7 : καιροῦ συντελείας. Dans la littérature apocalyptique on trouve des formules équivalentes qui désignent, soit la fin du monde, soit l'ère messianique : 1 Hen 16, 1 : μέχρι ἡμέρας τῆς τελειώσεως ἐν ᾗ ὁ αἰων ὁ μέγας τελεσθήσεται[53]. Le champ sémantique de cette expression συντέλεια τοῦ αἰῶνος se réfère, dans la plupart des cas, à un contexte de jugement, que suivra un monde nouveau où triompheront les justes. Cette idée n'est pas absolument étrangère à Mt qui connaît, lui aussi, le renouvellement de toutes choses (παλιγγενεσία) quand le Fils de l'Homme siégera sur son trône de gloire (Mt 19, 28).

---

48. Cf. aussi Apoc syr Bar 21, 19. A propos de la venue du Messie, cf. Sanh 96b ; 99a : quand le Messie viendra-t-il ? Midr Ps 45 § 3. STR.-BILL. (I, p. 949) signale de nombreuses références.

49. 38, 2 ; cf. A. OEPKE in ThWB V, p. 861.

50. Ant III, 30 et les références citées par A. OEPKE in ThWB V, p. 862.

51. CHRYSOSTOME (Hom 75, 2) parle expressément de la seconde venue : δευτέρα παρουσία. JÉROME de « secundus adventus » ; cf. E. KLOSTERMANN, Mt, p. 193.

52. Mt 13, 39.40.49 ; 24, 3 ; 28, 20.

53. Cf. aussi Apoc syrBar 13, 3 Ass Mos 1, 18.

5. LA RÉDACTION MATTHÉENNE DE L'INTRODUCTION.

Dans l'Évangile de Mt l'introduction a ceci de spécial que les disciples interrogent Jésus non seulement sur la date de la destruction du temple (πότε ταῦτα ἔσται), mais encore sur le signe de son avènement et de la consommation du siècle : τί τὸ σημεῖον τῆς σῆς παρουσίας καὶ συντελείας τοῦ αἰῶνος. La question, à la différence de celle de Mc et de Lc, porte très clairement sur un triple objet : d'abord la ruine du temple ; la parousie, puis la fin du monde, ces deux dernières étant mêlées. Ainsi Mt joint au thème de la fin du monde, celui de la parousie et, plus clairement que chez Mc, celui de la fin des temps à la ruine de Jérusalem. Dans Mc en effet, la question semble se référer d'abord et surtout à la ruine du temple, dont la destruction est supposée être l'un des signes de la fin[54]. Au moment où Mt écrit son évangile, Jérusalem a été déjà détruite et la fin n'est pas encore arrivée, d'où la nouvelle dimension que prend chez lui la question. Analysons en détail les caractéristiques matthéennes de ces versets introductifs.

Depuis le v. 21, 23 Jésus était entré et se trouvait dans le temple, où de violentes discussions l'ont opposé aux dirigeants juifs. Au v. 1 Jésus quitte définitivement le temple (dont il avait anoncé l'abandon au v. 23, 38), comme pour signifier que, désormais, il n'a plus rien à faire avec le temple. L'emploi absolu du verbe ἐπορεύετο par Mt souligne plus clairement cette séparation : « Jésus, sorti du temple, allait son chemin »[55]. En écrivant cela, il souligne que la prophétie de 23, 38 se réalise déjà et que Jésus quitte définitivement le sanctuaire[56].

Avec cette sortie, l'évangéliste a certainement compris que Dieu abandonne la ville et son temple, à l'instar de la prophétie d'Ézéchiel où la gloire (כבוד) de Yahwé quitte le temple[57]. La prédiction du v. 2 vient comme une confirmation et jette une nouvelle lumière sur le v. 23, 38 : l'annonce de sa destruction définitive[58]. C'est bien intentionnellement que Mt montre Jésus avec l'ensemble de ses disciples, et non pas avec l'un ou les quatre privilégiés (cf. Mc 13, 1-3) : avec la sortie de Jésus, c'est toute la communauté de Jésus qui coupe court avec le temple et avec tout ce dont il est le symbole[59].

Sans se laisser impressionner par le projet des disciples : admiration du temple —, Jésus annonce au contraire sa destruction. Ne voyez-vous pas tout cela, dit-il à ses disciples, se référant au temple dans son ensemble, tout cela

54. Cf. P. BENOIT, *Mt*, p. 147.
55. Parmi les nombreux emplois de ce verbe par Mt, on relève seulement trois cas où il est employé au mode personnel sans complément, avec une idée de prise de distance : Mt 2, 9 ; 8, 9 ; 12, 45.
56. Cf. L. SABOURIN, *Mt*, p. 301.
57. Ez 19, 18-22 ; cf. E. SCHWEIZER, *Gemeinde*, p. 121.
58. Dans Luc, et la prophétie et le discours ont lieu dans le temple, car pour le 3e évangéliste, Jésus y continue son enseignement : cf. Lc 19, 47 ; 21, 37.
59. Cf. Mt 10, 12-14.

sera détruit[60]. Cette destruction apparaît aux yeux de l'évangéliste comme le châtiment de Dieu contre Jérusalem qui lapide et tue les prophètes, qui refuse Jésus (cf. Mt 23, 37)[61].

L'insertion de ἀμὴν λέγω ὑμῖν (cf. v. 23, 36.39) montre le caractère prophétique et renforce l'importance de la destruction imminente[62]. Le verbe καταλύω, commun aux trois synoptiques, et que Mt emploie aux vv. 5, 17 ; 26, 61 ; 27, 40, se réfère à la destruction matérielle du temple ; mais il peut avoir un sens plus théologique (cf. Mt 5, 17). Mt a certes en vue la destruction du temple et de Jérusalem en 70 par l'armée romaine de Titus.

Mais cet aspect historique n'est que le symbole de l'aspect théologique : la ruine de Jérusalem et du temple avec tout ce dont il est le symbole, marque la fin de l'Ancienne Alliance[63]. La volonté divine d'habiter avec les hommes, dont le temple a été temporairement le symbole, est maintenant réalisée en Jésus Christ : « Voici que je suis avec vous tous les jours jusqu'à la fin des temps »[64].

Mt omet au v. 3 de mentionner que Jésus est assis en face du temple (κατέναντι), dont il vient d'annoncer la destruction, pour marquer la séparation déjà indiquée dans l'acte de sa sortie au v. 1 ἐξελθὼν ὁ Ἰησοῦς ἀπὸ τοῦ ἱεροῦ. Désormais son rôle est terminé et il ne sera plus, dans la suite, nommé explicitement[65].

Le v. 3 montre Jésus assis sur le Mont des Oliviers, dans un lieu privilégié. C'est sur la montagne en effet que Jésus enseigne ses disciples (ch. 5-7) ; c'est le lieu où il prie seul (14, 23) ; les foules viennent à lui sur la montagne avec leurs malades et il les guérit (15, 29) ; c'est le lieu de la Transfiguration (17, 1-9) ; dans le contexte évangélique de la Passion la montagne représente un lieu important (26, 30). Enfin c'est sur la montagne que Jésus ressuscité donne à ses disciples la mission d'évangéliser toutes les nations (28, 16-20). Il n'est donc pas étonnant que le discours eschatologique ait pour scène la montagne. Jésus s'y trouve seul avec ses disciples ; le caractère d'enseignement à l'adresse des disciples est ainsi d'autant plus souligné.

Une seconde fois c'est l'ensemble des disciples qui s'approchent de Jésus :

---

60. Ταῦτα πάντα est ici propre à Mt, comme aussi dans 23, 36 ; 24, 8.33. Pour R. PESCH, *Eschatologie und Ethik*, p. 227, il s'agit d'une formule apocalyptique.

61. A. FEUILLET, *Synthèse*, p. 344 ; R. HUMMEL, *Auseinandersetzung*, p. 86 : « Den noch verborgenen Sinn von Mt XXIII sieht er in der Tempelzerstörung enthüllt ».

62. E. SCHWEIZER, *Mt*, p. 293.

63. D'après A. FEUILLET (*Synthèse*, p. 345), la destruction s'identifie sans aucun doute avec la fin du peuple juif comme peuple de Dieu.

64. Mt 28, 20 ; cf. J.C. FENTON, *Mt*, p. 381 ; J. RADERMAKERS, *Mt*, p. 301.

65. La première partie de la question des disciples ne sera, dans la réponse de Jésus vv. 32-36, abordée qu'indirectement.

Cf. aussi R. PESCH (*Eschatologie und Ethik*, p. 227) : « Der Evangelist blickt nun über das Jahr 70n. Chr. hinaus in die Geschichte der Kirche ». Pour E. SCHWEIZER (*Gemeinde*, p. 121), jusqu'au v. 2 il est question d'un temple. A partir du v. 3 Mt porte son intérêt sur le sort de la communauté.

προσῆλθον αὐτῷ[66]. C'est à l'ensemble que s'adresse le discours[67]. Il ne s'agit donc plus de la scène intime entre Jésus et les quatre privilégiés. Pour Mt il y a Jésus et les disciples d'un côté et la foule de l'autre. Il s'agit d'un enseignement réservé aux seuls disciples[68]. « A vous il est donné de connaître les secrets du Royaume des Cieux » (Mt 13, 11)[69].

La prédiction de la ruine du temple offrit aux disciples une occasion appropriée pour poser une question. La question prend chez Mt un accent christologique : quel est le signe de « ta » parousie et de la consommation du siècle. La première partie de la question se réfère au v. 2 et la seconde partie à ce qui va suivre ; il y a ainsi trois niveaux distincts dans la formulation matthéenne de la question : le moment de la ruine du temple ; le signe, d'une part, de la parousie, et d'autre part, de la consommation du siècle[70]. Mais le sens des trois événements ne peut se révéler qu'à la condition de ne pas les séparer les uns des autres : Mt joint clairement la fin des temps à la ruine et à la parousie, et la superposition de la Parousie et de la fin du monde exprime pour lui une seule et même réalité : la Venue du Christ, comme l'évangéliste le suggère dans les vv. 13, 39-41.49[71]. Cette Venue coïncide avec la fin du monde et le jugement que le Fils de l'Homme fera passer sur les hommes par ses anges.

La demande de signe par les disciples vise certainement un signe précis comme celle d'un signe historique par les pharisiens (Mt 12, 38)[72]. Le terme « parousie » qu'ici Mt met sur les lèvres des disciples (cf. 24, 27.37.39) est l'expression de la Venue du Seigneur, à laquelle faisait déjà allusion 23, 39 et est aux yeux de Mt le retour glorieux de Jésus à la fin des temps (cf. 1 Th 2, 19 ; 3, 13 ; 4, 15 ; 5, 23 ; 1 Cor 15, 23). Ce retour glorieux s'accompagnera du jugement sur le monde (Mt 25, 31-46). Il n'est pas à identifier avec une idée zélote d'établissement du règne messianique sur Israël, comme J. Radermakers serait porté à le croire : « C'est vraisemblablement une idée zélote qui traîne dans leur esprit : Jésus va entrer à Jérusalem, chasser les Romains de la ville et en prendre possession, comme d'autres ont tenté de le faire avant lui »[73]. Le lien que Mt établit entre parousie et fin du monde, interdit cette supposition. C'est plutôt l'idée de jugement qui va de pair avec la Venue du Seigneur.

66. Mt emploie le verbe 52 fois, mais deux fois seulement il est dit que Jésus s'approche : 17, 7 ; 28, 18 : προσηλθὼν ὁ' Ιησοῦς. C'est presque toujours les gens qui s'approchent de lui.

67. Mt a été influencé par le v. 13, 37 de Mc : Ce que je vous dis, c'est à tous que je le dis.

68. R. HUMMEL, *Auseinandersetzung*, p. 86.

69. Cf. R. PESCH (*Eschatologie une Ethik*, p. 228) : « Die folgende Rede gilt nur mehr ihnen, nicht mehr den Jerusalem Scharen (vgl. 23, 1) nur mehr der Kirche, nicht mehr Israel ».

70. Cf. J. LAMBRECHT, *The Parousia Discourse*, p. 318, note 22 ; R. PESCH, *Eschatologie und Ethik*, p. 228, note 18.

71. Cf. J. RADERMAKERS, *Mt*, p. 302.

72. D'après P. GAECHTER (*Mt*, p. 764-765), la question porterait originellement sur le moment et les signes de la destruction.

73. J. RADERMAKERS, *Mt*, p. 301-302.

Dans les paraboles de la parousie, Jésus se présente comme le maître qui vient pour la reddition des comptes avec ses serviteurs (Mt 24, 46.50 ; 25, 19), ou comme le juge, avec autorité royale, qui vient pour juger toutes les nations (Mt 25, 33).

C'est dans cette ligne de compréhension que va aussi l'expression «consommation du siècle» : la Venue de Jésus signifie tant la fin du monde que le jugement[74]. Instructif à cet égard est ce qu'écrit l'auteur de l'apocalypse syr Baruch, quelques années après 70, et qui montre bien l'espérance du jugement eschatologique de certains milieux à l'époque de Mt : « Jusques à quand ces choses » (81, 3)? Dans le chapitre suivant l'auteur de l'apocalypse continue sur le même ton : « Sachez que notre Créateur nous vengera sûrement de tous nos ennemis pour tout ce qu'ils nous ont fait. Alors proche est cette fin que le très Haut apporte. La fin de son jugement n'est pas loin » (82, 2). Sous-jacente à la question des disciples est l'idée que la Parousie et la fin du monde sont proches, espérances d'autant plus fortes que dans le contexte des années après 70, où Mt écrit, le temple est détruit, les persécutions ont eu lieu : à la vue de ces événements la Venue du Christ ne saurait tarder.

74. Cf. 13, 39.40.49. Cf. G. DELLING, in *ThWB VIII*, p. 67.

CHAPITRE II

MT 24, 4-14 : LE COMMENCEMENT DES DOULEURS ET LA PERSÉCUTION

Avec καὶ ἀποκριθείς Mt introduit le discours proprement dit comme la réponse de Jésus à la question des disciples. Sans pourtant être une réponse directe à la question du v. 3, la première section du discours (vv. 4b-14) mentionne une série d'événements à l'intérieur et à l'extérieur de la communauté, et qui ne doivent pas être pris pour les événements marquant la fin : οὔπω τὸ τέλος, πάντα δὲ ταῦτα ἀρχὴ ὠδίνων. Cependant les termes ἐλεύσονται, ἐγώ εἰμι ὁ Χριστός et τέλος rappellent bien le sens de la question des disciples : πότε ταῦτα ἔσται, καὶ τί τὸ σημεῖον τῆς σῆς παρουσίας καὶ συντελείας τοῦ αἰῶνος.

Mt est fidèle à sa source marcienne qu'il reproduit par endroits presque mot pour mot. Nous analysons d'abord la péricope relative au commencement des douleurs de l'enfantement (Mt 24, 4-8).

I. — MT 24, 4-8 : LE COMMENCEMENT DES DOULEURS

Le thème de l'égarement πλανάω (qui revient deux fois), les données temporelles « ce n'est pas encore la fin — tout cela n'est que le commencement des douleurs de l'enfantement », font l'unité de cette péricope. Elle est introduite par καὶ ἀποκριθείς qui le distingue nettement du v. 3 dont elle constitue la réponse. « Tout cela » résume la série des événements annoncés par Jésus. Ἀρχὴ ὠδίνων en marque la fin.

1) *Critique littéraire.*

Mt introduit plus simplement et plus clairement le discours en plaçant le verbe ἀποκριθείς au début, évitant ainsi la longue formulation de Marc ἤρξατο λέγειν (Mc 13, 5ᵃ). Mt écrit d'autre part καί au lieu de δέ, une simple correction stylistique.

Le v. 4b est l'exacte reproduction de Mc 13, 5b. Au début du v. 5 Mt ajoute un γάρ pour relier davantage ce verset au précédent mieux expliqué que la construction asyndétique de Marc. Il explicite davantage Mc par l'addition ὁ

Χριστός, et allège le style de Marc en supprimant ὅτι[1]. Mt 24, 6 ne se différencie de Mc 13, 7 que par la suppression de ὅταν au début du verset et par la construction périphrastique μελλήσετε δὲ ἀκούειν, au lieu du futur simple chez Mc. Ὁρᾶτε est une addition matthéenne qui renforce la parénèse μὴ θροεῖσθε[2]. Mt insère encore un γάρ entre δεῖ et γενέσθαι et le verbe ἐστίν entre οὔπω et τὸ τέλος[3].

La première partie du verset 7 correspond exactement au texte de Mc 13, 8[a]. Le v. 7b subit une correction stylistique : modification de l'ordre des mots : il place λιμοί avant σεισμοί qu'il relie par καί ; introduction d'un autre καί entre βασιλείαν et ἔσονται ; ce dernier verbe est employé une seule fois ; κατὰ τόπους porte sur les deux catastrophes λιμοί et σεισμοί et non seulement sur σεισμοί comme chez Mc[4]. Au verset 8 Mt ajoute πάντα δέ au texte de Mc et modifie l'ordre des mots : πάντα δέ ταῦτα ἀρχὴ ὠδίνων.

Outre ces quelques modifications ou corrections stylistiques, Mt reste fidèle au texte de Mc. Les seules notations importantes sont l'addition de ὁ Χριστός et la suppression de ὅταν au début du v. 6.

2) Forme et genre de Mt 24, 4-8.

La péricope matthéenne commence par καὶ ἀποκριθείς, indication plus claire que tout le discours constitue la réponde de Jésus à la question posée par les disciples au v. 3[5]. Cette péricope donne l'impression d'un ensemble plus composé : Mt améliore les constructions asyndétiques de Mc par l'insertion de particules de liaison ou des « car » explicatifs.

La péricope se caractérise par l'alternance du style direct et personnel (v. 4b βλέπετε, ὑμᾶς ; v. 6 μελλήσετε. ὁρᾶτε) avec le style narratif (vv. 4a.5.6d.7.8). Avec le futur ἐλεῦσονται d'un emploi prophétique bien connu, au début du v. 5, l'orientation eschatologique du discours est indiquée. Cependant deux indications temporelles viennent corriger et préciser cette orientation : « ce n'est pas encore la fin » — complétée positivement par le v. 8 : « Mais tout cela ne sera que le commencement des douleurs de l'enfantement ». Grâce à ces deux données temporelles, la série des événements au futur est interprétée sous son vrai caractère de signes apocalyptiques. Elles se réfèrent toutes à la mise en garde du v. 4b βλέπετε μή[6].

On peut, malgré le caractère composé de cette péricope, y relever quelques

1. Lc s'écarte sensiblement de la formulation de Marc ; notamment il met le verbe πλανάω au passif et fait d'importantes additions : ὁ καιρός, ὀπίσω αὐτῶν.

2. Cf. L. SABOURIN, Mt, p. 302.

3. Les versets correspondants de Lc 21, 9 s'éloignent du texte de Mc et de Mt : nouvelles formulations : ἀκαταστασίας, μὴ πτοηθῆτέ ; des précisions temporelles : πρῶτον, εὐθέως. A partir d'ici le texte de Luc présente un travail rédactionnel important.

4. Certains manuscrits Δ, Θ, C ajoutent καὶ λοιμοί, sans doute sous l'influence de Luc 21, 11.

5. Cf. J. LAMBRECHT, Die Redaktion, p. 93, note 1.

6. J. LAMBRECHT (Die Redaktion, p. 95) manque de voir l'orientation eschatologique du futur ἐλεύσονται. C'est pour lui, un simple futur, qui correspondrait à l'impératif du v. 5, qui comme tout ordre, porte sur l'avenir.

inégalités : le singulier τις (v. 4b) devient πολλοί⁷. Le pluriel πολλοὶ λέγοντες et le singulier ἐγώ εἰμι ὁ Χριστῆς paraissent aussi être une incohérence, à moins de comprendre cette affirmation comme prise par chacun à son compte.

Outre ces inégalités de style que Mt a héritées de Mc, l'allure des phrases obéit à une harmonie interne : au nominatif πολλοί correspond l'accusatif πολλούς : « Beaucoup se présenteront en mon nom = et ils égareront beaucoup ».Ἀκούειν πολέμους et ἀκοὰς πολέμων se répondent et forment une allitération.

Les versets se répartissent comme suit : vv. 4b-5 : dangers à l'intérieur de la communauté, constitués par les faux Messies qui occasionneront l'égarement d'un grand nombre. La mise en garde du v. 4b est développée par le v. 5 introduit par γάρ. Vv. 6-7 : δέ marque un nouveau début ; la construction à la deuxième personne continue, mais c'est pour parler d'autres choses, et cette fois à l'extérieur de la communauté : l'évangéliste aborde le thème de la guerre et des catastrophes apocalyptiques ; les disciples ne doivent pas se laisser impressionner par ces événements et croire que la fin est arrivée. Enfin le v. 8 se réfère indirectement à la question de la fin (v. 3) ; πάντα ταῦτα résume tout ce qui a été annoncé dans vv. 4b-7⁸.

A quelques exceptions près (l'addition d'origine chrétienne ὁ Χριστός et l'accent mis sur la parénèse⁹, ces versets relèvent du genre apocalyptique. Les vv. 6-8 peuvent bien se rencontrer dans n'importe quelle littérature apocalyptique juive : tous les éléments sont bien attestés dans la Bible et les écrits juifs¹⁰.

3) Tradition.

L'intérêt des deux évangélistes Mc et Mt est le même ici dans ce passage. En reprenant ces images de l'apocalyptique juive, ils les mettent au service de la parénèse pour leurs communautés respectives : avertissement des disciples et des chrétiens contre l'égarement des agitateurs messianiques : Il se présentera des imposteurs dont les supputations risquent d'égarer de nombreux chrétiens. Il y aura des guerres et diverses catastrophes. Les disciples seraient tentés de croire que la fin est arrivée, d'où l'avertissement de Jésus : Ne vous effrayez pas. Cela qui doit arriver, est prévu dans le plan divin. Ces événements ne sont que le début des douleurs de l'enfantement.

---

7. Pour P. BONNARD (Mt, p. 350), cette incohérence confirmerait l'hypothèse d'une composition littéraire formée de fragments d'abord indépendants les uns des autres. Il faut bien reconnaître cependant que le chap. 13 de Marc est parvenu à Mt comme une unité.

8. Pour R. PESCH (Naherwartungen, p. 124) le ταῦτα de Mc 13, 8 se réfère seulement aux vv. 7-8 de Mc.

9. Cf. J. GNILKA, Mk, II, p. 186 : « Die persönliche Anrede (v. 7) ist in der jüdischen Apokalyptik nicht beheimatet ». On peut cependant comparer avec Hen(éth) 62, 1.

10. Cf. R. BULTMANN, Tradition, p. 129 J. GNILKA, Mk II, p. 185 ; cf. aussi STR.-BILL. I, p. 950.

Ces annonces ont trouvé un écho dans la situation de la communauté et constituent sans doute une instruction sur sa situation présente[11]. La mise en garde contre les faux Messies contient sans doute l'indication que les prophètes de la première communauté chrétienne[12] avaient pour émules des faux prophètes[13], dont les prétentions «Je suis le Christ» voulaient signifier et faire croire l'arrivée avant terme de la parousie. Bien que des événements contemporains : la guerre juive, la grande famine sous Claudius (cf. Ac 11, 28), les tremblements de terre en Phrygie en 61 et à Pompéi en 63, puissent avoir jeté une nouvelle lumière sur ces annonces, nous ne croyons cependant pas qu'il faille y trouver une allusion directe[14] : ces images font partie des tribulations apocalyptiques des derniers temps[15].

Nous ne nous attarderons pas à étudier les sources rédactionnelles de Mc dont Mt s'est ici servi pour la composition de sa péricope[16]. Mc 13 étant parvenu à l'évangéliste Mt comme une unité composée, il importe de se pencher sur le texte de Mt pour en retrouver les arrière-fonds bibliques et apocalyptiques et retrouver le sens dont l'évangéliste a chargé ses mots.

V. 4b : Βλέπετε μή τις ὑμᾶς πλανήσῃ.

Le terme πλανάω qui introduit le thème de l'égarement, désigne dans l'AT la séduction religieuse, dans le sens de l'idolâtrie : Dt 13, 1-6 : 2 R 21, 9. Dans Jer 29, 8-9 le prophète prévient le peuple contre les faux prophètes : « Ne vous laissez pas égarer par les prophètes qui sont parmi vous, ni par vos devins... car c'est faussement qu'ils prophétisent en mon nom »[17].

L'emploi eschatologique du terme se rencontre dans Test Lévi 10, 2 (une interpolation chrétienne, qui concerne le rejet du Christ par Israël : «A la consommation des siècles il y aura des imposteurs qui égareront Israël» et cela durera 70 semaines (Test Lévi 16, 1)[18]. Dans CD on fait mention aussi des malheurs et des égarements à la fin (CD V, 20 ; VII, 21) avant l'intervention du Maître de Justice (CD VI, 11).

---

11. Cf. W. GRUNDMANN, *Mk*, p. 354.

12. Cf. Ac 9, 27-28.

13. Cf. Ac 13, 6.

14. Ainsi W. GRUNDMANN, *Mk*, p. 354 ; Cf. J. GNILKA, *Mk II*, p. 187.

15. Cf. L. HARTMANN, *Prophecy*, p. 71-77 ; R. PESCH, *Naherwartungen*, p. 120-123 ; J. GNILKA, *Mk II*, p. 187. A. PIGANIOL (Observations, p. 245) se base sur ces données contemporaines pour conclure que l'apocalypse synoptique est «une création de la première génération de la communauté chrétienne». Position analogue mais nuancée chez W. MARXSEN (*Der Evangelist Markus*, p. 116) : «Jedenfalls zeichnen die Verse 5-13 nun deutlich genug eine Situation, die auf dem Hintergrund der turbulenten Ereignisse in den Jahren 66-70 n. Chr. Erlebnisse und Erfahrungen der Urgemeinde wiedergeben können » (citation tirée de E. HAENCHEN, *Der Weg*, p. 438).

16. L. HARTMANN, *The prophecy* ; R. PESCH, *Naherwartungen* ; J. LAMBRECHT, *Die Redaktion*, parmi tant d'autres ont essayé de retrouver et d'analyser les sources de Mc 13, hypothèses de travail qui ont une bonne audience parmi les exégètes aujourd'hui.

17. Cf. aussi Jer 23, 13.32 ; Ez 13, 10 ; Za 13, 2.

18. Cf. aussi Ass Mos 7, 4.

Dans le NT l'emploi eschatologique apparaît surtout dans l'apocalypse de Jean, avec les faux prophètes[19]. La différence dans l'emploi chez les Synoptiques est qu'ils l'utilisent dans un but parénétique : βλέπετε μή.

V. 5 : Πολλοὶ γὰρ ἐλεύσονται ἐπὶ τῷ ὀνόματί μου λέγοντες...

L'expression ἐπὶ τῷ ὀνόματί μου ou ἐπὶ τῷ ὀνόματι κυρίου est dans l'AT le langage des vrais prophètes comme des faux prophètes[20].

La formule ἐγώ εἰμι (que Mt précise par ὁ Χριστός) est l'expression vétéro-testamentaire de la révélation de Yahwé : « Je suis celui qui suis (Ex 3, 14 ; cf. Dt 31, 39 ; LXX Tob 33, 31). Dans l'Ap Abr 8, 4 on rencontre la formule simple : « Je suis »[21]. Dans Mt, les imposteurs prennent le titre officiel de Jésus : Je suis le Christ, le Messie, revenu sur terre ; la Parousie se trouverait ainsi anticipée.

V. 6-7 : Le thème de la guerre et des catastrophes.

Guerres, famines, tremblements de terre et autres catastrophes sont des motifs bien attestés dans la description prophétique et apocalyptique des mauvais jours avant la fin[22]. Dans 2 Bar 70, 8 on lit : « celui qui échappera à la guerre périra dans un tremblement de terre, et celui qui échappera au tremblement de terre périra par le feu et celui qui ne sera pas brûlé périra par la famine ». Πόλεμος fait partie de la terminologie apocalyptique : Jub 23, 13 ; 2 Bar 70, 2 ; 72, 2 ; Sib II 153 ss.᾽Ακοή fait penser à Dn 11, 4. Et plus près du texte de Mt il y a Is 19, 2 et 2 Chr 15, 6, où il est question de guerre, ville contre ville, royaume contre royaume.

On retrouve même un accent parénétique à la deuxième personne, semblable à celui des synoptiques : « Mais vous, soyez fermes et que vos mains ne faiblissent point, car vos actions auront leur récompense » (2 Chr 15, 7).

V. 6ᶜ : Δεῖ γὰρ γενέσθαι, ἀλλ᾽οὔπω ἐστὶν τὸ τέλος.

La formule « il faut que cela arrive » est certainement en dépendance de Dn 2, 28[23]. On rencontre une formulation semblable dans l'Apoc de Jean 1, 1 ; 4, 1 ; 22, 6 et dans 1 Qp Hab II, 6 ss. L'expression veut simplement dire la nécessité de ces événements, mais que l'histoire demeure sous le contrôle de Dieu[24]. Τέλος n'est jamais dans la LXX le terme technique pour la fin eschatologique. Il correspond à l'hébreu קץ : la fin de cet éon, tandis que le עולם הבא correspondrait plutôt à συντέλεια dans la mesure où il annonce le jour escha-

---

19. Ap 16, 13 ; 19, 20 ; cf. H. BRAUN, ThWB VI, p. 230-254, ici 249 ; Apoc de Pierre 1 s ; JUSTIN Dial, 82, 1 s, 2 Pe 3, 3.
20. Jer 11, 21 ; 14, 14 s ; 23, 13.25 ; Za 13, 3 ss.
21. Cf. E. STAUFFER, ThWB II, p. 350.
22. Is 13, 13 ; Jer 21, 8-10 ; 4 Esr 13, 31 ; 2 Bar 48, 32.37 ; Hen, 99, 4.
23. Tandis que J. LAMBRECHT (Die Redaktion, p. 108) se montre réservé sur l'origine de cette formule, R. PESCH, Naherwartungen, p. 121, la prend pour une citation de Dan 2, 28.
24. Cf. P. BONNARD, Mt, p. 350.

tologique messianique[25]. Ici Τέλος correspondrait au sens de Dn 12, 4.9.13, c'est-à-dire la fin dans le sens temporel normal[26].

V. 8 : Πάντα δε ταῦτα ἀρχὴ ὠσίνων.

Le champ sémantique du terme ὠδῖνες. Dans le poème apocalyptique d'Isaïe 66, 7 on lit : « Avant d'être en gésine elle (Sion)a enfanté. Avant de ressentir les douleurs elle a accouché d'un garçon ». La même racine חבל se trouve en Is 26, 17 pour désigner les douleurs de l'enfantement[27]. Dans la QH III, 7-12 et v. 30-32, les douleurs du poète (peut-être du Maître de Justice?) sont comparées aux douleurs d'enfantement. On peut penser qu'il s'agit des afflictions eschatologiques[28]. Dans la littérature rabbinique le terme est l'expression des afflictions qui préludent au temps messianique : Targum du Ps 18, 4 : « L'affliction m'a enveloppé comme lorsqu'une femme n'a pas la force d'enfanter, de sorte qu'elle est en danger de mort »[29].

Les douleurs eschatologiques dont il est fait mention en Rm 8, 22 se réfèrent à des événements cosmiques : toute la création gémit en travail d'enfantement en attente de la rédemption. Chez Mt l'expression «début des douleurs d'enfantement » se rapporte à l'ensemble des calamités annoncées : égarements, guerres, famines et tremblements de terre : ce sont des douleurs avec lesquelles commencent la fin, mais elles ne doivent pas être prises pour la fin elle-même.

4) Rédaction.

Alors que la question des disciples chez Mc portait seulement sur le moment et le signe de la ruine du temple, Mt est seul à mentionner le signe de la parousie et de la fin du monde. La mise en garde contre les faux Messies, venant au nom de Jésus, dans les premiers versets de la réponse de Jésus, convient mieux à cette place que chez Marc où rien n'est dit de la Parousie.

Dans ce paragraphe du discours, Jésus avertit ses disciples (et Mt pense naturellement à la situation de sa communauté) contre les agitateurs messianiques dont les prétentions constituent un danger pour la communauté. Ce thème de l'égarement est caractéristique de ce chapitre de Mt (vv. 4b.11.24) et du chap. 18 (vv. 12-14) où aussi ceux qui se perdent sont victimes d'erreurs pernicieuses[30]. En se faisant passer pour le Christ, ces prétendants visent par leurs supputations à faire croire que c'est maintenent l'heure de la parousie. L'addition ὁ Χριστός ne signifie pas qu'ils prétendent jouer un rôle politique ou que la communauté matthéenne nourrit quelque espoir de restauration

---

25. Cf. G. DELLING, ThWB VIII, p. 50.
26. Cf. L. SABOURIN, Mt, p. 304 ; J. GNILKA, Mk II, p. 187, note 11 : τέλος ist das Ende der Geschichte » ; STR.-BILL. I, p. 949 s.
27. Cf. aussi Is 66, 8 ; Mi 4, 9 s ; Os 13, 13.
28. Cf. G. BERTRAM, ThWB IX, p. 672 : « Die Gemeinde lebt unter Drangsalen, die sie als Vorboten der messianischen Zeit versteht ».
29. Cité par L. SABOURIN, Mt, p. 304 ; cf. STR.-BILL. I, p. 950.
30. Cf. Mt 7, 15 ; 22, 29.

nationale[31]. La prétention a une résonance purement religieuse[32]. En regard du v. 24 elle veut dire qu'en leur personne le Christ est revenu d'autant plus que ce dernier ne donne pas d'autres signes précis auxquels on pourra le reconnaître (cf. v. 30).

Le paragraphe a un accent nettement parénétique : vous allez entendre parler de guerres, de rumeurs de guerres... (déclaration prophétique qui reprend des images apocalyptiques habituelles) ; devant tout cela ne vous effrayez pas... Les tribulations présentes ne sont pas signes de la fin. Le Christ matthéen veut ainsi corriger des croyances apocalyptiques erronées qui voyaient dans les tribulations des préludes immédiats de la fin[33]. Ainsi la mention ici de guerres, de famines et d'autres formes de calamités n'est pas à prendre au sens temporel, historique, qui permettrait de supputer, à la manière des apocalypticiens, le moment exact de la fin. Ces versets relèvent plutôt de la parénèse : Ne vous effrayez pas[34]. La vigilance et la fidélité auxquelles Jésus exhorte ses disciples et que Mt développe dans la suite des chapitres 24 et 25, constituent l'attitude positive, d'autant plus que nul ne connaît le jour, ni l'heure, pas même le Fils (v. 36). Nous savons de 2 Th que des chrétiens, à la pensée que les derniers temps sont arrivés, ont abandonné leur travail et leur vie normale. On peut penser que la communauté de Mt est confrontée à une situation analogue, d'où alors son exhortation répétée : ce n'est pas encore la fin ; ces événements, bien qu'annonçant la fin, ne sauraient s'identifier avec elle. Ils ne sont encore que le début des douleurs. Ils sont inscrits dans le plan divin, voilà pourquoi il ne faudrait pas s'effrayer : ὁρᾶτε, μὴ θροεῖσθε.

II. — MT 24, 9-14 : PERSÉCUTIONS ET TÉMOIGNAGES DE L'ÉVANGILE.

Cette section du discours, introduite par τότε correspond en gros à Mc 13, 9-13, mais témoigne d'un intense travail rédactionnel ; en effet, les seuls vrais parallèles sont le début (v. 9ᵃ) et la fin (v. 13), correspondant respectivement à Mc 13, 9ᵃ et 13b). Autrement le texte matthéen diffère de celui de Mc tant par le vocabulaire que par la formulation : la détresse causée par les persécutions est plus abondamment décrite chez Mc. La raison de cette différence est que Mt a déjà inséré les matériaux de Mc 13, 9-13 presque intégralement dans le discours missionnaire (10, 17-22). De la péricope marcienne il reprend quelques éléments auxquels il ajoute des matériaux d'une autre origine.

L'unité de la péricope est indiquée par le terme θλῖψις que Mt explique par la tradition des disciples (παραδίδωμι), la haine de tous (μισεῖν). Le résultat de tout cela, c'est la chute et le refroidissement de l'amour chez beaucoup, conséquence de l'activité des faux prophètes.

---

31. Ainsi S. BROWN, *The Matthean Apocalypse*, p. 8 et 22, note 25.
32. Cf. P. GAECHTER, *Mt*, p. 767.
33. Cf. L. SABOURIN, *Mt*, p. 303.
34. Cf. J. GNILKA, *Mk II*, p. 188 et *Parousieverzögerung*, p. 287.

1) *Critique littéraire.*

Mt 24, 9.

Ce verset est la combinaison de Mc 13, 9b et 13ᵃ que Mt joint l'un à l'autre. Cependant il ne remet pas une nouvelle exhortation comme chez Mc 13, 9ᵃ mais introduit la péricope par τότε qui distingue nettement cette dernière de la précédente.

L'insertion du terme θλῖψις, absent dans le parallèle chez Mc et qui anticipe sur le θλῖψις des vv. 21.29 par Mc 19.24, semble nécessaire, car il résume à lui tout seul les vv. de Mc 13, 9b.11-13, qui avaient déjà été reproduits dans Mt 10, 17-22 : ils concernaient le sort des disciples en mission auprès des Juifs en Palestine : ils seront traduits devant les gouverneurs et les rois : il y aura des dissensions au sein même des familles. A cette idée, Mt supplée ici εἰς θλῖψις καὶ ἀποκτενοῦσιν ὑμᾶς.

Ce dernier verbe est un écho de εἰς θάνατον de Mc 13, 12ᵃ. Le v. 9b reprend Mc 13, 13ᵃ, mais avec une addition importante : la haine de toutes les nations (πάντων τῶν ἐθνῶν). La même phrase se trouve dans 10, 22ᵃ mais sans cette addition.

Mt 24, 10-12.

Ces deux versets sont sans parallèle chez Mc. Le v. 10 semble être un élargissement du contenu de v. 9, dont il reprend les matériaux : παραδίδωμι, μισεῖν,' ἀλλήλους résume peut-être tout le groupe de sujets et compléments du verbe παραδώσει de Mc 13, 12. Le v. 11 semble être un doublet reformulé des vv. 5 et 24 (cf. Mc 13, 21) : Mt reprend en effet les mêmes idées : les faux messies dont il est fait allusion au v. 5, deviennent ici des faux prophètes. Le v. 12 est aussi sans parallèle direct et se rapproche de très loin de Mc 13, 12³⁵.

Mt 24, 13-14.

Le v. 13 est la reproduction exacte de Mc 13, 13b³⁶. Le v. 14 présente des éléments communs avec Mc 13, 10 qui se lit : il faut d'abord que l'Évangile soit proclamé à toutes les nations. Mt n'écrit pas ce verset dans son chapitre 10. Ici il supprime δεῖ et emploie seulement le futur. La suppression de πρῶτον est peut-être due à la précision que seul Mt donne ici : « et alors ce sera la fin ». Il remplace « toutes les nations » par ἐν ὅλῃ τῇ οἰκουμένῃ. Εἰς μαρτύριον πᾶσιν τοῖς ἔθνεσιν est une addition matthéenne peut-être sous l'influence de Mc 13, 9 auquel il ajoute ici πᾶσιν. Propre à lui aussi est la double détermination du mot évangile : τοῦτο εὐαγγέλιον τῆς βασιλείας.

Le transfert de Mc 13, 9-13 dans le discours de mission (10, 17-22) a été la cause des nombreuses reformulations matthéennes dans cette péricope et de l'insertion de matériaux propres. Les ressemblances avec Mc ne font que confirmer l'idée de l'utilisation matthéenne de Mc comme source. Mais la présence de matériaux propres à Mt, relativement nombreux dans cette péri-

---

35. Cf. F.W. BEARE, *The Synoptic Apocalypse*, p. 126.
36. Dans le manuscrit W le démonstratif τοῦτο manque comme aussi dans le par. Mc 13, 13b.

cope, pose le problème de l'utilisation éventuelle d'une autre source que Mc. Nous nous pencherons sur la question en analysant la tradition.

2) *Forme et genre.*

Au v. 6, Mt notait : « Ce n'est pas encore la fin », puis au v. 8, « tout cela n'est que le début des douleurs ». Dans cette péricope il est encore question de la fin (vv. 13.14). Le temps avant la fin est marqué par des persécutions, la haine des disciples par toutes les nations et l'annonce de l'Évangile à tout le monde. En introduisant sa péricope par τότε (au lieu de βλέπετε chez Mc), l'évangéliste marque davantage le lien avec la péricope précédente et montre en même temps que la suite a davantage trait aux événements de la fin (cf. v. 3) que dans le parallèle de Mc.

Comparée avec Mt 10, 17-22 (cf. Mc 13, 9-13), cette péricope donne l'impression d'une composition moins minutieusement agencée : les liens des versets entre eux sont très lâches : ils sont coordonnés seulement par la conjonction καί (vv. 10.11.12.13) qui est sans doute de la plume de Mt[37]. Cela vient de ce que, ne voulant pas répéter ici les vv. 10, 17-22, il supprime, résume ou introduit de nouveaux versets[38].

L'arrangement qu'il impose à ces idées relève plutôt de l'enchaînement logique que d'une intense structure littéraire. Les vv. 9 et 14 forment avec l'expression « toutes les nations » une inclusion autour des vv. 10 et 13. Cette expression revient plusieurs fois dans les discours (Mt 24, 7 ; 25, 32). Dans la péricope elle revient sous une autre forme : ἐν ὅλῃ τῇ οἰκουμένῃ[39].

Passons à l'analyse détaillée de la forme et structure de ces versets. En prenant au v. 9 le début et la fin de la péricope marcienne (Mc 13, 9-13) sur les persécutions et dissensions, Mt résume ces versets : « On vous livrera à la détresse », formulation très générale et vague jointe à la phrase plus précise : « et on vous tuera », qui fait penser à Mt 23, 34[40]. Le terme θλῖψις convient mieux ici, car il ne se réfère plus directement aux afflictions dont seront victimes les disciples devant le sanhédrin, dans les synagogues...[41]. Les omissions par rapport au texte de Marc expliquent sans doute l'ellipse du sujet

---

37. Cf. P. GAECHTER, *Mt*, p. 769. Pour cet auteur, cette péricope sur les persécutions ne forme pas un tout homogène avec la description apocalyptique. Partisan de la théorie d'un Mt originel araméen, il attribue ce manque de structuration au traducteur grec de Mt.

38. Mt a certes l'habitude de répéter les mêmes épisodes quand il les trouve chez Mc ou dans Q, mais il reformule la reprise. Ainsi par exemple Mt 9, 32 s = 12, 22-24, mais l'épisode sur Béelzéboul est retravaillée. Cf. W. MARXSEN, *Der Evangelist Markus*, p. 137.

39. Notons la répétition de πολλοί (quatre fois en trois versets !) et la reprise ici du terme σκανδαλίζομαι. Il revient 14 fois chez Mt contre 8 fois chez Mc et 2 fois chez Lc. Par contre ἀγάπη, ψύχομαι, πληθύνω ne se rencontrent qu'ici chez Mt ; ἀνομία se rencontre quatre fois chez Mt seul parmi les synoptiques. Lui seul aussi a l'expression « l'évangile du royaume ».

40. Cf. Lc 11, 49.

41. Ainsi S. BROWN, *The Matthean Apocalypse*, p. 8.

devant παραδώσουσιν et ἀποκτενοῦσιν.˙ Ὑμᾶς s'adresse aux disciples (v. 1), mais n'exclue pas les autres, les chrétiens[42].

Au v. 10 καὶ τότε, qu'il faudrait ici traduire par « et par conséquent », introduit le développement des suites néfastes des souffrances précédentes : scandales, apparition de faux prophètes, refroidissement de l'amour. Les vv. 10 à 12 veulent montrer que les persécutions et les haines à cause du nom du Christ ne seront pas, dans la communauté, des stimulants pour une haute spiritualité, au contraire. Et c'est pour cela que « celui qui tiendra jusqu'à la fin sera sauvé » (v. 13).˙ Ὁ δὲ ὑπομείνας s'oppose à σκανδαλισθήσονται (v. 10). Placé à la suite du v. 12, le verset 13 prend un accent parénétique[43], que souligne la mise de οὗτος au début de l'apodose. Ce verset convient mieux à cette place que dans Mt 10, 22 ; il insinue déjà la perspective matthéenne qui sera développée dans les paraboles de la vigilance 24, 37-25, 30 : le salut dépendra non seulement de la persévérance mais aussi de la fidélité dans l'amour[44].

Le v. 14 est à la charnière entre les vv. 4-13 et 15-22 : d'une part il répond indirectement à la question du v. 3 ; d'autre part l'insertion ici de ce verset (cf. Mc 13, 10) joint cette péricope à la suivante et donne une orientation plus eschatologique à ce qui va suivre : seulement après la proclamation de l'Évangile à toutes les nations, viendra la fin[45]. La fin du verset καὶ τότε ἥξει τὸ τέλος, plus précis que le πρῶτον de Mc 13, 10, suggère nettement que la suite va parler des événements qui ont directement trait à la fin (cf. v. 3)[46].

La péricope présente une structure simple. Le v. 9 décrit les détresses et afflictions dont seront victimes les disciples. Les vv. 10-12 en présentent les conséquences néfastes. Les vv. 13-14 présentent une éthique eschatologique : la persévérance jusqu'à la fin ; la proclamation de l'Évangile au monde entier précédera la fin.

Le tableau ainsi présenté est presque un lieu commun dans la littérature juive et apocalyptique : les représentations apocalyptiques prévoyaient la multiplication du mal dans les derniers temps, ce qui provoquerait la défaillance morale de nombreuses personnes : cf. Dn 12, 1 ; Apoc Bar 25, 1-29, 2 ; 70, 2 s[47].

Devant l'avalanche des détresses, des apocalypticiens pensaient qu'il est préférable de mourir avant que la fin n'arrive[48]. Mais le salut est promis aussi à ceux qui survivront[49]. Nous reviendrons plus en détail sur ces images apocalyptiques dans l'analyse de la tradition que nous abordons à présent.

---

42. Ainsi P. SCHANZ, *Mt*, p. 479.
43. Cf. J. SCHMID, *Mt*, p. 336.
44. Cf. S. BROWN, *The Matthean Apocalypse*, p. 9-10.
45. Cette compréhension matthéenne est absente dans Mc et Lc ; cf. J.L. McKEN-ZIE, *Mt*, p. 105.
46. Cf. B. WEISS, *Das NT I*, p. 139 : il comprend καὶ τότε du v. 14 comme « letztes Vorzeichen ».
47. STR.-BILL. *IV* B, p. 978, fournit de nombreuses références.
48. Comparer Mt 24, 13 ; Apoc syrBar 28, 3 ; 4 Esdr 13, 16-20.
49. 4 Esdr 6, 25.

3) *Tradition.*

a) Origine des vv. 10-12.

La comparaison synoptique nous a permis de voir comment Mt a remanié le texte de Mc : outre les parallèles directs (Mt 24, 9-14) ; Mc 13, 9-13 ; Lc 21, 12-19), Mt présente, comme nous l'avons relevé, un autre parallèle de tout ce passage en 10, 17-22. Luc présente en plus en 6, 22 un parallèle lointain de Mc 13, 13a. Le passage de Lc 12, 11 s fait aussi allusion à une situation de persécutions. Par la comparaison synoptique, nous avons relevé des passages propres à Mt et c'est surtout à propos de ceux-ci que se pose le problème de provenance[50]. Car si Mt 10, 17-22 peut aisément s'expliquer à partir de Mc 13, 9-13, il en va autrement pour les vv. 24, 10-12. Il nous faut d'abord déterminer le contexte original de Mt 10, 17-22.

Du point de vue littéraire, la péricope 10, 17-22 semble constituer un corps étranger dans le contexte où elle est insérée. En effet, les péricopes précédentes sont situées dans le contexte de la mission : il est question du pouvoir et de l'autorité conférés aux apôtres et des recommandations pour la mission (9, 35-10, 15). Les vv. 13 b.15 contiennent de très vagues allusions à des souffrances des disciples : possibilité d'être rejetés dans l'une ou l'autre maison. Mais à partir du v. 16 il en va bien autrement : Mt fait une description précise des souffrances dont seront l'objet les disciples : citation devant les tribunaux, devant les rois et les gouverneurs ; flagellations dans les synagogues ; dissensions dans les familles ; haine généralisée.

A partir de 10, 26, l'évangéliste reprend le même schéma que Luc (Mt 10, 26-33, par Lc 12, 2-9). Du point de vue de cohérence littéraire, on a donc l'impression d'être en présence d'une unité sortie de son contexte original et insérée ici par l'évangéliste, parce que ce logion reflète l'expérience concrète de la communauté matthéenne[51]. Son contexte original est celui de Mc 13.

A partir de cette constatation, on peut conclure que très tôt dans les églises primitives il y a une tradition concernant les persécutions des chrétiens, tradition recueillie dans un contexte apocalyptique comme l'indique Mc 13. C'est pourquoi Mt a senti la nécessité de remettre dans le discours eschatologique

---

50. J. LAMBRECHT (*The Parousia Discourse*, p. 320) rejette l'hypothèse d'une source particulière pour ces versets qu'il considère de Mt lui-même.

51. D'après E. LÉVESQUE (*Quelques procédés*, p. 396-397), cette péricope ne saurait concerner la première mission des apôtres qui ne rencontra aucun obstacle et eut plein succès. Il faut cependant noter que Mt n'a pas de préoccupations vraiment historiques. Or le procédé d'anticipation utilisé par le premier évangéliste est exactement le même que dans 9, 32 s, où il anticipe l'épisode de Béelzéboul en l'abrégeant, et qu'il devait raconter plus loin dans son contexte original Mc 3, 22 s ; Mt 12, 22 s ; Lc 11, 14 s.

un équivalent, bien qu'il en eût déjà parlé : il s'agit donc de la même tradition[52].

Mais un autre point important est de déterminer l'origine des vv. 24, 10-12 qui n'ont pas de parallèles directs dans les deux autres synoptiques. Or nous trouvons dans le dernier chapitre de la Didachè un passage eschatologique, dont le degré de ressemblance avec les trois versets qui nous occupent, pourrait faire conclure à une parenté ou dépendance littéraire. De l'avis de beaucoup, la ressemblance des idées de Did 16 avec Mt 24 fournit un appui de plus pour conclure à une influence littéraire de l'Évangile de Mt sur la Didachè[53].

D'après F.E. Vokes[54], la Didachè chercherait ses appuis dans la totalité de notre NT — à l'exception possible de la très tardive 2 Pierre, et d'autres écrits sans importance comme Marc et Philémon (sic !). Si ce jugement est juste pour la plus grande partie de la Didachè (les relations avec les écrits du NT, la prépondérance à l'égard de Luc et Mt en particulier semblent une évidence de première vue), on remarquera cependant que dans le chap. 16, en dépit des ressemblances, l'intention du texte n'est pas la même que celui de Mt 24, 10-12, phénomène curieux pour le didachiste qui, par ailleurs cherche à s'appuyer sur l'autorité de l'Évangile[55].

Examinons les deux textes plus en détail :

Did 16, 3-4	Mt 24, 10-12
Ἐν γὰρ ταῖς ἐσχάταις ἡμέραις πληθυνθήσονται οἱ ψευδοπροφῆται καὶ οἱ φθορῆς, καὶ στραφήσονται τὰ πρόβατα εἰς λύκους, καὶ ἡ ἀγάπη στραφήσεται εἰς μῖσος.	Καὶ τότε σκανδαλισθήσονται πολλοὶ καὶ ἀλλήλους παραδώσουσιν καὶ μισήσουσιν ἀλλήλους.
4. Αὐξανούσης γὰρ τῆς ἀνομίας μισήσουσιν ἀλλήλους καὶ διώξουσι καὶ παραδώσουσι, καὶ τότε φανήσεται ὁ κοσμοπλανὴς ὡς υἱὸς θεοῦ καὶ ποιήσει σημεῖα καὶ τέρατα, καὶ ἡ γῆ παραδοθήσεται εἰς χεῖρας αὐτοῦ καὶ ποιήσει ἀθέμιτα ἅ οὐδέποτε γέγονεν ἐξ αἰῶνος.	11. Καὶ πολλοὶ ψευδοπροφῆται ἐγερθήσονται καὶ πλανήσουσιν πολλούς.
	12. Καὶ διὰ τὸ πληθυνθῆναι τὴν ἀνομίαν ψυγήσεται ἡ ἀγάπη τῶν πολλῶν.

---

52. K. TAGAWA, *Mc 13*, p. 32 : pour cet auteur, ce texte de Mt, placé dans le discours de mission, refléterait une tradition transmise par un autre canal, comme l'indiquerait le parallèle de Luc 12, 11 s. M.J. LAGRANGE (*Mt*, p. 459-460), s'appuyant sur le contexte de Lc 12, 11 par. Mc 13, 11 et Lc 21, 14 s. suppose une double tradition : a) une petite exhortation sur les persécutions futures, placée par Mc dans le discours eschat. et par Mt dans le discours de mission ; b) une exhortation à propos de la ruine future de Jérusalem, recueillie par Mt dans son contexte propre.

53. Cf. P. DREWS, *Untersuchungen zur Didache*, p. 68-73. E. MASSAUX, *Influence*, p. 631-638.

54. *The Riddle*, p. 119, cité par P. AUDET, *Didachè*, p. 166.

55. Dans ce chapitre 16 on ne rencontre plus la formule «comme vous l'avez dans l'Évangile de NS», ou «d'après l'instruction de l'Évangile» qui revient plus souvent au cours des chapitres précédents.

Did 16, 5

Τότε ἥξει ἡ κτίσις τῶν ἀνθρώπων
εἰς τὴν πύρωσιν τῆς δοκιμασίας,
καὶ σκανδαλισθήσονται πολλοὶ
καὶ ἀπολοῦνται, οἱ δὲ ὑπομείναντες
ἐν τῇ πίστει αὐτῶν σωθήσονται
ὑπ᾿ αὐτοῦ τοῦ καταθέματος.

On constate de prime abord, au-delà de quelques ressemblances de forme, des différences notables dans le choix et même dans l'arrangement des mots, bien que le contenu puisse paraître à certains endroits le même : ainsi la Did parle de πληθυνθῆναι à propos des faux prophètes et de αὐξανούσης à propos de l'iniquité. A côté des faux prophètes, elle introduit οἱ φθορεῖς (16, 3) et plus loin (16, 4) διώξουσι et κοσμοπλανής absents chez Mt et chez les autres synoptiques dans ce contexte. Le seul endroit où les deux textes se recoupent vraiment est dans la suite σκανδαλισθήσονται πολλοί. L'arrangement des mots chez le didachiste donne moins l'impression d'une unité littéraire que d'une composition en chassé-croisé. On se demande pourquoi cette torsion intentionnelle qu'il fait subir au texte de Mt[56].

Du point de vue du sens, la Did semble s'orienter dans une autre direction. Tandis que Mt 24, 11 s parle de l'apparition de faux prophètes, responsables de l'ἀνομία, il est, dans la Didachè, plutôt question de la recrudescence de l'iniquité, sans lien avec l'activité des faux prophètes, mais plutôt comme cause de la haine réciproque et de l'apparition du κοσμοπλανής.

Elle fait dépendre le salut de la persévérance dans la foi ἐν τῇ πίστει αὐτῶν, qu'elle oppose au scandale. Chez Mt le salut est lié à la persévérance dans l'amour, que l'activité des faux prophètes aura contribué à refroidir. Dans Did 16, 3 il n'est pas question de refroidissement de l'amour, mais de changement de ce dernier en haine. Or dans Apoc syrBar 48, 35, il est question de changements analogues : « L'honneur se changera en honte, la force sera humiliée dans le mépris ; il n'y aura plus de force saine ; le beau deviendra du vulgaire ». L'image est originale et relativement plus ancienne que Mt et Did : elle plaiderait en faveur de l'indépendance de la Didachè par rapport à Mt. Ajoutons enfin que la représentation de Did 16, 5, d'après laquelle toute créature, dans les derniers temps, entrera dans le feu de l'épreuve, ne ressemble que de très loin à καὶ τότε ἥξει τὸ τέλος de Mt 24, 14[57].

L'analyse faite de ces deux textes comparés nous autorise à tirer au moins une conclusion : en soutenant que la Did dépend de Mt seul dans ce passage, on ne peut valablement se rendre compte des divergences d'orientation des textes et de la composition littéraire différente du didachiste qui, par ailleurs, est si proche de Mt[58]. Si le didachiste avait emprunté tout le passage à Mt sur

56. Cf. A. SEEBERG, *Didache*, p. 45.
57. MASSAUX (*Didachè*), p. 635, considère la formulation comme un résumé possible des épreuves rapportées par Mt 24, 4-10.
58. Cf. Did 1, 2 ; 1, 3 ; 3, 7 ; ou 7, 1.3 ; 8, 2.

l'autorité duquel il s'appuie, est-il vraisemblable qu'il ait voulu le modifier ? Il accuse plutôt la présence d'une autre tradition, dont il se sert pour harmoniser son texte avec Mt, de sorte que nous avons côte à côte une double tradition. Les variantes de la Did par rapport à Mt sont donc dues à cette autre source, que nous supposons être une apocalypse judéo-chrétienne, de caractère nettement parénétique, comme l'indiquent le début du chap. 16, 1 : γρηγορεῖτε... γίνεσθε ἕτοιμοι. Οὐ γὰρ οἴδατε τὴν ὥραν ἐν ᾗ ὁ κύριος...[59], et le v. 5 avec la mention du feu de l'épreuve et la persévérance dans la foi[60].

La manière satisfaisante d'expliquer les idées communes ou les expressions approximativement identiques que nous avons relevées dans les deux passages, est de considérer que les deux textes se rencontrent dans une tradition commune, et non de supposer l'utilisation unique par la Didachè d'un écrit évangélique (ici Mt)[61] ; comme le dit bien judicieusement P. Audet, « Si les variantes de la Didachè ont subsisté en présence de Mt (et ont-elles toutes susbisté ?), c'est qu'elles avaient de très solides appuis dans leur propre transmission »[62].

A part ce que nous avons dit de l'ancienneté possible de la formulation « l'amour se changera en haine », il s'avère impossible, dans l'état actuel des textes, de reconstruire la forme où s'est présenté le passage analysé. Tout au plus pourrait-on penser qu'il se réfère aux faux prophètes dont la séduction provoquerait l'apostasie de nombreux fidèles, la haine réciproque et la désobéissance à la loi.

b) Les éléments traditionnels de la péricope 24, 9-14.

Le substrat traditionnel de cette péricope est presque un lieu commun de la littérature prophético-apocalyptique. Les apocalypticiens prévoyaient la multiplication du mal à l'approche des derniers temps[63].

Les persécutions marquent le prélude habituel des vengeances divines à cause de l'abandon de Dieu et de l'excès de l'iniquité : Jub 23, 22 s : Dieu livrera cette génération à l'épée, au jugement, à la prison et à la destruction. A la fin des jours, les habitants de la terre seront en proie à d'atroces souffrances et à de nombreuses tribulations[64].

59. Cf. Mt 24, 42.44 : 25, 13.
60. Cf. H. KÖSTER (Überlieferung, p. 183) ; cet auteur rejette l'hypothèse d'après laquelle Mt 24, 10-12 serait un résumé de Mc 13, 9-13 et suppose (p. 184) une source judéo-chrétienne, d'où Mt a tiré le morceau tel quel. De la même opinion, P. AUDET, La Didachè, p. 173 et 186.
61. Pour E. SCHWEIZER (Gemeinde, p. 140-141, note 12), les emprunts littéraires de Did à Mt sont certains, mais les changements seraient dus à la tradition orale de la communauté de Did ou à l'influence des représentations apocalyptiques juives ou d'autres logions de Jésus. Nous pensons qu'on ne peut exclure d'office la possibilité de plusieurs schémas apocalyptiques plus ou moins semblables les aux autres (cf. A. SEEBERG, Didachè, p. 45, note 1).
62. P. AUDET, Didachè, p. 173.
63. Cf. L. SABOURIN, Mt, p. 305 ; A. FEUILLET, Synthèse, p. 347.
64. Cf. Apoc syrBar 25, 1-29, 2 ; 70, 2 ss.

Le terme θλῖψις peut désigner toutes sortes de souffrances : prison ou mauvais traitement ou même la haine[65]. Dans l'AT il exprime surtout l'affliction des justes ou d'Israël fidèle : αἱ θλίψεις τῶν δικαίων Ps 33, 20[66]. Avec la mention ὑμᾶς ces souffrances s'adressent aux disciples qui assurent le rôle des justes persécutés[67]. Dans Test Sal (17, 13-20) il est question des nations hostiles et des hommes méchants qui s'acharnent contre le reste fidèle.

Le triomphe du mal dans les derniers temps consiste aussi dans la multiplication de l'apostasie, des trahisons et des haines parmi les hommes : Hen 91, 6 ss : l'impiété, l'injustice et l'apostasie augmentent sur toute la terre. Dans Hen 93, 9 il est question de sept semaines d'apostasie[68]. Les luttes intestines, la haine mutuelle figurent dans Mi 7, 6 ; Jub 23, 19 ; Hen 99, 5.15 ; 4 Esr 6, 24 : En ce temps-là des amis se combattront tels des ennemis[69].

Mt a certainement en vue la situation chrétienne de sa communauté mais l'élargit à la condition chrétienne générale des années 70-80 et de la fin des temps : les chrétiens seront haïs par «toutes les nations» à cause de la personne du Christ. Déjà l'historien romain, Tacite, vers la fin du premier siècle, appelait les chrétiens «Odium generis humani» : « La populace appelée du nom de chrétien, haïe pour des actions honteuses ; l'auteur de ce nom, Christ, fut mis à mort par le procurateur Ponce Pilate »[70].

Le thème de l'effondrement de l'obéissance à la foi revient dans Dn 12, 4 ; Jub 23, 14-18 ; Test Lev 16 ; Test Jud 23, 1. Le terme ἀνομία dans la LXX signifie plutôt l'injustice. Son emploi par Mt se rapproche de celui des apocalypticiens : Ass Mos 5, 3-6, 7 ; Hen 91, 7 ; 4 Esr 5, 2 : « L'iniquité se répandra telle que tu n'en as encore jamais entendu parler ».

La promesse du v. 13 se retrouve presque telle quelle dans 4 Esr 6, 25 : celui qui survivra à tout ce que je t'ai annoncé, sera sauvé et verra mon salut et la fin du monde[71]. Dans Dn 12, 12 elle se présente sous la forme d'une béatitude : μακάριος ὁ ὑπομένων. Mais aussi rester jusqu'à la fin est vu comme un malheur dans 4 Esr 13, 16-20 : Malheur à ceux qui seront en vie en ces jours... ». Σωθήσεται signifie dans ces contextes être sauvé des malheurs apocalyptiques, tandis que dans le contexte évangélique il exprime le salut eschatologique[72].

Tous ces versets font penser à la condition chrétienne des années après la chute de Jérusalem, caractérisée par les nombreuses tribulations que les chrétiens ont eu à subir. Mais ce n'est pas une raison pour croire que Jésus ne les

65. Cf. W. GRUNDMANN, *Mt*, p. 503.
66. Cf. aussi LXX Ex 4, 31 ; Ps 36, 39 ; 49, 15 ; H. SCHLIER, *ThWB III*, 139-148.
67. Cf. Test Jud 21, 9 ; Apoc syr Bar 27, 1-15.
68. Cf. P. VOLZ, *Eschatologie*, p. 154.
69. Sur le sens de μισεῖν et son emploi dans la littérature apocalyptique, cf. O. MICHEL, *ThW B IV*, p. 687-698 : Der Hass wird zur Anfechtung und zum Zeichen der apokalyptischen Zukunft (p. 694).
70. Annales *XV*, 44, 2.
71. Cf. aussi 4 Esr 9, 7.8.
72. Cf. J. GNILKA, *Mk II*, p. 192 : «Die endgültige Rettung durch Gott».

aurait pas prononcés. Ces versets sur les persécutions, repris deux fois ont été recueillis par l'évangéliste, d'une part pour encourager les missionnaires (cf. Mt 10, 17-22), d'autre part pour décrire la situation de la fin des temps, avant la Parousie, reflet elle-même de la situation ecclésiale post-pascale. Ces deux perspectives voisinent souvent côte à côte dans l'Évangile de Mt, de sorte que l'on a l'impression d'être devant un double milieu historique : celui de la vie de Jésus et celui de la communauté matthéenne (ici aux prises avec des persécutions, mais gardant ferme la mission de porter l'Évangile devant les nations). On peut dire qu'ici l'évangéliste présente une vue réaliste sur la vie et la destinée de l'Église.

4) *Rédaction.*

En éliminant toute référence à la persécution juive à laquelle il a déjà fait allusion dans son chap. 10, Mt distingue l'époque de la mission juive et celle de la mission généralisée dont la fin est déterminée par la Parousie[73] : c'est pourquoi il supprime ici tout ce qui pourrait faire allusion à la situation typiquement juive : Synagogue, Sanhédrin, rois et gouverneurs. Il pense maintenant à une situation missionnaire permanente (cf. 28, 19-20), qu'il comprend comme celle de la proclamation de l'évangile dans toute l'οἰκουμένη. Ainsi le terme θλῖψις, qui est une substitution rédactionnelle des souffrances devant les rois et les gouverneurs (cf. 10, 17-22) rend mieux les souffrances actuelles de la communauté ecclésiale post-pascale, et évoque en même temps les grandes tribulations eschatologiques[74]. Les fidèles auront à supporter ces souffrances à cause du nom du Christ[75].

Appliqués ici aux disciples les termes παραδώσουσιν et ἀποκτενοῦσιν — termes qui reviennent plusieurs fois au cours de la Passion ou de son annonce — font associer leur destinée et celle de l'Église à celle de Jésus dans la Passion : « Le disciple n'est pas au-dessus de son maître, ni le serviteur au-dessus de son seigneur »[76].

a) Πάντα τὰ ἔθνη.

Dans ces versets 24, 9-14 l'expression πάντα τὰ ἔθνη désigne à la fois les auteurs des persécutions des disciples et ceux qui seront l'objet de la prédica-

---

73. Cf. W. MARXSEN, *Mk*, p. 138 : le ch. 10 concernerait la mission au présent et le ch. 24 le futur. Cette distinction n'est pas aussi précise chez Lc. D'après S. BROWN (*The Mt Apocalypse*, p. 8), Mt 24, 9-14 se rapporte à la période de la guerre juive où les païens sont les persécuteurs.

74. Cf. vv. 21.29 ; 13, 21 ; dans ce dernier contexte aussi θλῖψις est en liaison avec les persécutions ; il désigne diverses sortes d'afflictions : prison (Ac 20, 23 ; Ep 3, 13) ; outrage (He 10, 33 ; 11, 37) ; cf. H. SCHLIER, *ThWB III*, p. 146-147.

75. Διὰ τὸ ὄνομά μου peut porter sur tout l'ensemble : παραδώσουσιν καὶ ἀποκτενοῦσιν καὶ ἔσεσθε μισούμενοι.

76. Mt 10, 24, ceux-là qui livreront, tueront ou haïront sont les hommes de toutes les nations parmi lesquelles l'Église du Christ est répandue et qui n'acceptent pas l'enseignement de l'Évangile (cf. 10, 40). Et précisément à cause de cet Évangile il y aura la division entre les hommes.

tion missionnaire comme en 28, 18. Ici c'est moins le contraste avec Israël qui
intéresse l'évangéliste que l'universalité, l'ensemble des peuples de la terre :
pas seulement les païens mais toute l'οἰκουμένη avec Israël inclus[77].

b) Le scandale.

Les chrétiens souffriront non seulement des afflictions venant de l'extérieur, mais aussi du danger de l'apostasie venant du sein même de la communauté : ils vont se trahir et se haïr les uns les autres, un bon nombre sera sujet à
la défection. L'insistance avec laquelle Mt revient sur ce thème de σκάνδαλον
montre la gravité du danger de l'apostasie pour la communauté. Nombreuses
sont les occasions de chute ; d'abord Jésus lui-même[78] ; les hommes peuvent
être aussi scandale pour leurs frères dans la mesure où ils cherchent à les éloi-
gner de la foi en Dieu[79]. Ici comme en 13, 21 les persécutions sont indiquées
comme causes de défections religieuses.

En situant cette chute de nombreux fidèles dans la perspective des derniers temps, Mt ne voudrait pas dire que le scandale est inconnu de sa communauté. L'épreuve de foi se continue à travers toute l'histoire de l'Église (Mt
18, 7). Dans le monde, l'Église est toujours en butte aux haines et aux persécutions, et est un signe de contradiction (cf. 21, 42). Le Christ lui-même est un
signe de contradiction. Dans sa personne et dans sa vie, tout fait scandale
(Mt 13, 57 ; 11, 2-6 ; 11, 18-19).

Mais il ne veut pas être une occasion de chute (17, 27). Il est venu pour mettre fin au grand scandale de la rupture entre l'homme et Dieu (cf. 5, 29 ss ; 18,
8 ss). C'est pourquoi il se montre intransigeant pour tout ce qui peut faire
obstacle à l'entrée dans le Royaume de Dieu (5, 29-30), et impitoyable pour
les fauteurs de scandale : « Malheur à quiconque scandalise un seul de ces
petits qui croient en moi. Il est préférable pour lui qu'on lui suspende une
meule au cou et qu'on le précipite dans les profondeurs de la mer » (18, 6).

c) Ἡ ἀνομία.

Directement reliée à l'idée de l'apostasie est l'activité séductrice des faux
prophètes, contre lesquels l'évangéliste a déjà mis en garde au début du discours. La mention des faux prophètes dans le sermon sur la Montagne (7, 15)
et dans le discours eschatologique montre que pour Mt l'apparition de ces

77. H. FRANKEMÖLLE, *Jahwebund*, p. 122 ; noter la tendance universaliste de Mt :
les disciples sont le sel de la terre (τῆς γῆς), la lumière du monde (τοῦ κόσμου 5, 13-
14) ; autant ils seront objet de haine et de persécution de toutes les nations. Dans plusieurs autres passages τὰ ἔθνη désigne les païens par opposition aux juifs ; 10, 5, dans
la recommandation introductive au discours missionnaire, « ne prenez pas le chemin
des païens » ; 10, 18 à propos de la persécution des missionnaires maltraités par les
juifs et traînés devant les rois et les gouverneurs ; 20, 19 : « Ils le livreront aux païens ».
Mais ce contraste n'est pas toujours évident et c'est chaque contexte qu'il convient
d'analyser pour en découvrir la portée.
78. Cf. Mt 11, 6 ; 13, 57 ; 15, 12 ; 17, 27 ; 26, 31-33.
79. Mt 18, 6 ; 5, 29 ; 16, 23.

derniers au sein de la communauté constitue un danger encore plus grave que la situation des persécutions[80].

Les contextes ne permettent pas de préciser concrètement qui sont ces faux prophètes. Dans le sermon sur la Montagne, l'attention est portée sur le discernement des faux prophètes : « c'est à leur fruit que vous les reconnaîtrez » ; l'intérêt porte ici comme aux vv. 5 et 24 sur leurs activités ; tandis que chaque membre de la communauté se voit confier la charge d'aller à la recherche de la brebis perdue, le faux prophète par sa séduction égare et disperse[81]. Il faut penser que ce sont des chrétiens, car ils sont extérieurement tout comme des agneaux du troupeau de Jésus et appellent « Seigneur, Seigneur », mais leur caractéristique c'est l'ἀνομία ; ils n'accomplissent pas la loi. C'est ici une idée qui tient à cœur à Mt : l'accomplissement de la loi en plénitude, telle que le Christ l'a enseignée. L'évangéliste ne veut certes pas maintenir les observances de la Loi comme l'aile droite du judéo-christianisme (Ac 15, 1-5), mais il est convaincu que la Loi, telle que le Christ l'a interprétée, subsiste encore dans l'économie nouvelle (5, 17-19 ; 7, 12) : la loi de l'amour[82]. Les fauteurs d'iniquité ne font pas les œuvres d'amour et se contentent de l'invocation cultuelle « Seigneur, Seigneur ». Elle est vaine si elle n'est pas accompagnée de l'accomplissement de la volonté du Père. Sous l'influence de la prolifération de l'ἀνομία la communauté risque d'oublier sa vocation primitive, la pratique de l'amour dont dépendent la Loi et les Prophètes[83].

d) Ἡ ἀγάπη.

Le terme ἀγάπη, ici seulement dans Mt, employé sans autre déterminatif, peut désigner, soit l'amour du prochain (ainsi il est le contre-poids de μισεῖν au v. 10), soit l'amour de Dieu, comme dans le v. 6, 24[84] ; il désigne ici l'amour de Dieu et du prochain[85]. Mt semble cependant mettre l'accent sur l'amour du prochain (cf. 7, 12). Ainsi à partir de 24, 11 ss, on peut mieux comprendre ce en quoi consiste l'égarement par les faux prophètes et par conséquent leur comportement antinomique[86]. Comme le dit judicieusement E. Schweizer, il n'est pas une conduite dogmatiquement fausse, mais une vie qui ne produit aucun fruit d'amour[87]. De la sorte l'ἀνομία qui caractérise l'activité des faux prophètes (7, 23 ; 24, 12) peut être comprise comme une vie où le prochain n'a aucune place : elle entraîne le refroidissement de l'amour, soit par l'attitude

80. Cf. E. Schweizer, *Gemeinde*, p. 127.
81. Cf. E. Schweizer, *Gemeinde*, p. 111-113.
82. Cf. A. Sand, *Das Gesetz*, p. 38 : la Thora comme Révélation divine garde toujours sa valeur (cf. Mt 5, 18), car elle est expression de la volonté divine qui doit arriver au ciel comme sur la terre, Mt 6, 10 : dans cette demande du Pater, propre à Mt, l'accent est à mettre sur le verbe γίνομαι.
83. 7, 22 ; 22, 37 ; cf. Rm 13, 8-10 ; Gal 5, 14.
84. J. Schniewind (*Mt*, p. 239) serait porté à y lire seulement l'amour de Dieu.
85. Ainsi H. Frankemölle, *Jahwebund*, p. 185 ; E. Schweizer, *Mt*, p. 295.
86. G. Barth, *Gesetzesverständnis*, p. 150.
87. E. Schweizer, *Mt*, p. 295.

sectaire, qui détruit la fraternité chrétienne (cf. 18, 21 ss), soit, plus concrètement, par le non accomplissement de la loi de charité (7, 12 ; 5, 39-42).

Finalement les fauteurs d'ἀνομία sont tous ceux-là qui n'auront pas
reconnu le Christ en la personne de leurs frères (25, 31 ss).

e) La persévérance et la proclamation universelle de l'Évangile.

Dans la rédaction matthéenne, l'insertion du v. 13 (parallèle en tout à Mc
13, 13b) à cet endroit fait dépendre le salut, non de la persévérance dans les
persécutions (comme chez Mc), mais de la persévérance sans défaillance dans
l'amour. Ainsi le salut dont il s'agit, est un salut eschatologique et ne signifie
nullement que l'on sera sauvé des malheurs apocalyptiques[88]. Dès lors εἰς
τέλος se réfère ici non à la fin du monde, mais à l'endurance jusqu'à l'extrême
limite, comme dans 10, 22. L'évangéliste pense sans doute à la mort indivi-
duelle du chrétien[89].

La rédaction matthéenne de Mc 13, 10 et l'insertion de ce verset après ce
que l'évangéliste vient de dire l'ἀνομία et de l'ἀγάπη mettent clairement la
prédication de l'Évangile à toutes les nations en relation avec l'amour du prochain. Il n'a pas mentionné ce verset dans son chap. 10, d'une part, parce que
la mission se situait là dans le contexte judéen, sans la perspective universaliste qu'il lui donne ici ; d'autre part, parce que Mt veut indiquer que maintenant cette mission universelle est déjà entrée dans sa phase active, malgré les
difficultés présentes[90]. Ces dernières ne doivent pas faire oublier aux disciples
la mission d'annoncer dans le monde entier l'Évangile du royaume, c'est-à-
dire d'apprendre aux peuples à garder l'enseignement de Jésus (28, 18-20) ; or
cet enseignement n'est autre chose que l'accomplissement de la Volonté du
Père et la pratique de l'amour. On peut dès lors mieux comprendre ce que
signifie pour Mt « cet Évangile du Royaume » : c'est la proclamation de la
Bonne Nouvelle du Royaume comme accomplissement de la Loi et des Prophètes, tels que le Christ les a interprétés et vécus ; c'est faire la Volonté du
Père, pratiquer l'amour du prochain[91]. Finalement, ce qui caractérise le peuple eschatologique de Dieu, c'est l'amour. C'est d'après cet amour que seront
jugées les nations (cf. 25, 31 s). C'est pourquoi, avant la fin (v. 3) « cet Évangile du Royaume » doit être proclamé dans toute l'οἰκουμένη[92]. On se rend
compte ici, plus clairement encore que dans 10, 18, que la proclamation de

---

88. Cf. 10, 22 ; 16, 25 ; 19, 25.

89. Ainsi L. SABOURIN, *Mt*, p. 304-305 ; P. GAECHTER, *Mt*, p. 771.

90. W. GRUNDMANN, *Mt*, p. l.

91. Cf. Mt 23, 23 ; le Christ reproche aux scribes et aux pharisiens de négliger les
βαρύτερα τοῦ νόμου, c'est-à-dire la justice, la miséricorde et la fidélité aux prescrip-
tions fondamentales de la Loi. La Loi garde certes toute son importance, mais il existe
dans la Thora des commandements dont l'importance dépasse celle des autres (cf. le
comparatif βαρύτερα que seul Mt écrit) ; cf. A. SAND, *Das Gezetz*, p. 40.

92. P. STUHLMACHER (*Das Paulinische Evangelium I*, p. 242) voit dans cette
expression « cet Évangile du Royaume » le lien entre la proclamation ecclésiale et l'au-
thentique tradition issue de l'enseignement et de l'histoire de Jésus. J. SCHNIEWIND
(*Mt*, p. 239), y voit l'Évangile tel que Mt l'a écrit.

l'Évangile aux Nations a pour but de leur faire connaître l'enseignement de
Jésus (28, 19)[93].

La fin arrivera seulement (τότε), quand l'Évangile proclamé par Jésus (4,
23 ; 9, 35) et que les disciples ont reçu mission de proclamer à leur tour, aura
atteint tous les peuples. Mais rien n'est dit de son acceptation ou de son refus
par ces derniers. La fin (τέλος) signifie ici la même chose que συντέλεια τοῦ
αἰῶνος (v. 3) et se réfère indirectement à la question des disciples.

Mais la fin ne viendra pas encore immédiatement. Mt décrit encore des
événements qui auront lieu avant la fin elle-même : la grande tribulation en
Judée (15-22). Apparition de faux Christs et de faux prophètes (23-28), des
signes cosmiques et enfin la venue du Fils de l'Homme (29-36).

---

93. Bon nombre de commentateurs comprennent l'expression εἰς μαρτύριον
πᾶσιν τοῖς ἔθνεσιν comme se référant au jugement dernier. W. TRILLING (*Das wahre
Israel*, p. 127-130) la prend au sens positif, tandis que H. STRATHMANN (*ThWB IV*,
p. 509) et W. MARWSEN (*Mk*, p. 118) la prennent au sens négatif : contre les peuples
avec l'intention de rendre coupables les opposants de l'évangile. !

CHAPITRE III

MT 24, 15-22 : LA GRANDE TRIBULATION EN JUDÉE

Le texte de Mt suit celui de Mc 13, 14-20 de très près. Celui de Lc, au contraire, s'éloigne bien sensiblement de la source commune, modifiant et interprétant Mc directement à la lumière des événements de 70[1]. Cependant on trouve un parallèle de Mt 24, 17 s dans Lc 17, 31. Lc 21, 21b-22 demeure sans parallèle. Les textes des 2 Th 2, 3-4, Did 16, 4 et Barn 4, 3 ne constituent littérairement que des parallèles lointains.

Comparés à la péricope précédente, où toute allusion à la situation typiquement juive a été délibérément supprimée, ces versets 15 à 22 s'en distinguent et gardent un accent juif et pas du tout christianisé[2]. Là il était question de la proclamation de l'Évangile dans le monde entier, ici on parle de la Judée. Là il était surtout question des dangers à l'intérieur de la communauté, ici il s'agit des dangers extérieurs. Cependant le regard est dirigé vers la fin des temps[3]. Car au-delà des avertissements donnés aux chrétiens sur la chute imminente de Jérusalem et les précautions à prendre, il faut voir , dans la perspective matthéenne, des instructions qui se rapportent à la catastrophe universelle de la fin du monde.

1. CRITIQUE LITTÉRAIRE DE MT 24, 15 ET MC 13, 14.

Pour remplacer le δέ adversatif de Mc, Mt écrit οὖν qui marque moins le contraste que le prolongement avec le v. 14, sans pourtant confondre la série des deux événements. D'autre part le vague ὅπου οὐ δεῖ de Mc est explicité chez Mt par ἐν τόπῳ ἁγίῳ ; il substitue le neutre ἑστός (grammaticalement plus correct) au masculin ἑστηκότα chez Mc[4]. L'origine inconnue de l'abo-

---

1. C.H. DODD, *The Fall*, p. 48, suppose l'utilisation d'une autre source par Luc.
2. Cf. P. BONNARD, *Mt,* p. 351 : avec les vv. 29-31 ces versets sont les plus juifs de cet ensemble. Cf. aussi R. PESCH, *Eschatologie und Ethik*, p. 231 ; J. McKENZIE, *Mt*, p. 105.
3. Cf. W. GRUNDMANN, *Mt*, p. 505 ; J. LAMBRECHT, *The Parousia Discourse*, p. 323.
4. Mc fait un accord d'après le sens pour interpréter et personnifier τὸ βδέλυγμα τῆς ἐρημώσεως.

6

mination désolatrice est expliquée par le renvoi explicite au prophète Daniel, ce qui explique en même temps la référence tacite de Mc, ὁ ἀναγινώσκων νοείτω[5].

Mt 24, 16-18 et Mc 13, 15-16.

Le v. 16 est la reproduction exacte de Mc 13, 15. Au v. 17 on peut relever deux modifications mineures qui sont dues plutôt à des corrections stylistiques : suppression de δέ au début du verset, ainsi directement rattaché au précédent, et de μηδὲ εἰσελθάτω qui paraît à Mt superflu[6]. Mt corrige Mc en mettant τά au lieu de τι (ἐκ τῆς οἰκίας αὐτοῦ[7].

Mt 24, 18 ne contient que des changements stylistiques mineurs par rapport à Mc 13, 16 ; Mt écrit ἐν τῷ ἀγρῷ au lieu de εἰς τὸν ἀγρόν, grammaticalement moins correct (cf. Lc 21, 21 : οἱ ἐν ταῖς χώραις ; 17, 31 : οἱ ἐν τῷ ἀγρῷ). Pour des raisons stylistiques aussi il omet εἰς τά devant ὀπίσω (contre Mc et Lc 17, 31).

Mt 24, 19 est parallèle en tout à Mc 13, 17[8]. Le verset suivant se distingue de celui de Mc par deux additions, ἡ φυγὴ ὑμῶν que Mt ajoute au verbe γένηται pour plus de clarté, et μηδὲ σαββάτῳ.

Au verset 21, Mt remplace αἱ ἡμέραι ἐκεῖναι par τότε et fait de θλῖψις le sujet du verbe ἔσται alors au singulier. Θλῖψις est précisée par μεγάλη[9].

Il supprime la redondance τοιαύτη[10], et parle simplement du commencement du κόσμος (cf. Mt 13, 35 ; 25, 4) au lieu du pléonasme sémitique chez Mc[11]. La fin du verset est identique à celle de Mc, sauf la forme lourde et peu classique οὐδ᾽οὐ μή au lieu de οὐ μή chez Mc[12].

Mt 24, 22 et Mc 13, 20.

Mt met le verbe κολοβόω au passif[13]. Le premier évangéliste précise en outre le ἡμέραι de Mc par ἐκεῖναι et écrit δέ au lieu de ἀλλά. Comme au verset précédent, il supprime le pléonasme sémitique.

A part les quelques différences notables que nous avons relevées : ἐν τόπῳ ἁγίῳ ; θλῖψις μεγάλη et l'addition μηδὲ σαββάτῳ, les changements apportés dans le texte de Mc consistent surtout en des corrections stylistiques ou grammaticales.

5. Cf. J.C. FENTON, Mt, p. 387.
6. Cf. M.J. LAGRANGE, Mt, p. 462 ; E. KLOSTERMANN, Mt, p. 193.
7. Pour S. BROWN (The Matthean Apocalypse, p. 10), ce changement est pour le sens plus convenable. Il interprète, du reste, tout le verset, dans un sens allégorique. Pour M.J. LAGRANGE le verset de Mc marquerait plus de hâte, car on ne songerait pas à tout prendre (Mt, p. 462).
8. Les manuscrits D lisent θηλαζομεναις au lieu de θηλαζουσαις dans notre texte.
9. Cf. J. LAMBRECHT, The Parousia Discourse, p. 321, note 30 : l'addition de μεγάλη pour la distinguer la θλῖψις du v. 9.
10. Cf. BLASS-DEBR. § 294, 1.
11. Cf. E. KLOSTERMANN, Mc, p. 135.
12. Cf. BLASS-DEBR. § 365 ; 431.
13. L'emploi de ce passif divin lui permet d'éviter l'emploi de κύριος qui, s'il désigne directement Dieu, n'est jamais chez Mt le sujet d'un verbe actif. Cf. J. JEREMIAS, NTI, p. 23, note 18.

2. FORME ET GENRE.

En introduisant la péricope par ὅταν οὖν, l'évangéliste veut marquer un nouveau moment dans le développement du discours, mais en même temps veut reprendre le thème du v. 3 : ὅταν fait penser en effet à la question πότε du v. 3. Mais alors que la péricope précédente garde un caractère plus universel, celle-ci se situe dans le contexte typiquement judéen : ἐν τόπῳ ἁγίῳ ; ἐν τῇ Ἰουδαίᾳ ; εἰς τὰ ὄρη, avec des indications de lieu et de temps qui font penser à la situation palestinienne.

L'origine diverse des matériaux se montre dans l'alternance du style personnel ἴδητε (v. 15), προσεύχεσθε, ἡ φυγὴ ὑμῶν (v. 20), et du style impersonnel avec les impératifs à la 3ᵉ personne : φευγέτωσαν, μὴ καταβάτω, μὴ ἐπιστρεψάτω ; à partir du v. 21, on passe au style narratif. Le v. 19 contient une interjection indirecte οὐαί, qui souligne la gravité du danger pour les femmes enceintes ou qui allaitent en ces jours, mais qui n'est pas un cri de malédiction comme au chap. 23.

La péricope présente une structure bien charpentée en trois phases : 1) le v. 15, la protase, commence avec la désignation du signe évident de la crise, l'abomination dévastatrice, qui doit déterminer la chaîne des comportements : la fuite sans retard ; 2) « alors » (τότε) est immédiatement corrélatif de ὅταν du v. 15[14]. La vue du spectacle abominable contraint à un seul comportement logique, seul possible : la fuite, sans retour en arrière et sans s'encombrer de ses affaires ; c'est l'apodose[15]. Entre la protase et l'apodose, s'insère une incise qui invite le lecteur (ὁ ἀναγινώσκων) à décrypter et à comprendre le signe de l'odieuse désolation, tout en invitant au discernement en vue d'un comportement ; les vv. 19-20 prolongent le contenu des vv. 16-18 auxquels il faut les rattacher : difficulté de la fuite pour les femmes enceintes ou qui allaitent, difficulté à fuir en hiver ou le jour du sabbat ; 3) enfin les vv. 21-22 développent le thème de la grande tribulatiuon dont le v. 15 a déjà donné un indice, et dont ils constituent une explication, une sorte de réflexion suscitée par les événements des vv. 15-20[16].

En introduisant la péricope par ὅταν οὖν ἴδητε, Mt se réfère de façon plus précise que Mc à la question des signes du v. 3[17] ; d'une part la reprise du style personnel avec l'emploi de la 2ᵉ personne du pluriel se réfère directement aux

---

14. Cf. J. LAMBRECHT, *The Parousia Discourse*, p. 322, note 33.

15. Cf. C.H. DODD, *The Fall*, p. 48.

16. Cf. J. GNILKA, *Mk II*, p. 194 ; D. DAUBE (*NT*, p. 422-423), pour mettre le texte de Mt en harmonie avec celui de Lc 21, 29 s, propose une différente structuration : a) protase : quand « vous verrez l'abomination désolatrice » ; b) apodose : « que le lecteur comprenne », qui est ainsi interprétée : qu'il prenne les mesures nécessaires ; cette apodose est développée dans : c) les avertissements : « que ceux qui seront en Judée fuient... ». Mais ce concordisme qui fait de l'incise une apodose explique mal le singulier ὁ ἀναγινώσκων qui précède immédiatement le v. 16, lequel a un sujet au pluriel. Luc ne suit pas le même schéma conceptuel que les deux autres synoptiques.

17. ὅταν οὖν indique une suite logique dans la pensée de l'auteur.

interlocuteurs du v. 3 ; d'autre part, si jusqu'à présent il était question d'événements indéfinis (prenez garde que personne ne vous égare ; vous entendrez parler de guerres et de bruits de guerres ; ce n'est pas encore la fin, mais le début des douleurs), la désignation de l'abomination désolatrice, doublement déterminée (dont a parlé le prophète Daniel ; se tenant dans le lieu saint), entend constituer un signe précis, qui faisait déjà l'objet de la question des disciples, et qui doit déterminer un comportement de la part de ces derniers.

La formule τὸ βδέλυγμα τῆς ἐρημώσεως reprise de Daniel[18] n'exprime pas une idée nouvelle, mais une ancienne prophétie censée connue de tout lecteur de la Bible, d'où la précision τὸ ῥηθὲν διὰ Δανιὴλ τοῦ προφήτου[19]. Le participe ἑστός employé comme apposition (sans article) s'accorde grammaticalement avec τὸ βδέλυγμα ; ce dernier suggère moins un object qu'un événement ayant lieu dans le lieu saint.

L'incise « que le lecteur comprenne » se réfère au signe de Daniel que Mt interprète non pas comme un événement passé mais comme un signe eschatologique des derniers jours[20].

Le v. 16 commence avec une indication temporelle importante (τότε) qui montre que la fuite doit être vue comme une conséquence de la vue de l'abomination dans le lieu saint. Le changement de personne « ceux qui seront en Judée », comme déjà dans l'incise, contraste avec le « vous » du v. 15 (non pas « vous devez fuir », mais ceux qui seront en Judée devront fuir[21]. Le v. 16, avec le pluriel, est une injonction générale (la fuite dans les montagnes) que concrétisent les vv. 17-18 construits parallèlement[22] : ὁ ἐπὶ τοῦ δώματος = ὁ ἐν τῷ ἀγρῷ, le v. 17 présentant un contexte citadin, le v. 18 un contexte champêtre. Μὴ καταβάτω correspond à μὴ ἐπιστρεψάτω ὀπίσω ; ces deux nouvelles injonctions avec la négaltion μή mettent en relief l'injonction positive φευγέτωσαν, et portent toutes deux sur l'interdiction de s'encombrer de ses affaires : ἆραι τὰ ἐκ τῆς οἰκίας αὐτοῦ, ἆραι τὸ ιμάτιον αὐτοῦ. Les aoristes font contraste avec le présent et traduisent une action ponctuelle : il ne faut pas perdre du temps à aller chercher ses affaires.

Le caractère urgent de la fuite est de nouveau souligné au v. 19 par l'appel de commisération aux femmes enceintes ou qui allaitent en ces jours-là. Elles ne constituent pas une catégorie à part à côté de celles des vv. 16-18, mais leur

---

18. Dn 9, 27 ; 11, 31 ; 12, 11 ; cf. aussi Dn 8, 13 ; Sir 49, 2.

19. Τῆς ἐρημώσεως est un génitif d'apposition, génitif épexégétique, qui qualifie τὸ βδέλυγμα ; cf. J. DUPONT, *La ruine du Temple*, p. 237.

20. Cf. le futur ἴδητε « quand vous verrez » ; à propos des incises dans Mt, comparer Mt, 14, 8 : δός μοι, φησίν, ὧδε... κτλ. 27, 33 : εἰς... Γολγοθά, ὅ ἐστιν Κρανίου Τόπος λεγόμενος.

21. D'après R. PESCH (*Mk II*, p. 292), cette injonction s'adresse aux chrétiens, à la communauté judéo-chrétienne de la Judée, ou à celle de Jérusalem, qui s'apprêtait à la fuite à Pella ; pour J. LAMBRECHT (*Die Redaktion*, p. 155), οἱ désigne les disciples dont une partie serait en Judée.

22. Remarquer la construction asyndétique du début du verset 17.

mention montre la gravité de la tribulation (v. 21) et la nécessité de la fuite[23]. Ἐν ταῖς ἡμέραις ἐκείναις porte sur les deux verbes, mais se réfère aussi à la tribulation des derniers temps et fait ainsi le passage au v. 21, comme l'indique γὰρ τότε.

Avec προσεύχεσθε (v. 19) l'évangéliste s'adresse de nouveau aux disciples, alors qu'on s'attendrait plutôt ici à προσευχέσθωσαν, impératif à la 3ᵉ personne, comme dans les versets précédents[24]. L'objet de la prière, introduite par ἵνα μή, porte sur χειμῶνος μηδὲ σαββάτῳ avec pour effet de renforcer la nécessité de la fuite.

Vv. 21-22. Γὰρ τότε rattache ces deux versets aux deux précédents, dont ils constituent une explication. La grande tribulation de ces jours sera sans précédent : le contraste de l'aoriste οὐ γέγονεν avec le subjonctif οὐ μὴ γένηται (pour le futur) d'une part, puis le contraste de ἀπὸ τῆς ἀρχῆς avec ἕως τοῦ νῦν d'autre part, ont pour effet de souligner le caractère effrayant de la tribulation de ces jours. Cependant le v. 22 apporte à cette hyperbole basée sur Dn 12, 1 une note de consolation : ces jours seront abrégés à cause des élus. Tout le v. 22 obéit à une construction antithétique stricte : le début de la proposition et la fin se présentent dans le même ordre, de sorte que la période irréelle εἰ μὴ ἐκολοβώθησαν...οὐκ ἂν ἐσώθη s'oppose rigoureusement à la réalité au moyen de δέ (= mais en fait) et du futur κολοβωθήσονται. Par sa position finale, c'est sur ce dernier membre de phrase que porte l'accent : les jours seront abrégés et le salut assuré à cause du petit nombre des élus (cf. Mt 22, 13) par opposition à la perte de la multitude (πᾶσα σάρξ). Cet abrégement des jours tempère le caractère effrayant de la tribulation et apporte une consolation eschatologique (cf. Mt 24, 13).

3. TRADITION.

Dans cette péricope, Mc et Mt rapportent une tradition commune. Luc semble se référer à une autre source, en particulier pour les vv. 21, 21b-22 ; 23b-24 qui sont sans parallèle direct chez Mc et Mt[25]. Mais tous les droits transcrivent la prophétie en termes d'histoire, à la lumière des événements de 70, Mc et Mt utilisant pour cela l'image de la vision apocalyptique de Daniel, tandis que Luc parle en termes plus concrets. Sans confondre la série des deux événements, Mc et Mt cherchent à rattacher, d'une part le signe daniélique à la catastrophe historique de la Judée, d'autre part cette dernière aux tribulations de la fin des temps, et cela dans un esprit sûrement apocalyptique : les apocalypticiens voyaient en effet souvent dans l'avenir le retour du

---

23. Dans Lc 23, 29, on retrouve la même idée, mais présentée sous forme de béatitude, suivie d'une construction négative : μαχάριαι αἱ στεῖραι...

24. Cf. J. GNILKA, Mk II, p. 194 ; R. PESCH, Naherwartungen, p. 150.

25. Luc ne fait pas de référence à l'abomination désolatrice, sans doute peu intelligible pour ses lecteurs païens. Il interprète la prophétie explicitement à la lumière des événements de 70 et parle explicitement de la présence des forces ennemies. Cf. C.H. DODD, The Fall, p. 48.

passé[26]. Bien que présentée sous forme de pronostic d'un événement à venir, la prophétie telle que la présentent les synoptiques, doit être lue comme un *vaticinium ex eventu*, lue à la lumière de la crise déjà réalisée, si toutefois l'on convient avec nous que les trois évangiles synoptiques ont été écrits après 70[27].

a) *L'abomination désolatrice.*

L'expression τὸ βδέλυγμα τῆς ἐρημώσεως remonte à Daniel où elle est reproduite en trois endroits, Dn 9, 27 ; 11, 31 ; 12, 11 et correspond à l'hébreu שקוץ שמם [28]. Elle s'y réfère à l'érection de la statue de Zeus Olympien par Antiochus Epiphane dans le temple de Jérusalem en 168-7 avant J.C. Dans l'AT le terme abomination est lié à l'idée de l'idolâtrie[29]. Dans Dt 32, 16, elle est perpétrée dans le temple et tolérée par les prêtres. A part les synoptiques l'expression daniélique revient encore dans 1 M 1, 54, d'ailleurs sous l'influence de Daniel et où le sacrilège et l'abomination sont attribués à un être personnel. Des trois passages de Dn ci-dessus mentionnés le texte des évangiles semble viser davantage celui de Dn 9, 27, par rapport auquel Dn 11, 31 et 12, 11 sont secondaires[30] et qui se réfère directement à l'abomination du service païen dans le temple.

Le sens de ἐρήμωσις correspond à l'emploi dans Jérémie : ἐρημόομαι : action de rendre désert[31]. Dans 1 M 1, 54.59 il est explicitement question de l'érection sur l'autel de l'abomination de la désolation (et non de sa destruction). Du reste Mc et Mt mettent l'accent non sur la désolation, mais sur l'abomination, sur l'horreur que suppose la profanation du temple[32].

Jésus a pu se servir de cette image daniélique pour parler des événements à venir. Mais pour les évangélistes, au moment où ils écrivent, ces faits sont passés et ils leur donnent une signification nouvelle. L'abomination n'a, du reste, pas besoin de se présenter sous la même forme comme au temps de Daniel. Elle peut désigner toute sorte de sacrilège contre le temple. En repre-

---

26. Cf. M.J. LAGRANGE, *Mc*, p. 340.
27. Cf. W. GRUNDMANN, *Mt*, p. 506.
28. Ce n'est pas ici l'endroit pour reprendre l'ensemble de l'étude sur l'origine de l'expression chez Daniel et son rapport avec Jérémie. On peut consulter les analyses de C.H. DODD, *The Fall*, p. 47-54 ; B. RIGAUX, *Abomination*, p. 675-683 ; G.R. BEASLEY-MURRAY (*Commentary*, p. 54-72) fait une histoire des interprétations de l'expression daniélique ; J. LAMBRECHT, *Die Redaktion*, p. 145-154 ; R. PESCH, *Naherwartungen*, p. 139-145 ; P. GRELOT, *70 semaines d'années*, p. 169-185.
29. Cf. Jr 13, 27 ; Ez 5, 9.
30. Cf. B. RIGAUX, *Abomination*, p. 678-679.
31. Jr 4, 7 ; 7, 34 ; 22, 5 ; 51, 6 ; cf. 1 M 1, 39 ; à la suite de sa profanation, le temple de Jérusalem est comme un désert : 1 M 2, 12 ; 4, 38 ; 15, 4.29. Cf. G. KITTEL, *ThWB II*, p. 659 ; C.H. DODD (*The Fall*, p. 49) et B. RIGAUX (*Abomination*, p. 677) montrent la dépendance du sens de ἐρήμωσις par rapport à Jérémie.
32. L'expression hébraïque se rapprocherait davantage de cette compréhension. Comparer l'accord selon le sens par Mc et sa correction par Mt.

nant la prophétie de Daniel, les deux évangélistes veulent présenter une vue rétrospective de la chute de Jérusalem et du sort réservé à son temple[33].

Un jugement historique permettrait de confirmer cette vue. La profanation du temple a commencé quand vers 68-69 deux groupes de Zélotes, l'un sous la conduite d'Éléazar, et l'autre sous Jean Gishala, s'emparèrent de la cour intérieure du temple et installèrent leurs armes au-dessus des portes saintes et y commirent des meurtres ; «et le Temple était partout souillé de carnage »[34].

Dans Bell IV, 6, 3 Josèphe rapporte une ancienne révélation d'après laquelle la ville serait prise et le temple réduit en cendres et que l'enceinte sacrée de Dieu serait souillée par des mains autochtones : « Cette révélation, les Zélotes ne refusaient pas d'y croire, mais ils s'offrirent comme ministres de son accomplissement ».

Il est plus naturel de penser que ces versets synoptiques se rapportent aux événements de Jérusalem autour des années 66-70 plutôt qu'à la tentative de Caligula en 40-41, puisque l'exhortation à fuir est nettement située dans le contexte de la profanation du temple. Or nous pensons avec de nombreux exégètes que cette fuite est celle des chrétiens à Pella entre les années 66 et 70. D'autre part on sait que la tentative de Gaius (Caligula) de placer sa statue dans le temple fut avortée et n'eut jamais lieu : Pétronius, gouverneur de la Syrie, fit ajourner le projet et faillit, pour cela, être mis à mort. Caligula fut assassiné en 41 et la sainteté du temple et la vie de Pétronius furent sauvées[35]. Aussi les vv. 15 ss ne représentent-ils pas un rapport rétrospectif des événements de 40-41, mais bien celui des événements de la fin de Jérusalem et de son temple.

La référence au signe de Daniel indique que, pour Mt, il s'agit moins d'un profanateur personnel que d'un événement qui a lieu dans le temple[36].

Sa présence dans le lieu saint constitue une profanation. Le texte de Daniel et de 1 M parle explicitement du temple de Jérusalem[37]. Désignant le temple,

---

33. C.H. DODD, *The Fall*, p. 49 : « The final judgement upon Jerusalem, foreshadowed in prophecy and in the events of past history, has now fallen ».

34. *Bell V*, 1, 2, 5-10.

35. Cf. Ant *XVIII*, 257-309, PHILON, *Legatio ad Gaium, 30-43*.

36. Dans la bible hébraïque Daniel n'était pas rangé parmi les prophètes. Le fait que Mt se réfère à Daniel comme prophète indique que sa communauté utilisait la LXX qui seule le reconnaît comme prophète. Faut-il conclure par là que sa communauté était située dans une région de langue grecque ? Ce n'est pas certain. Cf. S. BROWN, *The Matthean Apocalypse*, p. 10 et note 37.

37. Ἐν τόπῳ ἁγίῳ correspond à l'hébreu קדוש במקום expression caractéristique pour désigner le lieu du culte. Daniel hébreu emploie le terme כנף que LXX et Théodotion traduisent par ἐπὶ τὸ ἱερόν. La formulation matthéenne se rencontre dans 2 M 2, 18 où elle désigne le temple. Dans ce même sens elle est employée avec l'article dans Ac 6, 13 ; 21, 28. Cf. R.H. GRUNDRY, *The Use*, p. 48-49 : « His (= Mt) ἐν τόπῳ ἁγίῳ is verbally dissimilar from the LXX and Theodotion, but reveals the same understanding of Knf as an elleptical referring to a part of the temple, and by metonymy to the whole temple.

l'expression ἐν τόπῳ ἁγίῳ se révèle plus primitive que le ὅπου οὐ δεῖ de Marc. Elle peut certes se référer à un endroit quelconque dans l'enceinte du temple[38]. Mais pour Mt il n'y a plus de doute : il ne fait plus de conjecture sur le sort de Jérusalem et de son temple, du lieu saint[39].

L'appel au lecteur « qu'il comprenne », se rapporte dans le contexte matthéen, au livre de Daniel, non pas parce que Daniel a scellé son livre[40], mais parce que les événements dont parle le prophète risquaient d'être compris seulement en termes d'histoire sans valeur pour l'actualité. Le livre de Daniel étant écrit deux siècles plus tôt (vers 167-164), les lecteurs chrétiens ne s'attendaient pas à voir se répéter la profanation d'Antiochus sous d'autres formes, d'où l'invitation à une juste compréhension de Daniel[41]. L'apocalypse de Jean emploie le même procédé pour inviter au discernement : « Que celui qui a de l'intelligence calcule le chiffre de la Bête », Ap 13, 18 ; cf. 2, 7 ; 13, 9 ; 17, 9 : « Ici est l'intelligence qui a de la sagesse ».

Mc et Mt ne reproduisent pas inintelligemment une source qui n'aurait plus d'intérêt pour leurs lecteurs. Si la source de Marc peut dater du temps de l'empereur Caligula où les juifs craignaient d'être assujettis au culte de ce dernier, comme au temps d'Antiochus Epiphane, il n'y a pas de doute que pour Mc et Mt, pour lesquels ces deux événements sont bien loin, la prédiction de Jésus a trait à la situation de la guerre juive. Cette dernière relève pour les évangélistes d'un passé récent, mais elle est interprétée comme époque directement antérieure à la parousie. Si bien que cette évocation de l'abomination désolatrice prend un « sens actuel » pour les lecteurs.

b) *La fuite dans les montagnes.*

A la vue de l'abomination désolatrice, les disciples, en lecteurs avertis des Écritures, devront fuir dans les montagnes. Les trois synoptiques ont la même notation « qu'ils fuient dans les montagnes ». De toute évidence il n'y a pas d'unité dans la composition ; on passe brusquement de la seconde à la troisième personne : « Quand vous verrez... qu'ils fuient ». Ce manque d'unité est sans doute dû à la composition marcienne (que le premier évangéliste reproduit ici), qui a dû insérer dans le texte évangélique des éléments d'une autre origine[42].

Dans l'AT on fuit ordinairement devant le jugement punitif de Dieu[43].

---

38. Ainsi M.J. LAGRANGE, *Mt*, p. 461.

39. Ἅγιος est la qualificatif habituel du temple chez Josèphe : Ant *XVI*, 115 ; *XII*, 10 ; Bell *VII*, 8, 7, 379. Cf. W. GRUNDMANN, *Mt*, p. 506 ; H. KÖSTER, *ThWB VIII*, p. 204.

40. Cf. Dn LXX 12, 4 : « Toi Daniel, serre ces paroles et scelle le livre jusqu'au temps de la fin ἕως καιροῦ συντελείας ».

41. Ainsi E. SCHWEIZER, *Mt*, p. 295. M.J. LAGRANGE (*Mc*, p. 340) le fait au contraire se rapporter au lecteur de l'Évangile.

42. R. PESCH (*Naherwartungen*, p. 145) parle avec raison l'utilisation par Mc d'un Flugblatt apocalyptique juif, qu'il date du règne de l'Empereur Caligula vers les années 40-41 après J.C.

43. Jr 6, 1ss. Cf. L. HARTMANN, *Prophecy*, p. 151 ; G.R. BEASLEY-MURRAY, *Commentary*, p. 58.

Dans la pratique habituelle, la population se réfugie dans les fortifications de la ville à l'approche du danger ou des troupes ennemies[44]. L'injonction ὁ ἐν τῷ ἀγρῷ μὴ ἐπιστρεψάτω fait allusion au sort de Jérusalem qui sera détruit en 70[45].

On rapprocherait volontiers la fuite du chapitre eschatologique synoptique de celle de Mattathias dans 1 M. Après l'érection de l'abomination de la désolation à Jérusalem, Mattathias, indigné, tue un juif qui s'approchait de l'autel païen, puis s'enfuit pour rejoindre un groupe de patriotes juifs : ἔφυγεν αὐτός καὶ οἱ υἱοὶ αὐτοῦ εἰς τὰ ὄρη[46]. De même l'injonction de Mt 24, 17-18 rappelle le fait que Mattathias et les siens laissèrent derrière eux leurs biens : ἐνκατέλιπον ὅσα εἶχον ἐν τῇ πόλει[47].

La montagne est un lieu de refuge habituel dans l'antiquité et dans la Bible : Gn 19, 17 : « Sauve-toi à la montagne de peur que tu ne... ». Au moment de l'invasion de Chabulon par Cestius Gallus, raconte Josèphe, la foule s'enfuit dans la montagne : ἀναπεφεύγει τὸ πλῆθος εἰς τὰ ὄρη[48]. Dans le Protoévangile de Jacques[49] « quand Elizabeth apprit qu'on poursuivait Jean, elle le prit et alla dans les montagnes. Mais il n'y avait pas de cachette. Alors Elizabeth gémit et parla à haute voix : « O Montagne de Dieu, reçois-moi, une mère et son enfant. Et aussitôt la montagne, s'ouvrit et la reçut... car un ange du Seigneur était avec eux et les protégeait ». Dans l'Ap 6, 14-17 la chute des montagnes cache les hommes au jour de la colère divine.

Chez Matthieu, la montagne ne joue pas un rôle de refuge ; c'est le lieu où Jésus prie et d'où il instruit les disciples (Mt 5, 1-2). Fuir, pour Mt, permet d'échapper aux dangers physiques (2, 13 ; 8, 33 ; 10, 23 ; 26, 56) comme aussi au jugement divin (3, 7 ; 23, 33 ; cf. Gn 19, 17 : fuite devant le jugement divin).

Sans avoir une tradition particulière, l'appel de compassion lancé aux femmes enceintes ou qui allaitent a un parallèle voisin dans Tanch 6, 215, mais exprimé à la deuxième personne : οὐαὶ ὑμῖν τεκούσαις ταῖς ἐν γῇ Ἰσραήλ· οὐαὶ ὑμῖν βρεφεσίν[50]. Chez Mt il veut simplement souligner le caractère urgent de la fuite que rien ne doit arrêter en ces jours-là. Ἐν ἐκείναις ταῖς ἡμέραις est un biblicisme courant de la LXX pour désigner la fin des temps. La formule courante chez les prophètes de l'AT est : il arrivera dans ces jours-là ; des jours viendront. Ici Mt écrit selon la manière biblique. L'expression désigne chez lui d'abord les jours de la fuite comme le précise la suite : ἔσται γὰρ τότε, en contraste avec le temps présent, ἕως τοῦ νῦν, lequel désigne le

---

44. Cf. Jr 4, 1 ss.

45. Luc 21, 21 parle explicitement de ne pas retourner dans la ville μὴ εἰσερχέσθωσαν εἰς αὐτήν.

46. 1 M 2, 28 ; Cf. *Bell I*, 3, 36 : Mattathias εἰς τὰ ὄρη καταφεύγει.

47. Cf. Ass Mos 9, 1 ss ; 2 M 5, 27 où le désert est désigné comme lieu de refuge des Maccabées, comme ce le fut plus tard pour les Esséniens.

48. *Bell II*, 18, 9, 504 ; cf. Ant *V*, 163 ; *XIV*, 418 ; A. SCHLATTER, *Mt*, p. 705.

49. 22, 3 ; cité par G. GUNTHER, *The Fate*, p. 86.

50. STR.-BILL. *I*, p. 952 ; pour l'expression ἐν γαστρὶ ἐχούσαις cf. Os 14, 1 ; pour le mot θηλαζούσαι cf. 1 Sam 1, 23.

présent du locuteur[51]. Mais elle se rapporte aussi au temps de la fin, le temps de la parousie (Mt 24, 22.29.36.38.50).

Malgré l'addition de μεγάλη, les termes de la grande tribulation ne sont pas un renvoi explicite à Jr 11, 16. Dn 12, 1 constitue le parallèle le plus voisin[52]. A propos de la fuite le jour du sabbat, il semble que déjà au temps des Maccabées, elle était tolérée[53]. Mais chez les Rabbins on sent encore une hésitation : « Comme les grands de la Ville demandèrent à Eléazar s'il leur fallait fuir le jour du sabbat, celui-ci craignait de leur répondre : Fuyez le jour du sabbat »[54].

On pourrait admettre que cette addition matthéenne provient des sources orales palestiniennes de l'auteur ; mais si Mt éprouve le besoin d'insérer ici μηδὲ σαββάτῳ à sa source écrite, cela montre d'une part les préférences juives de l'évangéliste[55], d'autre part cela reflète la pratique de la communauté matthéenne encore attachée à la Loi[56].

c) L'abrégement des jours à cause des élus.

A l'exception du chaos initial dans le Genèse, l'AT ne connaît aucun changement radical du cours de l'histoire selon le dessein de Dieu. Ce que Dieu a décidé il le fait (cf. Dn 9, 24), mais il peut y apporter des modifications. Dans l'apocalyptique l'idée d'abréger les jours se situe dans un contexte de jugement, pour mettre fin à la pollution du mal : Apc syrBar 20, 1 ; 83, 1 : le Très Haut précipite la fin des jours et dirige le temps ; il juge les habitants de son monde. Henoch 80, 2 : Aux jours des pécheurs les années seront abrégées[57]. Dans le même sens dans Apoc grec Bar 9, 7 : καὶ ὠργίσθη αὐτῇ ὁ Θεός, καὶ ἔθλιψεν αὐτὴν καὶ ἐκολόβωσεν τὰς ἡμέρας αὐτῆς[58]. Ainsi les apocalypticiens conçoivent l'abrégement des jours comme une punition des pécheurs ; on retrouve dans les psaumes la même idée.

---

51. Cf. Gen 15, 16 ; 18, 12 ; 2 Esdr LXX : καὶ ἀπὸ τότε καὶ τοῦ νῦν ; 1 M 9, 27 ; Ez 4, 14 : ἀπὸ γενέσεως μου ἕως τοῦ νῦν.

52. La forme matthéenne se rapproche davantage de Théod., que de la LXX à cause de οἵα οὐ γέγονεν semblable chez l'un et l'autre. A propos de l'hyperbole « telle qu'il n'y en a jamais eu » comparer : Jr LXX 37, 7 ; Joel 2, 2 ; Soph 1, 14-15 ; 1 M 9, 27 ; Ass Mos 8, 1 ; 1 QM 1, 12 : Sifre Num 88 ; Ap 16, 18 ; Bell I, 4, 12 ; V, 10, 442 ; VI, 9, 429 ; Did 16, 4.

53. 1 M 2, 32 s ; comparer Mt 12, 10.

54. STR.-BILL. I, p. 952.

55. Mt 5, 18 ; 10, 6.23 ; 19, 9 ; 23, 3.23 ; cf. W.C. ALLEN, Mt, p. 256 ; Ch. E. CALSTON, Law in Mt, p. 86-87.

56. Il n'est pas impossible que Mt prenne cette addition à son compte, car dans le conflit au sujet du sabbat (Mt 12, 1-14) l'inobservance n'est tolérée qu'en fonction d'une plus grande loi, celle de la miséricorde et de l'amour. Cf. E. SCHWEIZER, Mt, p. 180 ; 295 ; Gemeinde, p. 44 ; Beiträge, p. 50. Pour J. LAMBRECHT (The Parousia Discourse, p. 322, note 36), cette addition serait un anachronisme qui n'aurait plus aucune importance au temps où Mt écrivait.

57. Cf. Apoc Abr 29, 13 ; 4 Esdr 4, 24 ; Barn 4, 3.

58. Le terme signifie ordinairement amputer physiquement, en ce sens seulement dans 2 R 4, 12. Ici il signifie amener la fin plus vite que prévue.

Chez Mc et Mt l'abrégement des jours est compris comme une grâce : la fin est rapprochée, de sorte que le salut des justes ne soit pas compromis. Autrement « aucune chair » ne serait sauvée, expression biblique correspondant à כל בשר[59].

Les élus sont, dans la tradition, des justes qui sont inscrits au livre de vie et qui seront sauvés de la tribulation des derniers temps[60]. Dans d'autres passages de Mt, le terme « élus » désigne ceux qui ne tombent pas sous le jugement de Dieu (Mt 22, 14), ceux qui pratiquent l'Évangile. A la fin ils seront rassemblés (24, 31), par opposition à ceux qui sont voués à la perdition : « Je ne vous connais pas ». (Mt 25, 12)[61]. Mt pense sans doute ici à la communauté chrétienne, considérée comme le reste sauvé (Rm 11, 7).

4. RÉDACTION.

Écrite à la suite de l'annonce de la destruction du temple (v. 2), la reprise de la prophétie historique de Daniel signifie avant tout pour l'évangéliste la profanation voire la destruction du temple, perpétrée sous les yeux mêmes des Judéens alors présents à Jérusalem, comme une punition divine, en conformité avec Mt 23, 38, d'où l'appel au lecteur qu'il ait une juste compréhension de la prophétie de Daniel : ce qui est signifié est autrement plus grave que ce qui est exprimé : le jugement de Dieu ne concerne pas seulement Jérusalem qui résiste à Jésus et à ses envoyés (Mt 23, 37) mais aussi la Judée, et la nouvelle communauté de Jésus.

Mais ici Mt porte le regard sur le futur. Il respecte certes sa source qu'il transmet telle qu'elle a été fixée par la tradition ; cependant la reprise des paroles de Jésus, qui sont au moment où il écrit son évangile dépassées du point de vue historique (la fuite a eu lieu, le temple est détruit), prend pour lui et sa communauté une signification nouvelle. Comme les apocalypticiens il voit dans l'avenir le retour du passé[62].

En décrivant la nouvelle période comme celle de la grande (μεγάλη) tribulation, l'évangéliste porte son regard sur la fin des temps, sur la Parousie avec laquelle la grande tribulation est en liaison étroite (vv. 29-30). Il parle, non de ἀνάγκη mais de θλῖψις qui désigne ici une calamité universelle et non localisée seulement dans la Judée. Il s'agit d'un événement universel, comme le suggèrent les annotations : grande tribulation, telle qu'il n'y en aura plus de pareille, toute chair, salut. Le contraste du présent ἕως τοῦ νῦν, qui normalement se rapporte au présent des disciples et de l'évangéliste, avec le futur μὴ γένηται, ἔσται se rapporte maintenant à l'humanité lors de la Parousie[63]. Il ne s'agit plus dans cette période de la fin d'un événement politique ou mili-

---

59. Gen 6, 12 ; 9, 15 ; Sir 44, 18 ; Nb 16, 22 ; Is 66, 24 ; Jr 12, 12 ; Tos. Taan 3, 1.
60. Cf. Hen 1, 1 ; 48, 9 ; 62, 11.12.13 : « les justes et les élus seront sauvés en ce jour et ne regarderont plus le visage des pécheurs et des impies ».
61. Cf. J. GUILLET, art. Election in *VTB*, col. 343-344 ; L. SABOURIN, *Mt*, p. 309.
62. Cf. M.J. LAGRANGE, *Mc*, p. 340 ; R. SCHNACKENBURG, *Mk*, p. 202.
63. Dn 12, 1 emploie seulement le passé avec un regard rétrospectif.

taire, mais d'un événement à signification religieuse[64]. Dès lors l'exhortation
à prendre la fuite prend ainsi une signification symbolique. En effet quel sens
pourrait-il y avoir de fuir dans les petites montagnes de la Judée, quand toute
la terre et le cosmos seront ébranlés (v. 29)? Et «si c'est la fin de tous les
temps, il n'y a plus ni hiver, ni été »[65]. La fuite fait allusion désormais, non à
des Judéens contemporains de la prise de Jérusalem, ni à des Juifs demeu-
rant en Judée lors de la Parousie, mais à tous les hommes, chrétiens ou non,
lors de la Parousie et du Jugement menaçant toutes les nations[66]; même la
Judée, même le pays de la Promesse (désormais l'Église) ne pourra échapper
au jugement[67].

Dans le contexte de la crise universelle, le salut dont il est question et qui ne
pourrait être garanti à personne si les jours n'étaient abrégés, ne peut pas
désigner le salut physique, mais le salut éternel comme au v. 13. La grande tribulation des temps parousiaques est une menace pour la foi et la fidélité,
même pour les élus (v. 13). En effet, en ces derniers jours le danger moral sera
si grand (vv. 4. 10-12) que même les élus, c'est-à-dire les chrétiens dans le
monde entier, seront menacés et risqueront de devenir victimes des signes et
prodiges mensongers (vv. 5.11.24). Mais Dieu a abrégé ces jours à cause des
élus. L'histoire du monde poursuit son cours selon le dessein de Dieu telle
qu'il l'a voulue (δεῖ γὰρ γενέσθαι, v. 6), mais pas au détriment de ceux que,
dans sa volonté de salut, il veut sauver. L'abrégement des jours a pour but de
rendre possible le salut des élus. Sans pour autant garantir absolument le
salut de ceux-ci, ce verset 22 apporte cependant une note de consolation au
milieu de la grande tribulation des derniers jours.

64. Cf. R. PESCH, *Naherwartungen*, p. 151, à propos de Marc dont la perspective
n'est pas différente ici de celle de Mt.
65. K. TAGAWA, *Mk*, p. 37.
66. Mt 25, 32.
67. Cf. *TOB*, p. 108, note e.

CHAPITRE IV

MT 24, 23-28 : ANNONCE FALLACIEUSE DE LA VENUE DU MESSIE ET LA PAROUSIE DU FILS DE L'HOMME

Les vv. 23 à 28 ne prolongent pas directement la pensée de la péricope précédente. Il n'y est plus question de Jérusalem : la lutte est maintenant entre les élus de Dieu et les séducteurs[1]. Le lien avec les versets précédents est la mention de part et d'autre du terme « élus ». Là il n'était pas question du Messie. Ici l'attention se concentre davantage sur la personne du Christ ou du Fils de l'Homme, terme qui, depuis le début du discours, est employé pour la première fois.

Mt élargit la péricope marcienne (Mc 13, 21-23 par Mt 24, 23-25) avec des matériaux provenant d'une autre source (Mt 24, 26-28). Les vv. 23 à 25 reproduisent donc Mc presque exactement, sauf de légères nuances : ils concernent l'avertissement contre les faux Christs et les faux prophètes, à peu près le sujet déjà abordé aux vv. 4-5 et dont ils constituent un doublet, mais avec un nouveau point de vue : de fausses nouvelles sur la venue du Christ. La seconde partie de la péricope (Mt 24, 26-28) présente un parallèle très voisin dans Lc 17, 23-24.37b. Tous deux parlent de la venue manifeste du Fils de l'Homme.

De l'une à l'autre partie, il y a un lien non seulement littéraire — toutes deux commencent à peu près de la même façon : τότε ἐάν τις ὑμῖν εἴπῃ (v. 23) ; ἐὰν οὖν εἴπωσιν ὑμῖν (26). Mais aussi du point de vue du contenu : toutes deux portent sur l'apparition du Christ ; caractéristique de la péricope, c'est la concentration christologique, comme dans la question des disciples au v. 3.

1. CRITIQUE LITTÉRAIRE.

Mt 24, 23-25 par. Mc 13, 21-23.

Mt suit sa source marcienne de très près. Au v. 23 cependant, il préfère à

---

1. M.J. LAGRANGE, *Mt*, p. 464.

ἴδε de Mc la forme ἰδού très fréquente chez lui[2]. Il ne le répète pas mais reprend ὧδε une seconde fois, en le reliant au premier par ἤ : ἰδοὺ ὧδε... ἤ ὧδε ; il écrit l'impératif à l'aoriste μὴ πιστεύσητε au lieu du présent chez Mc. Au v. 24, Mt ajoute μεγάλα à σημεῖα (comme au v. 21) et un autre καί à τοὺς ἐκλεκτούς. Il écrit d'autre part, au lieu de πρὸ τὸ une consécutive avec ὥστε suivi de l'infinitif aoriste : « de sorte à égarer même les élus, si c'était possible ». Il évite le hapax ἀποπλανᾶν de Mc et emploie la forme simple comme aux vv. 4-5 et 11. Au v. 25 Mt a en moins ὑμεῖς δὲ βλέπετε, qu'il remplace simplement par ἰδού. Il omet πάντα après προείρηκα, sans doute pour mieux enchaîner avec la suite.

Mt 24, 26-28 par. Lc 17, 23-24.37b.

Ces versets, Luc les met dans le contexte d'un autre discours eschatologique (Lc 17, 20-37). Mt introduit le v. 26 avec ἐὰν οὖν suivi du subjonctif. Lc 17, 23 a simplement l'indicatif futur, parce que le verset précédent contenait déjà une donnée temporelle. Les indications de lieu où le Messie est censé apparaître sont plus précises chez Mt : au lieu de « le voici — le voilà » ! Mt écrit : « Le voici dans le désert — le voici dans les cachettes ». D'autre part, chez Luc l'indication de lieu est immédiatement suivie d'une double exhortation μή ἀπέλθητε, μηδέ διώξητε : Mt répartit l'exhortation après chacune des indications de lieu. Il écrit du reste πιστεύσητε au lieu de διώξητε chez Lc, sans doute pour harmonier avec le v. 23 et Mc 13, 21 ; il écrit ἐξέλθητε au lieu de ἀπέλθητε chez Lc. Le v. 27 contient de nombreuses modifications par rapport à Lc 17, 24 : ἀστράπτουσα est propre à Luc[3]. Au lieu de la direction Est-Ouest, Luc exprime plus généralement le parcours de l'éclair par « d'un point du ciel à un autre ». Les deux verbes ἐξέρχεται et φαίνεται chez Mt sont remplacés chez Luc par un seul, λάμπει. Le second membre de la comparaison ne diffère chez les deux que par le vocabulaire ; le sens est le même : Mt parle de la « Parousie du Fils de l'Homme » tandis que Luc parle du Fils de l'Homme en son jour ».

Le dernier verset est différemment construit et différemment formulé chez l'un et l'autre : Mt a en plus ἐὰν ἦ et écrit πτῶμα que Luc remplace par σῶμα. Ici Mt préfère la forme simple du verbe συνάγειν à la forme composée chez Luc. La corrélative ἐκεῖ est renforcée chez Luc par καί ; Mt obtient le même effet en maintenant l'inversion du sujet : ἐκεῖ συναχθήσονται οἱ ἀετοί.

L'analyse littéraire a permis de déterminer l'origine des différents matériaux utilisés par Mt pour la composition des vv. 23 à 28 ; d'une part les vv. 23-25 présentent un parallèle avec Mc 13, 21-23 que Luc dans son chap. 21 laisse de côté. D'autre part les vv. 26-28 sont sans doute issus de la source Q, comme le montre le parallèle avec Lc 17, 23-24.37b et que Luc place dans le cadre d'un autre discours eschatologique[4]. Avant de passer à l'étude de la tradition analysons d'abord la forme et le genre de ces versets.

---

2. Mt emploie seulement 4 fois ἴδε contre 9 fois chez Mc.
3. Le terme se rencontre encore seulement dans Lc 24, 4.
4. Pour l'analyse de ce discours lucanien, cf. R. SCHNACKENBURG, *Lk 17, 20-37*, p. 213-234.

2. FORME ET GENRE.

la double provenance des matériaux utilisés par Mt explique les répétitions et détermine la division en deux parties de cette péricope. Il est question d'une part de la mise en garde contre les faux prophètes et faux Messies qui prétendront indiquer le lieu d'apparition du Christ, et d'autre part du caractère manifeste de la Parousie du Fils de l'Homme.

Les vv. 23 et 26 qui introduisent l'une et l'autre parties, sont construits parallèlement : —ἐάν τις ὑμῖν εἴπῃ... μὴ πιστεύσητέ —ἐὰν οὖν εἴπωσιν ὑμῖν... μὴ πιστεύσητε. Les vv. 24 et 27 contiennent l'explication des précédentes exhortations :

1) la propagande déroutante provient des faux prophètes et faux christs ;
2) la parousie sera si manifeste qu'il n'y aura pas besoin de chercher. De part et d'autre on retrouve la même structure binaire : « ici » — « là » suivi de l'exhortation (v. 23) correspond à « dans le désert — dans les cachettes », suivi aussi de l'exhortation (v. 26).

Τότε (alors, en ces jours-là) n'établit qu'un lien littéraire (et non logique) très lâche avec la péricope précédente, dont les derniers versets parlaient encore de θλῖψις : l'égarement fait encore partie de la grande tribulation des derniers jours[5]. (Τότε)ἐάν τις ὑμῖν εἴπῃ fait penser à 21, 3 où l'on trouve l'expression avec une valeur temporelle[6]. Ὧδε-ὧδε, certes moins varié que ὧδε-ἐκεῖ est employé sous cette double forme ici seulement, Μή suivi du subjonctif aoriste rend la défense plus précise et plus accentuée[7]. La forme μὴ πιστεύετε est plus générale et s'applique au futur[8].

Le v. 24 constitue une explication de la défense, au moyen de γάρ. Le terme ψευδόχριστοι est un hapax qui n'apparaît qu'ici ; ψευδόποφῆται revient encore en 7, 15 et 24. Ὥστε a ici un sens consécutif[9], de sorte que le verbe πλανῆσαι reçoit comme sujet non σημεῖα et τέρατα, mais ψευδόχριστοι καὶ ψευδόπροφῆται qui opéreront de grands signes et prodiges au point d'égarer, si possible, même les élus ; πλανῆσαι reprend le thème de l'égarement déjà abordé aux vv. 4 et 11 et εἰ δυνατόν celui de l'abrégement des jours. Le verset 25 marque en quelque sorte une pause dans le discours : « voilà je vous ai prévenus ». Le parfait προείρηκα, un hapax chez Mt et Mc, place l'auditeur dans le temps de l'accomplissement de la prophétie.

Οὖν sert de lien littéraire entre les vv. 26-28 et les précédents. Ἐὰν εἴπωσιν a une valeur de futur comme ἐροῦσιν chez Luc. Noter l'ellipse volontaire des sujets de εἴπωσιν (pluriel impersonnel) et ἐστιν (singulier) : il s'agit, d'une

---

5. Contre P. GAECHTER, *Mt*, p. 779 : il n'attribue pas de valeur temporelle à cette expression.

6. Cf. 22, 24 ; Mt emploie énormément la construction avec ἐάν suivi du subjonctif.

7. En général Jésus invite à croire : cf. 8, 13 ; 21, 25.32 ; c'est seulement dans ce chap. que l'on rencontre chez Mt cette défense.

8. Cf. E. RAGON, *Grammaire*, § 288.

9. Contre P. BONNARD, *Mt*, p. 352 ; cf. Mt 10, 1 et 15, 33 où ὥστε est construit avec un infinitif à sens consécutif.

part, de propagateurs anonymes, « non accrédités », et d'autre part, d'une personne définie, connue et attendue par la communauté[10]. De même il y a une opposition intentionnelle dans la forme ἐν τῇ ἐρήμῳ — ἐν τοῖς ταμείοις[11] : un lieu lointain et découvert par opposition à un endroit proche et caché ; dans l'un et l'autre cas il faut aller chercher le Messie. Mais ce sont des propos fallacieux, d'où la double exhortation : μὴ ἐξέλθητε, μὴ πιστεύσητε.

Le v. 27 donne la raison pourquoi on ne doit pas prêter oreille à ces propos mensongers : le Fils de l'Homme à sa Parousie se rendra aussi visible que l'éclair. Le verset se présente sous la forme d'une comparaison : ὥσπερ γάρ avec le verbe au présent, suivi de οὕτως... τοῦ υἱοῦ τοῦ ἀνθρώπου avec le verbe au futur. Cette forme constitue un genre particulier de la source Q, où elle se rencontre au moins quatre fois et a trait à l'eschatologie : Protase avec ὥσπερ(ὡς καθώς) et le verbe au présent ou passé ; Apodose avec οὕτως (κατὰ τὰ αὐτά) et le verbe au futur, ἔσται, souvent ἔσται suivi de ὁ υἱὸς τοῦ ἀνθρώπου[12].

La pointe de la comparaison montre l'irrationnalité des fausses propagandes et établit un contraste entre les localisations géographiques de l'apparition du Messie d'une part, et le caractère universel et visible de la Parousie d'autre part.

Le v. 28 se présente sous forme de proverbe qui, mis après le v. 27, renforce le caractère discernable de l'événement parousiaque et sert de conclusion à la péricope : les vautours ne peuvent se tromper sur la présence d'un cadavre ; de même on ne peut se tromper sur la Parousie, quand elle aura lieu. Les termes πτῶμα et ἀετοί s'appellent l'un l'autre, comme aussi la corrélation ὅπου — ἐκεῖ.

Jusqu'à présent la Parousie est présentée négativement : ce n'est pas encore la fin ; c'est le début des douleurs de l'enfantement. A partir du v. 27, elle est décrite positivement : elle sera manifeste et universelle (vv. 27-28) ; il y aura un signe évident (vv. 29-30) ; le rassemblement des elus (v. 31).

---

10. Comparer Lc 17, 22-23.
11. L'article est mis à côté de ταμείοις sans doute à cause de ἐν τῇ ἐρήμῳ pour maintenir le rythme et faire pendant avec lui. C'est un pluriel que l'on ne veut pas définir ; par contre comparer l'article défini sing. dans Mt 6, 6 εἰς τὸ ταμεῖον σου et son absence dans 2, 20 εἰς γῆν᾽ Ἰσραήλ.
12. Cf. Mt 12, 40 par. Lc 11, 30 ; Mt 24, 27 par. Lc 17, 24 ; Mt 24, 37 par. Lc 17, 26 ; Mt 24, 38-39 par. Lc 17, 28-30 ; dans Mt 13, 40 la forme est incomplète, sans mention du Fils de l'Homme. Dans Jn 3, 14 la comparaison de l'élévation du Fils de l'Homme avec celle du serpent d'airain par Moïse, a les deux verbes de la protase et de l'apodose au passé et au présent ; δεῖ peut cependant avoir une valeur de futur, mais sans la portée eschatologique comme celle des passages Q ci-dessus cités. D'après R.A. ED-WARDS (*Eschat. Corrélative*, p. 15) le Sitz im Leben de ces corrélatives à caractère eschatologique serait à chercher dans les célébrations eucharistiques, où elles servent d'avertissement à la communauté concernant le jugement à venir. Il faut cependant reconnaître que l'aspect jugement n'est pas directement visé ici : la Parousie sera visible pour tous.

3. TRADITION.

a) *Origine et forme primitive des vv. 26-28.*

Si l'on se réfère à la structure du discours, on dirait que les vv. 26-28 que le premier évangéliste ajoute à la suite du texte de Mc, dont il a jusqu'à présent suivi presque intégralement le plan, sont une répétition des vv. 4-5 et 23-25. On penserait même qu'il anticipe sur la Parousie, alors que le v. 29 parlera encore de tribulation et de catastrophes cosmiques. Ce v. 29 prépare la Parousie (v. 30), de sorte qu'il pourrait être considéré comme la suite immédiate des vv. 23-25, comme dans Mc.

Bien que Mt ait déjà en plusieurs endroits, mentionné, à la suite de Mc, l'activité des faux prophètes, il en reparle ici, et cela en accord avec Luc. Tous deux joignent à la mise en garde contre les faux prophètes la comparaison de la Parousie avec l'éclair et l'image des vautours et du cadavre : Mt 24, 26-28 par. Lc 17, 23-24.37b. De ce parallèle on peut conclure, comme le font la plupart des exégètes, à l'utilisation de la source commune Q[13]. Mt joint directement au v. 26 la comparaison de la Parousie et le proverbe des vautours, tandis que Luc amène encore un logion sur le Fils de l'Homme souffrant et conclut son discours par le proverbe. Le rejet de ce dernier n'est-il pas dû à la rédaction de Luc? D'autre part la formulation n'est pas exactement la même chez l'un et l'autre. Il s'agira de déterminer sous quelle forme se présentait originellement le logion et l'ordre primitif dans la source Q. Pour cela, il nous faut examiner les textes parallèles.

Mt 24, 26 et Lc 17, 23 se distinguent nettement de Mc 13, 21, d'abord par l'emploi du singulier τις εἴπῃ par Mc et que Mt a déjà reproduit au v. 23. Ici Mt et Luc écrivent le pluriel, εἴπωσιν (Mt) et ἐροῦσιν (Lc). Ensuite Mt comme Luc insiste sur l'exhortation : bien que formulant différemment, ils ont tous les deux la double exhortation. D'autre part, comme l'a montré l'analyse de la forme, il est question ici non directement de l'attente du Messie (comme chez Mc!) mais de la Venue du Fils de l'Homme, une forme propre à Q. Ces éléments communs à Mt et à Luc sont dus à l'utilisation de Q[14].

Mt 24, 26 et Lc 17, 23.

La forme de la présentation est différente chez l'un et l'autre : l'exhortation est subordonnée à une conditionnelle chez Mt (ἐὰν οὖν), tandis que Luc construit des propositions indépendantes. Οὖν et καί sont respectivement rédactionnels pour faire le lien avec les versets précédents. La formulation

---

13. Ainsi R. BULTMANN, *Tradition*, p. 128.163; Ph. VIELHAUER, *Gottes Reich*, p. 56; E. HAENCHEN, *Der Weg*, p. 439; S. SCHULZ, Q., p. 278; par contre D. LÜHRMANN (*Redaktion*, p. 72) pense que Lc 17, 23 par. Mt 24, 26 serait une forme élargie de Mc 13, 21-23.

14. La classification de la synopse de K. ALAND (p. 403) ne semble pas tenir compte de ce fait, du moins pour le v. 23 de Luc qu'il met en parallèle avec Mc 13, 21 et Mt 24, 23.

lucanienne sans conditionnelle est plus sémitique[15] et serait, à cause de la parataxe, la forme originelle. Mt a dû employer la forme avec la conditionnelle pour harmoniser avec Mc 13, 21 déjà reproduit par lui et qui comportait également une conditionnelle[16].

· Les précisions «dans le désert — dans les cachettes» sont sans doute les termes originels de Q, à cause des représentations messianiques d'après lesquelles le Messie doit venir du désert[17] ou viendra en secret[18]. Luc a dû laisser ces traits typiquement juifs, incompréhensibles pour ses lecteurs païens[19]. A propos de ἐξέρχεται et ἀπέρχεται, il est bien difficile de dire lequel des deux verbes provient de Q. Il faut toutefois reconnaître la préférence de Mt pour ἐξέρχεραι[20]. La même difficulté se soulève à propos de διώκω et de πιστεύω. Ce dernier semble être d'un emploi tardif. On peut penser qu'il s'agit d'une parénèse chrétienne, qui témoigne déjà du développement dogmatique de l'Église primitive (cf. 16, 6 par. ; 27, 42 par.). Mt reprend ici le terme de Mc 13, 21. Διώκω dans le sens de suivre, correspond mieux à la théologie lucanienne de la suite du Christ. Dans Lc 21, 8b il écrivait, on l'a vu, en addition à sa source μὴ πορευθῆτε ὀπισω αὐτῶν[21]. Pour reconstruire le logion primitif il faudrait tenir compte du parallélisme antithétique dont témoigne la structure de ce verset : ἐν τῇ ἐρήμῳ, lieu lointain et vague par opposition à ἐν τοῖς ταμὲοις, endroit proche et précis. Nous pensons donc qu'à ἐξέρχομαι s'oppose dans la source Q εἰσέρχομαι : pour trouver le Christ, il faut «sortir» pour aller au désert, ou bien «entrer» dans les cachettes. Mt a dû changer εἰσέρχομαι par πιστεύω pour les raisons dogmatiques mentionnées cidessus : il ne faut pas prêter foi aux faux prophètes et aux faux Messies, mais seulement au Christ[22]. Comme le suggère J. Lambrecht[23] le logion contenait sans doute un verbe λέγειν suivi de ὑμῖν ; ainsi nous aurions la reconstruction suivante :

ἐροῦσιν ὑμῖν.
ἰδοὺ ἐν τῇ ἐρήμῳ, μὴ ἐξέλθητε (μὴ ἀπέλθητε),
ἰδοὺ ἐν τοῖς ταμείοις, μὴ εἰσέλθητε[24].

15. Cf. BLASS-DEBR. § 440.
16. Cf. R. GEIGER, *Endzeit*, p. 61.
17. Cf. Is 40, 3 ; Ac 5, 36 ; épisode de Theudas.
18. Cf. Jn 7, 27.
19. E. HAENCHEN (*Der Weg*, p. 439 s) pense que Mt aurait pris textuellement la forme de Q. Le terme ἔρημος chez Mt vient, sauf en 23, 38, du contexte Q ou de Mc.
20. J. ZMIJEWSKI (*Lukas*, p. 404) pencherait pour l'originalité de la forme matthéenne, tandis que H.J. CADBURY (*Style II*, p. 202) considère ἀπέρχομαι comme plus primitif. Cf. W. BAUER, ἀπέρχομαι, p. 107.
21. Cf. W. BAUER, διώκω, p. 398.
22. Mt 18, 6 ; 27, 42 ; cf. B. HJERL-HANSEN, *Did Christ know the Qumran sect*, p. 503.
23. *Redaktion*, p. 101.
24. B. WEISS (*Quellen des Lkev*, p. 85), E. HAENCHEN (*Der Weg*, p. 439) considèrent la forme matthéenne comme plus proche de celle de Q, tandis que R. SCHNACKENBURG (*Lk 17, 20-37*) pense que Luc aurait mieux conservé la formula-

Mt 24, 27 par. Lc 17, 24.

Le γάρ explicatif peut bien être de la source Q. La paronomase qui, chez Luc, renforce ἀστραπή par un verbe de même racine ἀστράπτουσα est sans doute de la rédaction du troisième évangéliste[25]. L'expression ἐκ τῆς ὑπὸ τὸν οὐρανον εἰς... est propre à Luc. A part Mt 2, 1 où Mt est seul à employer ἀπὸ ἀνατολῶν, la formulation de Mt 24, 27 revient encore dans un contexte Q : ἀπὸ ἀνατολῶν... que Luc complète par ἀπὸ βορρᾶ καὶ νότου (Mt 8, 11 par. Lc 13, 29). La formulation matthéenne a donc de fortes chances d'être celle de Q[26]. La construction archaïque de la phrase chez Mt, avec ἐξέρχεται et φαίνεται plaiderait en faveur de son ancienneté. Le second membre de la comparaison chez Mt comporte des traits rédactionnels : le terme παρουσία est propre à Mt (vv. 3.37.39, où il emploie exactement la même forme : οὕτως ἔσται ἡ παρουσία τοῦ υἱοῦ τοῦ ἀνθρώπου). La forme de Luc est donc plus proche de la source[27]. Nous proposons la reconstruction suivante :

ὥσπερ γὰρ ἡ ἀστραπὴ ἐξέρχεται
ἀπὸ ἀνατολῶν καὶ φαίνεται ἕως δυσμῶν,
οὕτως ἔσται ὁ υἱός τοῦ ἀνθρώπου
ἐν τῇ ἡμέρᾳ αὐτοῦ[28].

Mt 24, 28 par. Lc 17, 37b.

La construction avec ἐάν est de Mt (cf. v. 26) ; la forme lucanienne plus courte correspond mieux à la parataxe sémitique et doit avoir été celle de Q. Cependant Luc a sans doute remplacé le terme πτῶμα plus vulgaire par σῶμα. Πτῶμα convient mieux aux termes de la comparaison[29]. La forme non composée de συνάγω est plus fréquente chez Mt. Il emploie ἐπισυνάγω seulement en deux autres endroits, une fois dans un contexte Q Mt 23, 37 par. Lc 13, 34 et l'autre fois en 24, 31. On peut penser que ce verbe composé était celui de Q. L'inversion du sujet est plus proche de la construction sémitique, d'où la reconstruction suivante :

ὅπου τὸ Πτῶμα,
Ἐκεῖ ἐπισυναχθήσονται οἱ ἀετοί.

Il reste à déterminer dans quel ordre se présentaient originellement ces trois logia dans la source commune. Nous avons ici affaire à un groupe de paroles prophétiques, ayant sans doute trait à l'instruction de disciples sur la venue du Fils de l'Homme. Luc lui a fourni un cadre rédactionnel et y a inséré d'autres thèmes, comme celui du Fils de l'Homme souffrant (Lc 17, 25). Les

tion de Q. D'après R. Bultmann (*Tradition*, p. 128), Lc 17, 23 serait une variante de Lc 17, 20 s, avec la seule différence qu'au lieu de la venue du Règne de Dieu, il est ici question de celle du Fils de l'Homme.

25. Cf. Lc 9, 29 ; 10, 18 ; 11, 36 ; Ac 9, 3 ; 26, 13 ; Blass-Debr. § 488.
26. Ainsi J. Zmijewski, *Lukas*, p. 413.
27. Ainsi aussi R. Schnackenburg, *Lk 17, 20-37*, p. 222.
28. Cf. J. Zmijewski, *Lukas*, p. 414.
29. Ainsi A. Rüstow, Ἐντός, p. 205 ; A. Schlatter, *Lk*, p. 556 ; J. Zmijewski, *Lukas*, p. 510.

vv. 26 et 27 de Mt ont dû se présenter dans cet ordre dans Q, comme le montre le passage parallèle de Luc[30]. Luc conclut son discours avec l'image apocalyptique des vautours et du cadavre, non sans avoir auparavant introduit d'autres matériaux. En déplaçant le logion de sa place primitive, il a dû lui fournir, un cadre rédactionnel, le v. 37[a]. Ce déplacement a été rendu nécessaire, parce qu'il a voulu trouver un pendant à la question « quand » des Pharisiens au début du discours. Chez Mt le logion renforce la comparaison de l'éclair, après laquelle elle a dû venir immédiatement[31].

L'ordre des logia chez Mt semble donc respecter l'ordre de Q. Cette hypothèse se recommande à cause de la structure binaire qu'on retrouve même à l'intérieur des versets : les propos fallacieux des faux prophètes et faux Christs, repris deux fois ici (vv. 23 et 26) ; la double reprise « ici —là », « dans le désert — dans les cachettes », la double exhortation ; de même aussi la comparaison de la Parousie forme avec le proverbe (v. 28) une unité : la Parousie sera aussi visible que l'éclair et on ne peut pas s'y tromper, quand elle aura lieu, de même que les vautours ne se trompent pas sur le lieu d'un cadavre.

Dans la bouche de Jésus, le v. 28 parle donc du caractère visible de la Parousie et non du jugement comme dans le contexte de Luc. Le proverbe pris en lui-même ne dit rien du jugement[32]. La péricope Mt 24, 23-28 ne vise pas non plus directement le jugement. En prenant le contre-pied des représentations messianiques ambiantes, le Christ affirme que la Venue du Fils de l'Homme sera visible pour tous, de sorte qu'on n'aura pas besoin de le chercher ici et là.

b) *Éléments de la tradition.*

Examinons à présent quelques éléments prégnants de la péricope. Les termes σημεῖα et τέρατα vont presque toujours de pair ; dans Ac 2, 19, citant librement Joël 3, 3 Pierre dit : « J'opérerai des prodiges en haut du ciel (δώσω τέρατα) et des signes (σημεῖα) sur la terre en bas ». Chez Josèphe aussi les deux termes se suivent souvent : ἐναργῆ τέρατα καὶ σημεῖα κατὰ τὴν τοῦ Θεοῦ πρόνοιαν γενόμενα (*Ant. XX*, 168) ; τὰ πρὸ ταύτης (τῆς ἁλώσεως) σημεῖα καὶ τέρατα (*Bell I*, 28).

Les deux termes évoquent des signes et faits extraordinaires, pas naturellement compréhensibles. Ici ils sont attribués à des Messies, conformément à la tradition d'après laquelle le Messie, à sa venue, se fera accréditer par des signes et prodiges[33]. Déjà dans Dt 13, 2 il est recommandé de ne pas se laisser entraîner par des signes et prodiges des faux prophètes, s'ils proposent de sui-

30. Ph. VIELHAUER, *Gottes Reich*, p. 56 ; R. SCHNACKENBURG, *Lk 17, 20-37*, p. 222 ; W. GRUNDMANN, *Lk*, p. 342.
31. Ainsi aussi B. HJERL-HANSEN, *Did Christ know the Qumran sect*, p. 506.
32. Cf. plus bas.
33. Cf. K.H. RENGSTORF, *ThWB VII*, p. 239.

vre de faux dieux. Ici le Christ matthéen recommande de ne pas se laisser tromper sur la manifestation dernière du Fils de l'Homme[34].

Le désert est le refuge habituel des prophètes en fuite devant les hommes ou recourant à Dieu (cf. 1 R 19, 1-16, où Élie fuit devant Jézabel). Ἐν τῇ ἐρήμῳ fait ici allusion à la tradition du prophète-Messie, censé venir du désert[35]. C'est peut-être une des raisons pour laquelle la secte de Qumrân, se considérant comme le prototype de l'âge messianique, s'est établie au désert. Les disciples connaissaient sans doute cette tradition de l'apparition des derniers prophètes à partir du désert, comme le montre l'allusion « Qu'êtes-vous allés voir dans le désert » (Mt 11, 7)? Josèphe raconte qu'avant l'éclatement de la guerre juive plusieurs pseudomessies sont venus du désert[36].

Ἐν τοῖς ταμείοις fait allusion à une autre tradition selon laquelle le Messie doit se tenir caché jusqu'au jour de sa manifestation[37]. Ταμεῖον qui signifie originellement le fond de la maison, le cellier, la resserre à provisions[38], est ici synonyme d'endroit caché et retiré où l'on devra aller pour y trouver le Messie[39]. Mais Jésus se dissocie ici de cryptomessianisme, comme aussi de l'autre tendance qui voit l'origine du Messie dans le désert.

Les théophanies divines sont dans l'AT accompagnées d'éclairs et de tonnerre[40]. Dans la vision d'Hénoch la venue du Fils de l'Homme est comparée à un éclair dont la lumière enveloppe toute la terre[41]. La comparaison veut souligner le caractère visible de la Parousie. Le proverbe du v. 28 renchérit la même idée. On retrouve une forme analogue dans Jb 39, 30 : « où il y a des tués, là il (l'aigle) est ». Ou encore dans Lucien, Nav 1 : Θᾶττον τοὺς γύπας ἕωλος νεκρός διαλάθοι ; Sénèque, Epist. 46, Si vultur es, expecta cadaver.

Il ne s'agit pas d'une sentence juridique, comme le montrent bien les différents parallèles mentionnés. Luc l'a placé dans un contexte de jugement, ce qui a amené bon nombre de commentateurs à l'interpréter comme une sentence juridique[42]. On ne pourrait pas non plus faire une application allégorique, où le cadavre désignerait le Christ et les vautours les coupables. C'est plutôt l'image de la visibilité de la Parousie que le Christ a voulu mettre en lumière. « La Parousie du Fils de l'Homme doit être suffisamment claire pour

34. Le terme ψευδόχριστοι est de formation sans doute chrétienne, traduisant l'expérience de l'Église primitive ; cf. 2 Th 2, 9.
35. Is 40, 3.
36. Ant *XX*, 5, 1 ; *XX*, 8, 6.10.
37. Comparer Jn 7, 27 ; S. MOWINCKEL, *He that cometh*, p. 304. STR.-BILL. *III*, p. 315 : le midrach tehillim interprète ainsi Is 11, 10 : c'est le Messie, fils de David, qui se tient caché jusqu'au terme fixé. STR.-BILL. *II*, p. 339 ; *IV*, p. 766, note 2 : Après sa naissance, le Messie vit inconnu et caché, personne ne sait où.
38. A. BAILLY, *Dict. grec-français*, p. 1894.
39. Ainsi L. SABOURIN, *Mt*, p. 310.
40. Ex 19, 16 ; Is 29, 6 ; Za 9, 14 ; Ps 18, 14-15.
41. Apoc syrBar 53, 1-10 ; comparer Tanch בהעלותך 7, 48 : ἡ ἀστραπή ὅταν ἐξέρχεται φωτίζει ὅλον τὸν κόσμον.
42. Ainsi J. LAMBRECHT, *The Parousia Discourse*, p. 322, note 34 ; R. SCHNACKENBURG, *Lk 17, 20-37*, p. 225-226 ; A. FEUILLET, *Synthèse*, p. 350-351.

qu'il n'y ait pas d'inquiétude à se faire sur ses modalités et la possibilité de s'en apercevoir »[43].

4. RÉDACTION.

Plus que dans la péricope précédente, l'attention se concentre sur la personne du Christ, comme déjà au début du discours (v. 3) : l'évangéliste reprend en effet les mêmes thèmes : la Parousie de Jésus, ici bien nettement identifié au Fils de l'Homme ; la même menace d'errement pèse sur les disciples qui risquent, sous l'influence des faux prophètes et faux Christs, d'abandonner la foi, d'où l'insistance par deux fois de μὴ πιστεύσητε, employé de façon absolue. Chez Mt la foi se rapporte à Jésus en tant qu'il opère des miracles (8, 13 ; 9, 22.28 s) ou en tant qu'il possède l'ἐξουσία (7, 10 ; 9, 2).

Les élus, c'est-à-dire les croyants, ne seront pas à l'abri du danger de l'errement, d'autant plus que les signes et prodiges, normalement qualificatifs de l'élection du Messie, seront alors opérés par les faux prophètes et faux Christs. La supercherie est ici encore plus pernicieuse qu'au v. 5. Là ils prétendaient être eux-mêmes le Christ : « Je suis le Christ » et on pouvait encore les reconnaître. Ici ils se présentent comme des acolytes qui prétendent montrer le chemin vers le Christ et légitiment leurs propos par des miracles, en somme dans la ligne même de Jésus : pour lui, en effet, les signes et miracles ont pour but d'annoncer et de rendre présent le Règne de Dieu déjà commencé parmi les hommes. De la sorte même les élus ne sont pas à l'abri de l'errement eschatologique.

CONCLUSION.

En mettant les disciples en garde contre les propos fallacieux de ces faux agitateurs (vv. 23-26), le Christ matthéen se distancie nettement des conceptions eschatologiques ésotériques qui limiteraient la manifestation du Christ à un lieu géographique déterminé ou à un groupe de privilégiés. A ce particularisme Mt oppose l'universalisme de l'événement parousiaque. Les images de l'éclair et du cadavre et des vautours indiquent et accentuent le caractère de visibilité universelle de la Parousie. « Autant l'évangéliste a insisté au chap. 13 en particulier sur le caractère secret et paradoxal du ministère de Jésus autant il insiste maintenant sur le caractère universel et contraignant de sa manifestation dernière »[44]. La seconde venue du Fils de l'Homme sera différente de la première, où il était venu sous la forme cachée d'un enfant pauvre, qu'on a eu besoin de chercher par des intermédiaires (Épisode des Mages, Mt 2, 1 ss) et dont l'origine divine a été parfois méconnue (Mt 13, 55-57). La Parousie sera glorieuse (image de l'éclair ; cf. 25, 31 s) et assez manifeste pour supprimer toute hésitation à son sujet.

En somme le Christ matthéen prend ici le contre-pied de l'idée juive de la manifestation localisée de la Venue du Messie.

43. P. BONNARD, *Mt*, p. 453.
44. P. BONNARD, *Mt*, p. 352.

CHAPITRE V

MT 24, 29-36 : LA PAROUSIE DU FILS DE L'HOMME

Ce dernier morceau du discours eschatologique que nous intitulons « la Parousie du Fils de l'Homme », est composé de trois petites unités : les vv. 29-31 sur la Venue du Fils de l'Homme sur les nuées ; les vv. 32-35 la parabole du figuier et son explication et le v. 36 sur l'ignorance du jour par le Fils, un verset isolé que Mt comme Mc met à la fin du discours eschatologique proprement dit ; — nous avons dit au chapitre II pourquoi nous le rattachons à ce morceau[1].

D'un côté Mt met en garde contre les faux prophètes et pseudo-messies qui affirment la venue inopinée du Christ (vv. 23-26), d'un autre côté il oriente le regard vers sa Venue prochaine, en même temps qu'il déclare que le Fils ignore le jour et l'heure.

Mt est fidèle à sa source marcienne, dans laquelle il intervient très peu, surtout en ajoutant des matériaux propres. Ainsi présente-t-il une description plus longue de la Parousie. Le texte de Luc (21, 25-33) est plus sobre et un peu différent : il ne précise pas en effet, comme c'est le cas chez Mc et Mt, la période des événements : il omet les connections temporelles ; il laisse de côté les traits cosmogoniques juifs et ne mentionne pas l'envoi des anges.

Les versets de la péricope présentent des parallèles plus ou moins voisins dans Did 16, 6-8 ; Ep. Barn 15, 5.

1. CRITIQUE LITTÉRAIRE.

Mt 24, 29-31 et Mc 13, 24-27

Outre les matériaux propres que Mt ajoute à sa source, l'intervention matthéenne consiste en des corrections stylistiques : alors que Mc écrit « mais (ἀλλά) en ces jours, après cette tribulation » la version matthéenne se lit « immédiatement (εὐθέως) après la tribulation de ces jours » ; il supprime ainsi l'un des deux démonstratifs ἐκείνη de Mc. Il écrit simplement : les étoiles tomberont (πεσοῦνται) au lieu de la construction périphrastique

---

1. Cf. ci-dessus p. 41.

comme chez Mc : ἔσονται ἐκ τοῦ οὐρανοῦ πίπτοντες². Il parle des « puissances des cieux » et non de « puissances qui sont dans les cieux » αἱ ἐν τοῖς
οὐρανοῖς. Le v. 30 contient deux traits qu'on ne retrouve pas ailleurs dans les
parallèles : l'apparition dans le ciel du signe du Fils de l'Homme et les lamentations de toutes les tribus de la terre. Le v. 30 est repris presque textuellement de Mc, sauf le τότε, déjà mis au début du verset, et quelques corrections
mineures : ἐπὶ τῶν νεφελῶν τοῦ οὐρανοῦ au lieu de ἐν νεφέλαις, et le rejet de
πολλῆς à la fin du verset. Il supprime τότε au début du v. 31 et fait des anges
les anges du Fils de l'Homme ἀγγέλους αὐτοῦ. Il ajoute au texte de Mc μετὰ
σάλπιγγος μεγάλης³. D'autre part ce sont les anges qui rassemblent les élus,
chez Mc c'est le Fils de l'Homme lui-même ἐπισυνάξει. Mt emploie l'expression « des quatre vents » avec ἄρκων τῶν οὐρανῶν, au pluriel ; Mc a ἀπ' ἄκρου
γῆς ἕως ἄκρου οὐρανοῦ.

Mt 24, 32-35 et Mc 13, 28-31.

La parabole du figuier et son application sont la reproduction textuelle de
Mc 13, 28-29, avec seulement des particularités sans importance : au v. 32,
changement de place pour γένηται et suppression de ἐστιν à la fin du verset.
Au v. 33, la principale différence par rapport au texte de Mc réside dans l'addition de πάντα, dans « lorsque vous verrez tout cela » et dans la suppression
de γενόμενα après πάντα ταῦτα. Au verset 34 la seule modification est le changement de μέχρις οὗ chez Mc par ἕως ἄν. Au v. 35 le verbe παρελεύσεται
chez Mt est au singulier, au lieu du pluriel grammaticalement plus correct
chez Mc 13, 31. Οὐ μή est construit chez Mt avec le subjonctif aoriste παρέ-
λθωσιν, équivalent de οὐ μή suivi du futur⁴.

Mt 24, 36 et Mc 13, 32.

Au v. 36, tandis que Mc écrit « quand à ce jour ou à l'heure », Mt renforce
par καί « quant à ce jour et à l'heure » : il écrit « les anges des cieux » au lieu des
« anges qui sont dans le ciel ». A la fin du verset il renforce le ὁ πατήρ par
μόνος⁵.

Dans la description de l'Avènement du Fils de l'Homme, Mt suit le texte de
Mc de très près : il lui fait subir de légères corrections et l'élargit au besoin. La
plupart des modifications, surtout dans les cinq versets sont sans portée
théologique.

---

2. Noter que Mt écrit ἀπό au lieu de ἐκ comme au v. 3.
3. De nombreux manuscrits portent l'addition (καὶ)φωνῆς, influencés sans doute
par le rapport dss théophanies Ex 19, 16. Cf. B.M. METZGER, *Textual Commentary*,
p. 61-62.
4. Ainsi M.J. LAGRANGE, *Mt*, p. 468 ; cf. BLASS-DEBR. § 465, 1.
5. Plusieurs témoins hésitent à propos de la mention οὐδέ ὁ υἱός que de nombreux
manuscrits suppriment par scrupule dogmatique. Deux raisons cependant incline-
raient à se prononcer pour le maintien et l'authenticité de l'ignorance du Fils : Mt met
l'adjectif exclusif μόνος après ὁ πατήρ : le Père est seul à savoir ; d'autre part οὐδε οἱ
ἄγγελοι postule une seconde négation.

2. FORME ET GENRE.

Le v. 29 se rattacherait bien mieux au v. 25 que placé après le v. 28. Là il était déjà question de la Parousie. Ici Mt, conformément à sa source, introduit le thème à nouveau en le développant plus amplement. Il commence le morceau par une nette précision temporelle, là où Marc se contente d'une double donnée temporelle. Mt distingue davantage deux périodes : celle de la tribulation de ces jours et celle qui suit immédiatement après, celle de la Parousie. Mais c'est seulement une différence de formulation par rapport à celle de Mc, sans portée théologique[6]. Du reste Mt distingue avec clarté cinq phases ordonnées du scénario de la Parousie : 1) les révolutions astrales ; 2) l'apparition du signe du Fils de l'Homme ; 3) les lamentations des tribus de la terre, à la vue du signe ; 4) la Parousie du Fils de l'Homme ; 5) le rassemblement des élus de tous les points de la terre (vv. 29-31).

Au v. 29 nous avons trois sortes de notations astrales : l'obscurcissement du soleil et de la lune ; la chute des étoiles et enfin l'ébranlement des puissances célestes. Cette dernière notation semble constituer l'explication des deux premières : soleil, lune et étoiles constituent l'ensemble des corps célestes. Chez Mt comme chez Mc les deux dernières propositions du v. 29 sont reliées simplement par un καί qui semble bien moins additif qu'explicatif et équivalent de γάρ[7]. On pourrait ainsi comprendre le v. 29 : le soleil et la lune ne donneront plus de leur lumière, les étoiles tomberont du ciel, où elles sont fixées, car les puissances des cieux seront ébranlées.

Au v. 30 les deux τότε déterminent le second et le troisième temps de la série des événements : τότε κόψονται va de pair avec τότε φανήσεται : l'apparition du signe qui entraîne la plainte de toutes les tribus[8].

Καὶ ὄψονται commence une nouvelle scène, celle de l'Avènement du Fils de l'Homme[9] ; ἐρχόμενον (sans article) est apposition de τὸν υἱὸν τοῦ ἀνθρώπου et régit toute la suite des compléments jusqu'à πολλῆς. Ce dernier mot appartient à δυνάμεως et à δοξῆς[10]. Il y a sans doute un contraste voulu entre les δυνάμεις qui seront ébranlées et le Fils de l'Homme qui vient μετὰ δυνάμεως, puis entre le Fils de l'Homme qui vient avec δοξῆς alors que les astres s'éteignent[11].

---

6. Ainsi aussi F.C. BURKITT, *Mt 24, 29*, p. 460-461.

7. Comparer avec le parallèle de Luc 21, 26b : « car les puissances des cieux seront ébranlées ».

8. Si la distinction en cinq phases que nous avons faites est juste, considérer σημεῖον τοῦ υἱοῦ τοῦ ἀνθρώπου comme un génitif épexégétique (ainsi J. LAMBRECHT, The Parousia Discourse, p. 324) ne paraît pas s'imposer, car le signe précède l'Avènement du Fils de l'Homme lui-même, et est cause des lamentations.

9. Noter le jeu de mots typiquement grec : κόψονται-ὄψονται qui forme une sorte de paronomase.

10. B. WEISS, *Die Vier Evangelien*, p. 142 ; J. ZMIJEWSKI, *Eschatologiereden*, p. 230 ; BLASS-DEBR. § 474, 1.

11. Cf. J. ZMIJEWSKI, *Eschatologiereden*, p. 231.

Après le v. 30 il est naturel de comprendre que le sujet inexprimé de ἀποσ-τολεῖ et αὐτοῦ se rapportent au Fils de l'Homme, tandis que ce sont les anges qui rassemblent les élus du Fils de l'Homme[12]. Le pluriel ἄκρων semble être une attraction due au pluriel οὐρανῶν et ἀνέμων[13].

La petite parabole du figuier ne s'insère pas de façon satisfaisante dans la trame de la pensée. Les vv. 29-31 ont déjà présenté l'Avènement du Fils de l'Homme, qu'évoque de nouveau la parabole. Elle ne forme pas non plus avec les versets suivants une unité ordonnée[14]. Elle est insérée dans la péricope grâce à l'introduction rédactionnelle ἀπὸ δὲ τῆς συκῆς μάθετε τὴν παραβολήν, introduction qu'on ne rencontre qu'ici. La parabole elle-même est bâtie sur un double rapport : d'abord le bourgeonnement du figuier comme signe de l'approche de l'été, puis le déroulement de πάντα ταῦτα i.e. les tribulations, comme signe de l'approche de la Parousie. Les deux propositions subordonnées avec ὅταν ἴδητε, ὅτι ἐγγύς ἐστιν qui forment les seconds termes du rapport sont construites parallèlement avec le v. 32b-c.

Μάθετε renvoie aux disciples (v. 1) comme aussi les autres verbes au pluriel. Le premier γινώσκετε est à l'indicatif tandis que le second est à l'impératif. L'insistance ὅταν ἤδη veut mettre l'accent sur l'action considérée dans l'état présent : γένηται ἐκφύῃ[15] : quand déjà le branchage devient tendre et fait pousser ses feuilles, vous savez que l'été est proche. Καὶ ὑμεῖς dans l'application se rapporte au sujet de μάθετε et γινώσκετε[16]. Ὅταν ἴδητε fait écho au v. 15, qui commence également par la même expression. Le sujet de ἐγγὺς ἐπὶ θύραις n'est pas exprimé, mais le contexte invite à lui donner un sujet personnel[17] : les événements décrits jusqu'au v. 28 constituent, pour ainsi dire, des signes avant-coureurs de l'approche de la fin. Ce qui sera proche, c'est l'Avènement du Fils de l'Homme. Mais on ne peut en dire autant de l'antécédent de πάντα ταῦτα (v. 33) ; il ne renvoie pas à l'Avènement, ni à la révolution astrale dont il vient précédemment d'être question dans les vv. 29-31, d'autant plus que ces événements ne représentent plus pour Mt des signes précurseurs, mais font partie de la Parousie elle-même. L'antécédent de πάντα ταῦτα est alors tout ce qui est rapporté depuis le début jusqu'au v. 26[18].

---

12. Cf. Mt 13, 41 ; 16, 27.

13. Cf. BLASS-DEBR. § 270, 1.

14. Cf. aussi H. KAHLEFELD, Paraboles I, p. 35 ; R. SCHNACKENBURG, Mk, p. 212.

15. La lecture de ἐκφύῃ permet à la phrase de ne pas changer de sujet — Cf. W. BAUER, WB, col. 490. Elle est à préférer à ἐκφυῇ subjonctif aoriste intransitif : quand ses feuilles ont poussé ; ainsi M.J. LAGRANGE. Mc, p. 324 ; J. LAMBRECHT, Redaktion, p. 195.

16. J. DUPONT (Figuier, p. 533) voit dans cette insistance sur ὑμεῖς une gaucherie de style, puisque le verset précédent était déjà à la deuxième personne du pluriel.

17. Comparer avec Jc 5, 9 ; Ap 3, 20.

18. Cf. v. 8. Ici encore l'accord est loin d'être unanime parmi les exégètes ; voir un bon état de la question dans J. LAMBRECHT, Redaktion, p. 207-209 ; J. DUPONT, Figuier, p. 530. Πάντα ταῦτα se présente ici comme un résumé de tout ce qui a été dit jusqu'à présent, surtout à propos des tribulations, des persécutions. La suite du discours n'y reviendra plus.

Les deux versets suivants, introduits par ἀμὴν λέγω ὑμῖν reviennent sous d'autres formes dans 5, 18 ; 10, 23 et 16, 28. Le verset 35 surgit ici, à la suite du verset 34, sans doute comme excroissance du verbe ἔρχομαι qui est repris trois fois dans les deux versets. Le πάντα ταῦτα a pour antécédent tout ce qui vient d'être dit précédemment, les événements de la fin, y compris la Parousie (vv. 29-31). Le v. 35 constitue une sorte de « pivot » entre le v. 34 et le v. 36, qui expriment d'une part l'espérance d'un Retour prochain du Christ et d'autre part l'incertitude du jour[19]. De la sorte le v. 36, en excluant toute précision temporelle, se trouve quelque peu en tension avec le précédent où la Parousie est attendue au cours de cette génération, et affaiblit la portée des précisions εὐθέως (v. 29) et ἐγγύς ἐπὶ θύραις (v. 33). Le logion fait un retour en arrière sur la question des disciples (v. 3) se rapportant au moment de la Parousie : Personne n'en connaît le moment, si ce n'est le Père. L'accent est mis sur οὐδεὶς οἶδεν. Noter la gradation : anges (des cieux, pour éviter l'emploi du nom divin) Fils et Père, et l'emploi absolu du Fils et du Père[20].

La description synoptique de l'Avènement du Fils de l'Homme emprunte le langage apocalyptique bien connu des interventions divines accompagnées de phénomènes cosmiques. Cependant la différence est que rien n'est dit ici de la période post-parousiaque. De même aussi il n'y a pas de spéculations sur le jour précis de la Parousie. Le logion de l'ignorance du Fils, qui conclut le discours eschatologique proprement dit, sert à l'évangéliste à introduire le thème de la vigilance et à combattre la conception apocalyptique qui croyait pouvoir calculer avec précision le temps de la fin.

3. TRADITION.

Nous voulons d'abord nous occuper du « Sondergut » matthéen du v. 30 avant d'aborder la critique de la tradition des autres versets.

a) *Origine prématthéenne du v. 30.*

Le v. 30b-c semble une savante combinaison de Dn 7, 13 et de deux passages de Zacharie :

Dn 7, 13 : Voici que sur les nuées vint comme un fils d'homme

Za 12, 10 : ils regarderont vers celui qu'on a transpercé : ils feront sur lui la lamentation...

Za 12, 12 : et la terre se lamentera tribu par tribu.

Le texte de Dn et de Za est reproduit dans l'Ap 1, 7, mais dans un ordre inverse de celui de Mt :

> « le voici qui vient, escorté des nuées ; chacun le verra, même ceux qui l'ont transpercé, et sur lui se lamenteront toutes les tribus de la terre ».

19. Cf. R. SCHNACKENBURG, *Mk*, p. 215.
20. Seulement encore dans Mt 11, 27 et 28, 19.

En comparant, on voit que Mt omet ἐπ᾿ αὐτόν qu'on retrouve et dans le texte de Za et dans celui de l'Ap. D'autre part le texte de Zacharie et de l'Ap porte la mention « qu'ils ont transpercé », mention que Mt omet dans la rédaction de son verset. Le texte de Zacharie a été appliqué à la Passion du Christ : dans son Évangile, Jean (Jn 19, 37) applique au coup de lance donné à Jésus sur la croix le même texte de Za 12, 10 ; ἐπ᾿ αὐτόν se réfère au crucifié (Ap 1, 7). Or ces deux omissions révèlent bien l'intention de Mt dans ce passage. Toute allusion à la Passion a été éliminée. Pour lui il s'agit de représenter la Parousie comme un événement glorieux. On peut donc conclure que les textes de Mt et de l'Ap ne dépendent pas l'un de l'autre : celui de l'Ap est plus fidèle aux passages bibliques. Or s'ils ne dépendent pas l'un de l'autre, on peut penser que la combinaison des deux textes de Daniel et de Zacharie se trouvait déjà dans un contexte apocalyptique et que Mt et Jean l'ont travaillée et adaptée, chacun à son contexte. Le travail rédactionnel de Matthieu se limiterait à l'arrangement du matériel primitif, de sorte que le signe du Fils de l'Homme apparaisse d'abord, qui provoquera les lamentations des tribus, puis la Venue sur les nuées du Fils de l'Homme. Nous pensons que la source utilisée par l'évangéliste contenait également la mention de l'apparition du Signe du Fils de l'Homme, dont la tradition remonterait à Jésus lui-même. On ne peut trouver de raisons valables pour dénier à Jésus d'avoir prononcé une telle parole, justement à cause du caractère énigmatique de l'expression[21]. Cette conjecture semble d'autant plus vraisemblable que le passage de Zacharie n'était utilisé dans les synagogues palestiniennes qu'en référence aux lamentations sur le Messie[22]. Or, ici, il en va autrement du sens ; les lamentations des tribus expriment une prise de conscience, un aveu de culpabilité devant le jugement menaçant. C'est ainsi que l'a compris le didachiste, qui ici semble démarquer le passage de Mt 24, 30, bien que la scène diffère sensiblement de celle de Mt : le signe sera l'apparition du Fils de l'Homme ; la trompette ne retentit qu'ensuite pour le rassemblement des élus[23] et le Seigneur Jésus vient, en fin de scène sur les nuées du ciel[24] ; ces trois étapes correspondent aux signes de vérité : le signe de déploiement dans le ciel[25] ; retentissement de la trompette et la résurrection des morts[26].

---

21. K.H. RENGTORF (*ThWB VII*, p. 235) pense à un intense travail rédactionnel de la part de Mt, mais croit qu'il emploie ici une expression traditionnelle τό σημεῖον τοῦ υἱοῦ τοῦ ἀνθρώπου. P. 235, note 264 : « Da der Kontext der Wendung weder auf das Kreuz Jesu hinweist noch auf seine Auferstehung und Erhöhung, besteht um so weniger Grund, den Satz Mt 24, 30a Jesus abzusprechen, als er in seiner geheimnisvollen Art schwerlich als Bildung der Gemeinde oder eines Redaktors wird erklärt werden können ».

22. Cf. K.H. RENGSTORF (*ThWB VII*, p. 236) qui cite Jr. Sukka 5, 2 (55b 40) ; A. SCHLATTER, *Mt*, p. 710.

23. Comparer Ap 20, 11-12.

24. Did 16, 8.

25. Une expression bien ambiguë ; cf. S. GIET, *Didachè*, p. 252-253.

26. Rien ne permet de conjecturer une allusion à la croix. Nous y revenons plus bas.

b) *Contexte et forme originels de la parabole.*

Il ne serait pas difficile de montrι.· que la parabole ne se trouve pas dans son contexte originel. Nous y avons fait allusion dans l'analyse de la forme, lorsque nous disions que l'introduction à la parabole, la forme πάντα ταῦτα et l'ellipse du sujet ἐγγύς ἐστιν étaient des adaptations rédactionnelles pour insérer la parabole dans son nouveau contexte[27] : parce que la parabole originelle ne se rapportait pas à la Parousie, on sent bien l'hésitation de l'évangéliste Marc à mettre un sujet personnel ou impersonnel (Mc 13, 29), signe que la parabole et son application devaient se rapporter à autre chose que la Parousie du Fils de l'Homme. A cela il faut ajouter que les versets suivants (Mc 13, 30-32) ne forment pas avec la parabole une unité satisfaisante[28].

Il s'agit d'une composition et il est vraisemblable que le « ταῦτα γενόμενα » se rapporte à autre chose que dans le contexte actuel. Ἐπὶ θύραις est sans doute de Mc[29]. Ces versets acquièrent un sens éclairant, si l'on les situe à l'époque des premières discussions de la classe dirigeante de Jérusalem avec Jésus, sur le moment de la venue du Règne de Dieu. On pourrait ainsi rapprocher notre parabole de Mt 16, 2b-3 par. Lc 12, 54-56 où il est question de la juste interprétation des signes naturels dans leur rapport avec la venue de la Βασιλεία[30]. Seulement il s'agit dans ce contexte d'un reproche de Jésus aux pharisiens et sadducéens (foules hypocrites chez Luc) : les signes devant lesquels les Juifs sont restés aveugles désignent la personne et toute l'activité de Jésus. Chez Luc ces temps-ci sont décisifs pour la repentance et le jugement à venir : ce sont les Jours du Messie. De la sorte il n'y a pas de différence notoire entre Mt 16, 2b-3 par. Lc 12, 54-56 et la parabole du figuier des synoptiques. Celle-ci peut avoir eu comme contexte primitif la demande de signe sur la venue du Règne de Dieu[31]. Elle serait bien venue dans le contexte matthéen après Mt 16, 4 et se serait présentée sous cette forme :

ἴδητε τὴν συκῆν
ὅταν ὁ κλάδος αὐτῆς
ἁπαλὸς γένηται

27. Cf. G. Schneider, *Parousiegleichnisse*, p. 59 ; R. Schnackenburg, *Mk*, p. 212 ; H.-J. Klauck, *Allegorie*, p. 317 ; J. Gnilka, *Mk II*, p. 203.
28. Cf. H. Kahlefeld, *Paraboles I*, p. 35, note 20.
29. Cf. Béda Rigaux (*Mc*, p. 90) parle, à propos de ἐπὶ θύραις du style redondant habituel à Marc. R. Pesch, après avoir dans *Naherwartungen* (p. 177, note 754 et p. 180), affirmé que l'application de la parabole est de la plume de Marc, reconnaît dans son commentaire (*Mk II*, p. 308) qu'elle pourrait avoir une origine prémarcienne avec des éléments rédactionnels marciens.
30. G. Voss (*Christologie*, p. 34 et 44) explique Lc 21, 29-31 en liaison avec Lc 12, 54-56 et se base sur la présence de la même formulation ὅταν ἴδητε. Le texte de Mt 16, 2b-3 manque dans de nombreux manuscrits, notamment B, א, al syr omission sans doute due à l'influence des traditions locales où cette conjecture serait constamment démentie. Cf. B.M. Metzger, *Textual Commentary*, p. 41 ; L. Sabourin, *Mt*, p. 204.
31. Cf. Luc 21, 31.

καὶ τὰ φύλλα ἐκφύῃ, .
γινώσκετε ὅτι ἐγγὺς τὸ θέρος ἐστιν.
Οὕτως ὅταν ἴδητε (πάντα) ταῦτα
γινώσκετε ὅτι ἐγγὺς ἡ βασιλεία τοῦ Θεοῦ.

c) *Le logion de la proximité de la Parousie.*

«Cette génération ne passera pas que tout cela ne soit arrivé». Cette parole a été rapportée ailleurs dans les synoptiques, mais avec une nuance différente : Mt 16, 28 par. Mc 9, 1 par. Lc 9, 27 ; Mt 10, 23b. Quelle conclusion tirer de cette ressemblance synoptique ? S'agit-il de la même parole, autrement formulée dans des contextes différents ? Ou s'agit-il de différentes paroles existant à l'état erratique et que les évangélistes ont introduites dans leur composition ? On a parfois voulu faire dériver notre logion de Mc 9, 1[32]. Mais malgré la forme archaïque de ce logion, on ne peut tirer une conclusion satisfaisante sur son contexte[33]. Le verset est introduit par καὶ ἔλεγεν αὐτοῖς rédactionnel, qui marque le début d'une nouvelle unité et montre que l'évangéliste veut rapporter directement une parole du Seigneur. Le verset précédent contenait une menace directe contre ceux qui ont honte de se déclarer pour le Fils de l'Homme. Le v. 9, 1 apporte une consolation : « Parmi ceux qui sont ici, certains ne mourront pas avant d'avoir vu le Royaume de Dieu ». Dans ce contexte aussi le logion semble un logion isolé que Marc aurait inséré ici pour introduire un nouveau morceau de l'Évangile et en même temps exprimer son attente d'une manifestation prochaine de la gloire du Christ : il avait en vue de raconter la Transfiguration du Christ qu'il place six jours après. Or dans le discours nous sommes en face du même procédé de composition : après avoir raconté la parabole du figuier qui évoque à plus d'un égard le jugement (donc une sorte de menace comme à la fin du chap. 8) l'évangéliste reprend notre logion, apportant ainsi une note de consolation, toutefois en l'adaptant au contexte. Mais ici comme au v. 9, 1 on est dans l'incertitude à propos du contexte original. Cependant on peut au moins affirmer que la tradition en remonte à Jésus lui-même, puisqu'elle l'a conservé et repris plusieurs fois, malgré l'apparente contradiction avec la réalité.

Le verset suivant, parallèle à Mc 13, 31, a un parallèle voisin dans Mt 5, 18 par. Lc 16, 17, où il est question du passage du ciel et de la terre, mais dans un contexte où Jésus parle de la validité éternelle de la Loi. Il n'est pas impossible que Mc 13, 30 et 31 soient dans la tradition et que Mt 5, 18 comme Lc 16, 17 dépendent de Mc 13, 31[34]. Le verset renforce l'affirmation précédente et souligne la validité des paroles de Jésus.

---

32. R. SCHNACKENBURG, *Mk*, p. 213 ; R. PESCH, *Naherwartungen*, p. 188 ; par contre A. VÖGTLE (*Erwägungen*, p. 325-327) tient pour possible la dérivation de Mc 9, 1 à partir de Mc 13, 30.

33. L'expression «goûter la mort » semble plus primitive que παρέρχομαι de Mc 13, 30 (cf. STR.-BILL. *I*, p. 751) ; τὴν βασιλείαν τοῦ Θεοῦ semble moins élaboré que ταῦτα πάντα.

34. Ainsi E. SCHWEIZER, *Mt*, p. 62 ; cf. J. GNILKA, *Mk II*, p. 204 et note 5 de la même page.

Le logion sur l'ignorance du jour, qui conclut le discours apocalyptique, s'insère bien ici, puisqu'il mentionne expressément « le jour et l'heure » de la Parousie, objet de la question des disciples (v. 3). Si les versets précédents affirmaient la certitude de l'Avènement, ce dernier verset atténue quelque peu les spéculations apocalyptiques sur le « Jour » et distigue ainsi tout le NT des apocalyptiques juives. Le verset remonte sans doute à Jésus lui-même, car l'Église primitive ne saurait attribuer au Fils un logion qui manifestement pose un problème christologique sérieux[35].

Comme on a pu le constater encore une fois, il s'agit d'une composition. Peut-être avons-nous réussi à éclairer quelque peu l'origine et le contexte des divers éléments utilisés dans la composition de cette péricope. Mt est tributaire de la source marcienne. Il fallait alors remonter au delà de cette source. Avant d'aborder la rédaction matthéenne, analysons le champ sémantique de ces versets.

d) *Éléments de la tradition.*

Le v. 29 qui constitue le premier acte de la scénographie de la Parousie, doit se lire dans la perspective prophétique et apocalyptique du « jour de Yahwé », lequel manifeste l'intervention divine, accompagnée de phénomènes cosmiques. Dans Is 13, 10, on lit à propos de la chute de Babylone : les étoiles du ciel et Orion ne feront plus briller leur lumière, le soleil s'obscurcira dès son lever, la lune ne donnera plus sa lumière. De même à propos de la chute d'Edom le prophète reprend la même imagerie : « toute l'armée des cieux se dissout... et se flétrit » (Is 34, 4). Dans Ez 32, 7-8), c'est Yahwé qui intervient personnellement : « ...Je couvrirai les cieux et j'obscurcirai les étoiles. Je couvrirai le soleil de nuages et la lune ne donnera plus sa lumière ». Cependant Joël 2, 10 semble plus près du texte synoptique, qui se sert du terme φέγγος comme Mt et Mc (au lieu de φώς dans Isaïe et Ezéchiel) et parle de l'ébranlement de la terre et des cieux, bien qu'avec d'autres mots : « Devant lui la terre frémit, les cieux tremblent ! Le soleil et la lune s'assombrissent, les étoiles perdent leur éclat » (φέγγος αὐτών). On pourrait encore accumuler d'autres exemples : Jl 4, 15 (LXX) ; So 1, 15 ; Apoc d'Esdr 5, 4 ; Henoch 80, 4-7 ; l'Ass de Moïse 10, 4-5 divise en deux temps la description de la fin des temps : une phase d'obscurcissement du soleil, qui est le signe du jugement de Dieu sur le monde, puis l'apparition du Dieu suprême, qui sera joie pour Israël sauvé et punition pour les païens. L'évangéliste décrit la Parousie du Christ avec des images apocalyptiques du « Jour de Yahwé, Jour du Jugement ». Elles ne sont pas à prendre à la lettre. Elles préparent le cadre de l'apparition du signe et de la Parousie du Fils de l'Homme.

A la suite des Pères, beaucoup de commentateurs voient dans le signe du

---

35. J. GNILKA nuance sa position de 1957 où il regardait le logion comme « echtes Jesuswort » (*Parusieverzögerung*, p. 286). Dans un nouveau commentaire de Marc (1979) il écrit : « Das Wort wird in einer Situation drängender Parusieerwartung als deren Korrektur entstanden sein und kann kaum auf Jesus zurückgeführt werden » (*Mk II*, p. 207).

Fils de l'Homme la croix du Christ[36]. D'autres y voient le Fils de l'Homme lui-même. Tout récemment T.F. Glasson a proposé de traduire σημεῖον par étendard, parce que dans la tradition, l'AT et les prières juives, étendard et trompette vont de pair[37]. Rien dans le contexte ne permet de recourir à ces interprétations. Il faudrait laisser au terme son caractère énigmatique. Tout au plus on pourrait penser à un signe reconnaissable par tous, puisqu'il provoque la lamentation de toutes les tribus, un signe du jugement inévitable.

Κόπτω, se frapper la poitrine, traduit la manifestation extérieure de chagrin ou de deuil[38]. Dans Zacharie 12, 10.12 il se réfère au deuil qui frappera la maison de David et provoquera un mouvement collectif de pénitence. Dans Ap 18, 9 il exprime les lamentations sur les fautes et le sort personnels. Dans Mt il a une portée plus universelle : « toutes les tribus de la terre ». Cette dernière expression est empruntée à Gn 12, 3. Dans Gn 28, 4 elle désigne l'entrée des païens dans l'alliance de Dieu avec Abraham.

Le v. 30 est emprunté à Dn 7, 13 ; les nuées sont expression de la majesté divine ou des théophanies : Is 19, 1 ; Ps 18, 10-12 ; 1 R 8, 10. Yahwé se sert des nuées comme d'un char : Is 19, 1 ; Ps 104, 3 ; Sg 5, 21. Dans le NT les nuées expriment la solennité de la Venue du Christ — juge glorieux, et peut-être aussi son origine céleste[39]. Cette origine céleste est encore exprimée ici par la suite d'anges et la δόξα qui est normalement un attribut divin[40]. Pour la gloire du Messie, Henoch 61, 8 dit : « Le Seigneur des Esprits mit l'Élu sur le trône de gloire »[41].

Le retentissement de la trompette joue dans l'AT aussi bien une fonction profane qu'une fonction eschatologique : il annoncera le rassemblement au « Jour de Yahwé » (Joël 2, 1 ; So 1, 16) ou le jugement final, de la même manière qu'il annonçait l'approche de l'ennemi[42]. Dans Is 27, 13 on lit : « ce jour-là on sonnera la grande trompette et viendront ceux qui étaient perdus au pays d'Assur ». C'est Yahwé lui-même qui, dans Za 9, 14, sonnera la trompette pour libérer et ramener les prisonniers. On retrouve la même idée du rassemblement par le son de la trompette dans les apocalyptiques, où il est nettement question du jugement eschatologique : 4 Esdr 6, 23 : « La trompette retentira fort. Tout homme l'entend et tremble, car proche est l'heure du jugement » ; Ap. Mos « Quand nous avons entendu l'Archange sonner la trompette, nous pensions : Voici, Dieu vient dans le Paradis pour nous juger »[43].

36. Cyrille DE JÉRUSALEM, *Cat.* 15, 22 ; Sᵗ-JÉROME, sur Mt 24, 30 ; Ev. de Pierre 10, 39 ; Epist. Apost.

37. T.F. GLASSON, *JTS* 15 (1964) 299-300 : cette traduction a l'inconvénient de donner au mot σημεῖον un sens qu'il n'a jamais dans le NT et un second sens dans le même contexte (v. 3).

38. Cf. Mt 9, 17 ; Lc 8, 52 ; 23, 27.

39. Mc 14, 62 par. Ap 14, 14-16 ; cf. OEPKE, *ThWB IV*, p. 912.

40. Ps 138, 5 ; 4 Esdr. 13, 3.

41. Cf. Hen 62, 2 : Test Lev 18, 5-7.

42. Jr 4, 5 ; 6, 1.17 ; Os 8, 1 ; Am 3, 6 ; Ez 33, 3 ; Ne 4, 12.

43. Ap. Abraham 31, 1 s : Schmone Esre 10 ; cf. L. FRIEDRICH, *ThWB VII*, p. 84.

A Qumrân le retentissement de la trompette n'a pas une signification eschatologique, mais essentiellement utilisé comme un signal de guerre ou de repli ou de retour[44]. Dans le NT la signification eschatologique de la trompette correspond à celle de l'AT et des écrits apocalyptiques juifs. Dans 1 Th 4, 16, le Seigneur descendra au signal de la trompette et les morts ressusciteront et les vivants seront rassemblés devant lui. En 1 Cor 15, 52 la trompette donne le signal de la résurrection.

Le figuier est avec la vigne l'arbre dont il est le plus souvent question dans l'AT[45]. Le flétrissement de leurs feuilles est un signe de jugement de Dieu : Joël 1, 12 ; Ha 3, 17 ; Os 2, 14. On espère qu'au temps de prospérité ils donneront de leurs fruits (Joël 2, 22 ; Ag 2, 19). On trouve chez les Rabbins l'image de la poussée du figuier comme expression eschatologique de l'agrandissement de Jérusalem et d'Israël[46].

Θέρος, été, n'a de rapport avec θερισμός, récolte, que parce que cette dernière a, en Palestine, lieu pendant l'été. Le figuier est un des rares arbres en Palestine, qui perd ses feuilles en hiver et en pousse de nouvelles à l'approche de l'été[47].

'Επὶ θύραις rappelle Gn 4, 7 « Mais si tu n'agis pas bien, le péché n'est-il pas à ta porte », proximité locale, ou proximité temporelle ici comme en Jc 5, 9 « Voici que le juge se tient aux portes ». Toute la parabole rappelerait bien le contraire de notre expression « une hirondelle ne fait pas le printemps », ou encore Cant 2, 11-13 « L'hiver est passé... Le roucoulement de la tourterelle se fait entendre sur notre terre..., le figuier donne ses premiers fruits ».

Le passage du ciel et de la terre, dont il est question ici, est conforme à la croyance apocalyptique d'après laquelle le monde et tout ce qu'il contient disparaîtront quand Dieu interviendra à la fin des temps[48]. Par contre la littérature rabbinique affirme la permanence de la Thora. Str.-Bill. cite à propos du Ps 118, 96 le commentaire suivant : « De toute perfection j'ai vu le bout : combien large ton commandement ! A toute chose il y a une limite. Le ciel et la terre ont une limite, une seule chose ne connaît pas de limite, la Thora »[49].

A propos de l'ignorance du jour : en général dans les apocalyptiques les anges jouent le rôle « d'angelus interpres » et révèlent aux hommes ce qu'ils ne peuvent d'eux-mêmes savoir ; avant d'agir, Dieu tient conseil avec la famille céleste[50]. Cependant un commentaire rabbinique dit qu'à la fin des temps, les justes sauront autant, si non plus que les anges[51]. Mais en général les anges

44. 1 QM 3, 2 ; 8, 2.13.
45. Ps 105, 33 ; Nb 13, 23 ; Dt 8, 8 ; Jg 9, 7-15 etc...
46. Cf. H.-J. KLAUCK (*Allegorie*, p. 320-321) qui cite SDtn 1, 1 et HldR 7, 5 § 3.
47. J. JEREMIAS, *Gleichnisse*, p. 81.
48. Cf. STR.-BILL. *I*, p. 246 ; 961 ; *III*, p. 840-847. Une fois cependant dans l'Ap syr-Bar 3, 7-4, 1 Dieu promet que le monde ne passera pas. Mais cf. Ap syr Bar 31, 5-32, 1 ; Henoch 10, 2.
49. STR.-BILL. *I*, p. 961 ; Sg 18, 4.
50. Cf. STR.-BILL. qui cite Sanh 38b.
51. DtR I 196a : cf. STR.-BILL. *I*, p. 961.

demeurent dans l'ignorance des plans divins : « L'ange me parla : « je ne puis t'annoncer que partiellement le signe que tu demandes, car je ne suis point envoyé pour t'informer de la durée de ta vie. Moi-même je ne la connais pas » (4 Esdr 4, 52). Au contraire, Dieu s'est réservé le temps de la Révélation définitive : Ap syrBar 21, 8 : « Toi seul connais le temps de la fin, avant qu'elle n'arrive »[52].

Il nous faut à présent étudier dans la rédaction matthéenne comment l'auteur traite les riches matériaux bibliques et extrabibliques que nous venons de relever.

4. RÉDACTION.

Après avoir écarté, dans les vv. 23-26, les conceptions fallacieuses de la Venue du Christ, sur lesquelles il a particulièrement mis l'accent, Mt décrit maintenant l'événement parousiaque. Si les σημεῖα et les τέρατα des faux prophètes sont destinés à tromper, les manifestations cosmiques, l'apparition du signe et la Venue du Fils de l'Homme ne laisseront aucun doute.

Mt fait comme Mc la distinction des deux périodes : celle de la θλῖψις, caractérisée par les persécutions et les égarements par les faux prophètes et celle de la Venue du Christ, de sorte qu'on ne peut pas confondre l'époque des tribulations avec celle de la fin. Pour caractériser ce second temps, l'évangéliste emploie le singulier « le jour, l'heure » (vv. 36 ; 42 ; 44 ; 50 ; 25, 13) par opposition au pluriel « ces jours » de la tribulation (vv. 19 ; 22 ; 29). La « tribulation de ces jours » désigne pour Mt le temps de l'Église qui s'étend de la Résurrection à la « consommation des siècles », à la Parousie (24, 3 ; 28, 20). Mais en même temps qu'il distingue les deux périodes, il les relie l'une à l'autre par l'addition rédactionnelle de εὐθέως. Celle-ci ne marque pas cependant une plus grande connection temporelle que chez Mc. Εὐθέως chez Mt n'introduit pas une nuance particulière sur la proximité de la Parousie. Il ne se rapporte pas à la Parousie, mais aux événements qui la précédent immédiatement, une formulation différente de celle de Mc, non pour dire que la Parousie suit immédiatement, mais que les événements après la θλῖψις sont signes de son approche[53]. On peut même dire qu'en ne reculant pas cet Avènement dans un futur lointain, l'évangéliste souligne la présence du Seigneur dans l'histoire des hommes qu'il ne quitte pas (10, 23 ; 28, 20).

Le premier des cinq actes du scénario parousiaque décrit par Mt est l'ébranlement du cosmos. En prenant à son compte le schéma apocalyptique qui décrit, on l'a vu, le jour de Yahwé et son jugement sur le monde, l'évangéliste ne veut pas dire que l'histoire humaine est arrivée à son terme et qu'un monde nouveau va surgir (19, 28). Les images métaphoriques des astres obscurcis ou en chute veulent mettre en lumière l'Avènement du Christ : tandis

---

52. Cf. aussi Za 14, 7 ; PsSal 17, 23.
53. Cf. F.C. BURKITT, *Mt 24, 29*, p. 460 : « Matthew's εὐθέως introduces no new element into the anticipated chronology ».

que les δυνάμεις du ciel seront ébranlées, le Fils de l'Homme viendra avec grande puissance ; tandis que l'univers sera plongé dans l'obscurité, on verra le Fils de l'Homme venir avec grande gloire. Dans cet éclatement du cosmos l'évangéliste veut sans doute évoquer le caractère universel de la Parousie et du jugement qui s'en suit (cf. vv. 27-28). Cet événement concerne toute la terre (v. 30) par opposition aux événements en Judée (vv. 15-22). Ils sont à rapprocher des signes cosmiques à la mort de Jésus : celle-ci ne concerne pas seulement Jérusalem, ni même la Judée toute seule, mais toute la terre : « A partir de la sixième heure jusqu'à la neuvième heure des ténèbres s'étendirent sur toute la terre... la terre trembla et les rochers se fendirent » (Mt 27, 45.51). Cette image traditionnelle apparaît ici comme le symbole de l'arrivée effective des derniers temps.

L'apparition du signe du Fils de l'Homme constitue le second acte du scénario. Ce signe indéfini prépare lui aussi la scène de la Parousie et du jugement ; de même que la Venue du Christ ne se fera pas d'une manière cachée et dans un lieu déterminé (vv. 23-26) de même l'apparition du signe est destinée à attirer l'attention des hommes (cf. vv. 27-28). Il sera reconnu par tous comme signe du Fils de l'Homme. Une interprétation en faveur de la croix ne paraît pas s'imposer, d'autant plus que Mt représente la Parousie comme un événement glorieux et qu'il ne connaît pas encore l'interprétation glorieuse de la croix. Il semble préférable de laisser au signe son caractère énigmatique et de le considérer comme un signe prémonitoire de la vraie Parousie du Fils de l'Homme-Juge[54]. Car, bien qu'intentionnellement voilé, le signe évoque cependant le jugement : à sa vue les tribus se frapperont la poitrine en signes de lamentations, même bien avant la Venue du Fils de l'Homme. Ici encore le caractère universel du jugement est évoqué par la mention πᾶσαι αἱ φυλαὶ τῆς γῆς. Ce jugement touchera tous les hommes sans distinction de race ou d'appartenance religieuse (cf. 25, 31-46). Ainsi ὄψονται n'est pas réservé aux seuls disciples, mais à tous[55].

Le texte de Dn 7, 13 cité ici ne parle pas directement de la Venue du Fils de l'Homme comme Juge mais de son intronisation ; mais la suite, le v. 14 évoque nettement le jugement : « A lui fut conféré empire, honneur et royaume »[56]. Tout l'intérêt est centré sur sa transcendance, sa gloire et sa puissance. A son avènement il envoie « ses » anges qui rassemblent les siens autour de lui. Le rassemblement des élus n'appartient pas au vocabulaire des synoptiques, mais repris de la tradition apocalyptique. Il implique une notion de jugement. Ici il est seulement question des élus, mais on devine ce

---

54. Pour T.F. GLASSON, *JTS* 15 (1964), p. 300, σημεῖον est un étendard. A.J.B. HIGGINS, *The Sign*, p. 382 y voit une allusion énigmatique à la croix.

55. On peut noter à l'occasion la préférence de Mt pour les paroles concernant le Fils de l'Homme futur et qui se rapportent au jugement. La parabole de l'ivraie par exemple présente son Avènement comme un jugement : 13, 36-43 ; au jugement dernier, c'est le Fils de l'Homme qui siégera en juge : 25, 31-46 ; Cf. 16, 27 ; 19, 28.

56. Cf. A. VÖGTLE, ²LThK, 300 : Jésus s'est identifié au Fils de l'Homme, « der mit den Himmelswolken, d.h. machtvoll zum Gericht erscheinen wird ».

que l'évangéliste ne dit pas. S'il y a des élus, il y a aussi des réprouvés. Mais il ne fait pas de spéculation sur le sort des uns et des autres.

L'Avènement du Christ et le jugement ne sont pas à repousser dans un futur lointain et incertain. La parabole du Figuier insérée dans cette partie du discours veut illustrer de façon concrète la certitude et la proximité de l'Avènement. Alors que se prolonge le temps de l'Église la communauté matthéenne peut s'impatienter et même commencer à douter de la proximité du Retour du Christ. La parabole remplit alors une double fonction : apporter une réponse à la question du v. 3 et soutenir la patience de la communauté : la Parousie est attendue dans un proche avenir, dont pourtant la date précise n'est pas connue ; les événements décrits sont signes de son approche. Mais plus que cela, Mt voit un lien étroit entre la figure et l'activité du Christ et la situation ecclésiale que suscite son œuvre : il n'y a pas de transition ; de même aussi la connection temporelle entre le présent et l'avenir est tendue vers la réalisation de la plénitude des temps, de sorte que l'événement eschatologique n'est plus relégué dans un futur lointain. Il faut savoir reconnaître les signes de son échéance dans les événements présents ($\pi \acute{\alpha} \nu \tau \alpha$ $\tau \alpha \tilde{\upsilon} \tau \alpha$). La parabole du figuier donne donc à entendre « qu'il ne faut pas attendre les signes effrayants de la dernière crise, car le temps de l'Église constitue le signe prémonitoire de l'Avènement du Christ[57].

Cette considération de la parabole nous conduit à un second aspect, la proximité de la Parousie : « Amen, je vous le dis, cette génération ne passera pas avant que tout cela n'arrive ». L'évangéliste pense-t-il, comme Marc, que la Parousie aura lieu dans cette génération ? Avant de tirer cette conclusion il serait de bonne méthode d'étudier le sens de $\gamma \varepsilon \nu \varepsilon \grave{\alpha}$ $\alpha \grave{\upsilon} \tau \eta$, que Mt emploie en quatre autres passages de son Évangile.

1) Dans la comparaison de Mt 11, 16 par. Lc 7, 31, « cette génération » désigne les foules dont il a été question au v. 7 ; face à Jésus, elle boude comme des gamins refusant d'entrer dans le jeu, c'est-à-dire d'accepter l'offre de la voie ascétique de Jean-Baptiste, ou de suivre la voie de liberté proposée par Jésus. Elle reste à l'écart, en observateur critique. L'expression revêt un sens polémique contre tous les contemporains de Jésus qui faisaient preuve d'immaturité religieuse et étaient incapables de comprendre la démarche divine, d'où le jugement de Jésus.

2) L'expression « génération mauvaise et adultère » de Mt 12, 39-45 est reprise en Mt 16, 4 et a son parallèle en Mc 8, 11-12 et Luc 11, 29-32. Comme Mc 8, 11 l'expression de Q se référait sans doute aux pharisiens, auxquels Mt ajoute ici les scribes et en 16, 1 les sadducéens. Jésus semble ainsi viser les chefs juifs (v. 38) mais au delà, ce sont les foules qui sont concernées[58]. Ici l'expression a une portée moins chronologique que théologique :

57. Cf. H. KAHLEFELD, *Paraboles*, p. 36.
58. Comparer avec Lc 11, 29.

génération inconvertie par opposition aux païens repentis[59]. C'est le peuple d'Israël en tant qu'il se prête ou ne se prête pas aux avertissements que Dieu lui envoie en ce temps donné en la personne de Jésus. Le reproche du Christ prend le ton d'une menace : le jugement de Dieu est en marche contre cette génération installée dans le refus[60].

3) L'expression de Mt 17, 17 figure presque dans les mêmes termes que dans Mc 9, 19 et Lc 9, 41 : génération incrédule et pervertie, une apostrophe d'indignation qui évoque Dt 32, 5 où elle désigne le peuple d'Israël infidèle. Ici Jésus voit dans ceux qui l'entourent et dans les contemporains l'impuissance à croire.

4) Enfin dans Mt 23, 36 par. Lc 11, 50, « cette génération » se réfère particulièrement aux chefs responsables des crimes dénoncés par Jésus. Il parle de prophètes qu'il leur envoie (πρὸς ὑμᾶς) et qu'ils tueront (futur ἀποκτενεῖτε. Mt mentionne le meurtre de Zacharie, fils de Barachie « que vous avez tué entre le sanctuaire et l'autel ». Il s'agit sans doute du meurtre du Zélote Zacharie, donc un événement contemporain[61]. Pour Mt « cette génération » porte la responsabilité de la faute des générations passées avec lesquelles les contemporains sont considérés comme une unité solidaire[62].

La suite « vous ne me verrez plus... » désigne manifestement ceux à qui le discours est adressé : génération de la Passion et de la destruction du temple. De la sorte, nous avons ici une désignation tant raciale que temporelle du terme « génération ».

Le résultat le plus clair de cette étude est de constater que « cette génération » désigne les contemporains de Jésus[63]. Et quand Mt rapporte ces paroles du Christ il pensait sans doute à sa propre génération en attente de la Parousie. Ces paroles sont à rapprocher de celles des textes Mt 10, 23 ; 16, 28 où nous trouvons des déclarations très nettes de Jésus sur la proximité de la Venue du Fils de l'Homme : « En vérité je vous le dis : il en est d'ici présents qui ne goûteront pas la mort avant d'avoir vu le Fils de l'Homme venant avec son Royaume »[64].

59. M. MEINERTZ, *Dieses Geschlecht*, p. 286.
60. Cf. E. SCHWEIZER, *Mt*, p. 189.
61. Dans Bell *IV*, 5, 4, Josèphe raconte le meurtre de Zacharie dans le temple, vers 67-68 après J.C. : c'est peut-être là une raison de penser que l'Évangile de Mt a été écrit après 70. Cf. W. GRUNDMANN, *Mt*, p. 495.
62. Cf. A. SCHLATTER, *Mt*, p. 687.
63. Cf. R. SCHNACKENBURG, *Mk*, p. 214.
64. Les passages parallèles de Mc et de Luc présentent des variantes, déjà un indice des difficultés que soulève ce texte et peut-être même une preuve de plus pour ne pas l'attribuer à l'Église primitive : Mc et Luc ont le « Règne de Dieu » au lieu du « Fils de l'Homme » (Mc 9, 1 ; Lc 9, 27). De plus Lc ressent la difficulté et omet « avec puissance » : cf. B. RIGAUX, *Mt*, p. 188 ; R. SCHNACKENBURG, *Gottes Herrschaft*, p. 142. A propos de Mt 10, 23, cf. H. SCHÜRMANN, *Zur Traditions – und Redaktionsgeschichte von Mt 10, 23*, p. 82-88 : l'auteur exclut toute considération temporelle et regarde le verset comme une consolation aux missionnaires et comme une exhortation.

Jésus parle ici à la manière des prophètes de l'AT qui annonçaient l'imminence du « Jour de Yahwé » sans pourtant fixer une date précise[65]. Jésus ne veut pas révéler à ses disciples des secrets apocalyptiques mais veut les inviter à préparer son Avènement définitif. La suite, v. 36, est éclairante : Nul ne sait quand, si ce n'est le Père. Or si la tradition rapporte cette parole immédiatement après ce qui vient d'être dit au v. 34, c'est qu'elle n'y voit pas une contradiction. De plus, s'il faut s'en tenir au sens des mots « cette génération » comme désignant les contemporains de Jésus (comme nous l'avons relevé des contextes de l'Évangile) alors il faut reconnaître que ces paroles de Jésus (v. 34) étaient dépassées au moment où Mt écrivait son Évangile. Or s'il les a rapportées, c'est qu'il avait une autre idée que nous du langage apocalyptique[66]. Il est possible que « cette génération » soit un métaphore apocalyptique, exprimant l'imminence de la Parousie et de la fin, dans un temps imprévisible, mais certain et proche : une proximité qu'il ne faudrait pas mesurer à l'aide de quelques dizaines d'années. Peut-être 2 P 3, 8 s est assez éclairant en ce sens : « Mais voici un point, très chers, que vous ne devez pas ignorer : c'est que devant le Seigneur, un jour est comme mille ans et mille ans comme un jour... ». De cette manière, chaque génération est confrontée à cette parole et invitée à réfléchir sur son agir (d'où l'exhortation à la vigilance et à la fidélité). Car « depuis la venue du Christ, nous vivons déjà dans une ère nouvelle et, par conséquent, la fin s'est rapprochée »[67].

Pour confirmer la validité éternelle de ses paroles, Jésus les oppose à ciel et terre, dont il dit qu'ils passeront, comme il a été dit du temple « qu'il ne restera pas pierre sur pierre ». Cette disparition du ciel et de la terre signifie peut-être la disparition du monde et de ses fausses valeurs par opposition à la maintenance des paroles de Jésus. Elles ne peuvent passer, car elles sont l'expression de la volonté du Père[68]. Pour la communauté matthéenne, la parole de Jésus et la loi revalorisée par lui ont valeur éternelle. L'écoute et la mise en pratique de sa parole est comparable à la construction d'une maison sur le roc (Mt 7, 24-27). Elle « apporte ici une note de confiance et d'apaisement au sein de l'attente de la Fin »[69].

La date de la Parousie, si elle est certaine et proche, reste pourtant imprévisible : personne, si ce n'est le Père, ne la connaît, pas même les anges, pas même le Fils. Ce verset ne devrait pas poser de problème christologique, s'il est placé dans la perspective apocalyptique où, comme nous l'avons vu, Dieu seul connaît d'avance ce qui va arriver. Ici le Fils réserverait au Père la révélation du moment de la fin et du jugement. L'emploi absolu du « Fils » ici comme en 11, 27 montre l'intimité et la connaissance du Père-Fils, mais sup-

65. Is 13, 6 ; 51, 5 ; 56, 1 ; Ez 7, 2.6-8.10-14 ; 12, 21-28 ; So 1, 7.
66. Cf. B. RIGAUX, Mt, p. 189.
67. O. CULLMANN, Christus und die Zeit, p. 89.
68. Mt 5, 21 ss.
69. P. BONNARD, Mt, p. 353.

pose une certaine subordination du Fils au Père, qui ne signifie pas limite de pouvoir de révélation.

Tout en jouissant de ses privilèges de Fils, Jésus, de par son incarnation, est aussi engagé dans les voies de l'humanité et se soumet au Père par une subordination amoureuse et filiale[70]. La tradition n'a pas trouvé dégradant pour le Fils d'être soumis au Père : à la mère des Fils de Zébédée qui lui demanda de placer ses fils, l'un à sa droite, l'autre à sa gauche dans son Royaume, Jésus répondit : «...il ne m'appartient pas d'accorder cela, mais c'est pour ceux à qui mon Père l'a destiné» (Mt 20, 20-23 ; cf. aussi 1 Cor 15, 28). Dans ces conditions, il n'y avait pour l'Église primitive aucune difficulté à croire que le Père s'est lui-même réservé certains privilèges[71].

Le logion sert admirablement de transition entre cette première partie du discours et les paraboles de la vigilance : la Parousie aura lieu dans un proche avenir, mais on ne sait quand, d'où l'exhortation à la vigilance, «car c'est à l'heure que vous ne pensez pas que le Fils de l'Homme viendra» (24, 44 ; cf. 24.50 ; 25, 13).

CONCLUSION.

Le v. 36, qui conclut cette section du discours, résume l'idée essentielle des vv. 4 à 36 : la date de la Parousie est imprévisible. La question des disciples, qui avait donné l'occasion de ce développement eschatologique (v. 3), se situait à deux niveaux : quand arrivera la ruine de Jérusalem et quels seront les signes de ta Venue et de la fin du monde. Ces trois événements ne faisaient vraisemblablement qu'un dans la pensée des disciples. La réponse de Jésus a commencé par des mises en garde, à savoir qu'ils ne doivent pas se laisser égarer par l'annonce de son Avènement avant terme. Il doit y avoir auparavant de nombreuses souffrances qui pourraient faire croire à certains que les derniers temps sont «déjà» arrivés. Même la grande tribulation en Judée ne doit pas être considérée directement comme signe de la fin. A l'aide des images reprises de l'At et des écrits apocalyptiques Mt nous assure que le «Jour du Fils de l'Homme» est certain et proche et qu'il faut l'attendre dans la foi. Malgré la proximité de ce Retour, personne n'en connaît la date, si ce n'est le Père. Jésus refuse incontestablement de donner une réponse à la question des disciples : si cette fin est imprévisible, alors il importe de ne pas se laisser aller. Ainsi apparaît un nouveau thème, celui de la vigilance, conséquence pratique de l'inconnaissance du jour. Ce thème de la vigilance prolonge l'actualité décisive de l'Avènement du Fils de l'Homme.

70. Cf. Mt 26, 39.42 ; J. WINANDY, *Le logion de l'ignorance*, p. 79.
71. E. HAENCHEN, *Der Weg*, p. 453.

TROISIÈME PARTIE

Mt 24, 37-25, 30 : Les paraboles de la Vigilance

INTRODUCTION.

On discerne bien ici le mouvement de la pensée matthéenne : partant du thème de l'inconnaissance du jour de la Parousie, l'évangéliste développe de proche en proche les conséquences pratiques de ce fait. Le thème des péricopes qui composent cette seconde partie du discours est clairement indiqué par les répétitions, surtout au début, du refrain : « Veillez donc » (v. 42 ; cf. v. 44) ; « Soyez prêts » (v. 44) et par l'insistance sur l'idée de vigilance et de fidélité qui va dominer toute la fin du discours (vv. 45.50 ; 25, 13.21.23). Tandis que dans le texte de Marc la conclusion est formée par une exhortation imagée à la vigilance (Mc 13, 33-37), Mt prolonge son discours par un appendice plus développé en quatre paraboles, qui toutes reprennent, sous une forme ou une autre, ce thème de la vigilance eschatologique ou de la fidélité (vie fructueuse et responsable) dans l'attente du retour du maître (paraboles du voleur et des talents).

Savoir que le moment de la Parousie est imprévisible implique donc un programme : se tenir prêt, veiller pour ne pas se laisser surprendre par le jugement qui mettra en évidence le comportement de chacun ; ce jugement portera sur tous les domaines de l'existence : vie domestique ou vie sociale (24, 38.40) ; sur toutes les catégories humaines et sociales : hommes ou femmes, maîtres ou serviteurs 24, 40-41. Dans chacun de ces domaines, domestique, festif ou économique, les figures utilisées prennent soit une valeur positive (louange et récompense), soit une valeur négative et, de là, stigmatisée, selon que les personnages de la parabole ont su discerner ou non le comportement adéquat et conforme à l'attente du retour du maître momentanément absent. De la sorte chaque parabole se présente sous le schéma suivant :

    1) une introduction qui présente l'absence temporaire du personnage principal (qui revient au cours du récit).

    2) un développement ou la mise en œuvre (ou le contraire) des com-

pétences individuelles pendant l'absence du maître : action ou inaction, prévoyance ou imprévoyance.

3) la séquence finale présente le retour du maître (du personnage principal) qui vient pour récompenser ou pour punir.

Pour Mt cette séquence finale est de la plus grande importance : il associe en effet la Parousie à l'idée du jugement eschatologique. Alors que les deux premiers niveaux du schéma parabolique se situent bien souvent au plan simplement terrestre ou profane, les images qui figurent la récompense ou la punition (la participation à la joie du maître, entrée dans la salle des noces, ou le rejet à l'extérieur, lieu des pleurs et des grincements de dents) sont toutes des images pour désigner la vie éternelle ou le châtiment infernal. Par ces conclusions, le cadre parabolique se trouve manifestement dépassé : ces récompenses ou ces punitions dépassent les attributions d'un maître terrestre. Le maître ou l'époux qui revient est manifestement le Juge eschatologique lors de sa Parousie. Ces traits préparent le grand jugement de la fin du chapitre (Mt 25, 31-46).

Mt montre ainsi, par des exemples concrets, le sérieux de l'attente eschatologique et du jugement qui s'en suivra. Celui-ci surprendra les hommes dans leurs occupations habituelles et journalières. Ils sont par conséquent exhortés à rester vigilants et prêts.

Les matériaux utilisés dans la composition de ces paraboles sont pour la plupart communs à Mt et à Lc (bien que présentés dans de nouvelles combinaisons). Mais bien des traits sont propres à notre évangéliste. Notre analyse les fera ressortir.

CHAPITRE PREMIER

Mt, 24, 37-44 : LA COMPARAISON DE LA PAROUSIE AVEC LES JOURS DE NOÉ ET LA PARABOLE DU VOLEUR DANS LA NUIT

Avec ce morceau, l'évangéliste quitte le cadre de Marc qu'il a suivi jusqu'à présent. Il le rejoindra seulement au début du récit de la Passion. Le contenu de Mt 24, 37-44 se retrouve à peu près dans les mêmes termes dans Luc, qui les présente en deux contextes différents : Mt 24, 37-41 = Lc 17, 26-27. 34-36 ; Mt 24, 42-44 = Lc 12, 39-40. Marc présente, lui aussi, une courte exhortation à la vigilance : 13, 33.35. On trouve des parallèles voisins dans 1 Th 5, 1-6 ; 2 P 3, 10 ; Ap 3, 3 ; 16, 15 ; Did 16, 1 ; Ev. Thom. 103.

1. CRITIQUE LITTÉRAIRE.

Dans les deux versions, non seulement la formulation est différente, mais aussi le contenu de la comparaison. Mt introduit la comparaison par ὥσπερ γάρ tandis que Luc préfère καὶ καθὼς. Les deux termes de la comparaison sont mis au nominatif : Luc en fait un complément circonstanciel : ἐν ταῖς ἡμέραις Νῶε (Νῶε est employé sans article !). Le premier membre de la comparaison est chez Mt sans verbe. Chez Luc elle porte sur un événement (ἐγε-ʹνετο) tandis que Mt la fait porter sur une date, un espace de temps. Mt parle de la Parousie tandis que Luc parle des jours (au pluriel) du Fils de l'Homme[1].

Mt 24, 38-39 = Lc 17, 27a.b.c.

Tous deux citent Gn 7, 13 (ἄχρι ἧς ἡμέρας) αἰσῆλθεν εἰς τὴν κιβωτόν. Mais au lieu de la double comparaison (Noé et Lot), Mt ne rapporte que celle de Noé qu'il précise davantage en l'explicitant ὡς γὰρ ἦσαν... οὕτως. De plus la comparaison porte sur l'état des hommes avant le déluge (πρὸ τοῦ κατα-κλυσμοῦ). Il décrit cet état à l'aide de quatre participes reliés deux à deux par καί, tous dépendant de ἦσαν : Luc aligne de façon asyndétique ces verbes

---

1. Plusieurs manuscrits ajoutent καί à ἔσσωται, à l'instar de Luc.

qu'il met à l'imparfait, changeant τρώγοντες par ἤσθιον et mettant le verbe γαμίζειν au passif. Au début du v. 39, Mt précise : καὶ οὐκ ἔγνωσαν ἕως : cette phrase manque dans Lc. La destruction générale est exprimée par différents verbes : αἴρω chez Mt et ἀπὄλλυμι chez Luc. Au v. 39 Mt reprend le second terme de la comparaison v. 37b.

Mt 24, 40-41 = Luc 17, 34-35.

Mt rattache ces versets aux précédents par τότε, tandis que Luc introduit les siens par l'affirmation prophétique λέγω ὑμῖν ; il parle d'autre part de « cette nuit » et de « deux sur un même lit » ; Mt parle de deux hommes « au champ » : l'un sera pris, l'autre laissé (εἰς... εἰς par rapport à ὁ εἰς... ὁ ἕτερος) ; les deux verbes sont mis au présent chez Mt et au futur chez Luc. Le logion des deux femmes au moulin est le même chez les deux évangélistes, mais différemment formulé. Mt fait dépendre le participe ἀλήθουσαι de ἔσονται (v. 40). Luc précise ἐπὶ τὸ αὐτό tandis que Mt écrit plus simplement ἐπὶ τῷ μύλῳ[2]. Le verset 42 est absent chez Luc et semble être une autre formulation de Mc 13, 35.

Mt 24, 43-44 = Lc 12, 39-40.

Cette courte parabole n'est différente de celle de Luc que par des détails de moindre importance : ἐκεῖνο δέ correspond à τοῦτο δέ chez Luc. Ce dernier parle de « l'heure » et non de « veille » comme chez Mt. Il juge inutile d'introduire les termes ἐγρηγόρησεν ἄν[3]. Les autres divergences sont : εἴασεν au lieu de ἀφῆκεν ; τὴν οἰκίαν au lieu de τὸν οἶκον. Enfin Luc laisse de côté διὰ τοῦτο qui introduit la pointe de la parabole.

Les deux textes diffèrent l'un de l'autre moins par le contenu que par la formulation terminologique : Ainsi Mt parle de la Parousie tandis que Luc parle des jours du Fils de l'Homme. Luc met l'accent sur la négligence des hommes et Mt dit qu'ils ne savaient pas, de sorte que le déluge fut pour eux une surprise. Dans les deux versions la Venue du Fils de l'homme est présentée comme un jugement menaçant[4].

2. FORME ET GENRE.

L'évangéliste relie à la section précédente, au moyen de γάρ les nouveaux éléments issus de Q. Cette conjonction est cependant moins une explication du v. 36 qu'un lien simple. Sa présence ne se justifie qu'à cause de l'expression ὥσπερ γάρ ; Mt l'emploie très souvent comme une particule de liaison[5]. Les vv. 37-39 se présentent comme une double comparaison, la seconde introduite par ὡς γάρ explicite la première ὥσπερ γάρ... οὕτως ; le v. 39b est la répétition littérale du v. 37b : « ainsi sera la Parousie du Fils de l'Homme »,

2. Quelques manuscrits D. φ pc it ajoutent au v. 40 δύο ἐπὶ κλίνης μιᾶς. εἰς παραλαμβάνεται καὶ εἰς ἀφίεται, comme dans le texte de Luc.
3. Cf. E. KLOSTERMANN, Mt, p. 197.
4. Cf. Ph. VIELHAUER, Gottesreich, p. 66.
5. Comparer avec 6, 25 ; 12, 31 ; 13, 13.52 ; 18, 23 ; 21, 43 ; cf. J. SCHMID, Mt, p. 340.

une sorte d'inclusion qui met en valeur le second terme de la comparaison : la Parousie (au nominatif !). Cette forme exprime l'intention de l'évangéliste : ce n'est pas tellement le moment de l'événement qui l'intéresse (nul ne le sait, v. 36) mais l'événement même de la Parousie, en tant qu'elle survient aussi inattendue que le déluge[6]. Le comportement des hommes est décrit à l'aide de quatre participes accouplés deux à deux par καί et déterminant le sujet inexprimé de la copule ἦσαν. Cette construction périphrastique avec l'imparfait ἦσαν permet à l'évangéliste de décrire le comportement habituel des hommes. Il est intéressant de noter que Mt supprime l'aoriste ἐγένετο (Lc 17, 26), qui souligne une action ponctuelle, plus correctement exprimée par les deux subordonnées ἄχρι ἧς ἡμέρας εἰσῆλθεν Νῶε et ἕως ἦλθεν ὁ κατακλυσμός[7].

Comparé à celui de Luc, le texte de Mt souffre d'un manque d'unité : la Parousie du Fils de l'Homme est comparée une première fois avec les « jours de Noé » (v. 37) et une seconde fois avec les gens de la génération de Noé (v. 38). Une explication possible est qu'il a voulu mettre l'accent sur la Parousie[8].

Les deux versets suivants sont construits parallèlement, δύο : εἷς... καὶ εἷς... δύο : μία... καὶ μια avec les mêmes verbes ; ἀλήθουσαι est à compléter par ἔσονται (cf. v. 38). Il faut cependant relever quelques irrégularités dans le temps des verbes : emploi du futur ἔσονται à côté du présent παραλαμβάνεται, ἀφίεται qu'on pourrait éventuellement expliquer comme un présent narratif. Le v. 42 est à la fois une conclusion (οὖν argumentatif) et une introduction aux versets suivants (le même thème de vigilance). L'exhortation est adressée directement aux disciples (à la communauté matthéenne !) : γρηγορεῖτε, οὐκ οἴδατε, ὁ κύριος ἡμῶν. Encore ici Mt met le présent ἔρχεται sans doute pour souligner la certitude, l'actualité décisive de la Parousie et du jugement conséquent.

Les deux versets suivants (vv. 43-44) se rattachent directement au précédent, où il était question de οὐκ οἴδατε. A ce non-savoir οὐκ γινώσκω s'oppose (ἐκεῖνο δέ) une autre forme de savoir : pour la connaissance de la date Mt emploie εἰδέναι mais pour l'appréciation de la situation il emploie γιγνώσκω (cf. v. 39 : οὐκ ἔγνωσαν).

A cause de ce rapprochement avec le v. 42, il vaut mieux considérer γινώσκετε comme un indicatif plutôt que comme un impératif : « Par contre vous savez ceci que si... ». La parabole exprime dans l'irréel du présent un fait précis, d'où le présent ὁ κλέπτης ἔρχεται que nous traduirions en français par le conditionnel : « si le maître de la maison savait à quelle veille le voleur vien-

---

6. Chez Luc la comparaison vise le comportement des hommes de la génération du déluge et de ceux au temps de la Parousie.

7. Notons dans le même sens la remarque bien pertinente de S. BROWN (*the Matthean Apocalypse*, p. 27, note 63) : le pluriel « les jours de Noé » et le singulier « le jour où Noé entra dans l'arche » se trouvent exactement dans la même relation qui unit les jours de « tribulation » au jour de la « Parousie » ».

8. Cf. H. GOLLINGER, *Ihr wißt nicht*, p. 240.

drait, il veillerait». Mais Mt pense à la certitude de la Venue du Seigneur, désigné ici par la métaphore apocalyptique de «Voleur». Οἰκοδεσπότης désigne les disciples ou les membres de la communauté. Γρηγορεῖν est à prendre au sens propre comme au sens figuré; il renvoie au v. 42 où le même mot est utilisé. le v. 44 fournit la leçon de la parabole (διὰ τοῦτο), telle qu'on la trouve dans toutes les paraboles de vigilance. Καὶ ὑμεῖς souligne le caractère parénétique de cette parabole[9]. Γίνεσθε exprime mieux que ἔστε le futur[10]. ᾗ... ὥρα est un cas classique d'attraction du cas du relatif par l'antécédent[11].

Bien que la forme de ces deux versets ne soit pas développée, ils constituent une parabole dont le contenu est à la fois apocalyptique et parénétique[12].

3. TRADITION.

Les vv. 37-41, comme le montre le passage parallèle de Luc (17, 26-27. 34-35), se trouvaient probablement dans la source Q : les évangélistes se sont servis de cette dernière assez librement. Il n'est pas évident que l'une des versions soit primaire par rapport à l'autre. Plusieurs hypothèses s'opposent : Q ne comporterait à l'origine qu'une seule comparaison, celle de Noé préservée dans la version matthéenne ; ou l'autre position[13] : les deux comparaisons se trouveraient déjà dans le texte original de Q et ce serait Mt qui aurait omis l'épisode de Lot. Il est cependant à noter que Mt ne supprime pas ainsi volontairement un morceau qu'il a trouvé dans sa source ; ou il opère un changement, ou il déplace le morceau, comme c'est le cas des vv. 17-22[a] du discours missionnaire[14].

Sans pour autant attribuer ces versets à la seule rédaction de Luc, on peut penser qu'ils sont issus de la tradition orale du milieu lucanien, donc de formation secondaire par rapport à la comparaison sur Noé. C'est un trait sémitique bien connu que la présentation de deux paraboles construites parallèlement et au contenu identique[15]. Luc rapproche cette allusion à la situation de Lot à cause du contexte : nécessité de la fuite rappelée au v. 31 et

---

9. Cf. A. JÜLICHER, *Gleichnisreden II*, p. 141.
10. Cf. Mt 6, 16.
11. Cf. E. RAGON, *Grammaire Grecque*, § 253.
12. H. KAHLEFELD (*Paraboles I*, p. 97) voit un désaccord entre les deux propositions de ces versets qu'il résout en considérant la première comme un récit ébauché suivi du point de comparaison : «Vous aussi, soyez prêts...»
13. Celle de R. BULTMANN, *Tradition*, p. 123 ; D. LÜHRMANN, *Redaktion*, p. 72 ; R. SCHNACKENBURG, *Lk 17, 20-37*, p. 223.
14. Le cas de l'omission de la parabole de la pièce retrouvée Lc 15, 8-10, après la parabole de la brebis perdue Mt 18, 12-14 parallèle Lc 15, 3-7, est frappant. Peut-être ne l'a-t-il pas trouvé dans sa source !
15. R. BULTMANN en fait une règle : «neben ein vollständiges Gleichnis tritt ein neues, das, parallel gebaut, denselben Satz an einem neuen Stoff entwickelt» (*Tradition*, p. 210) ; il cite comme exemple Is 1, 22 ; 17, 5 ; Jr 2, 32 ; 8, 4 ; 18, 14 ; Am 7, 1-6 ; 4 Esdr 4, 13-18.

que Mt a déjà mentionnée au v. 24, 17 s. Elle est aussi nécessitée par le rappel du souvenir de la femme de Lot (v. 32).

Avant d'aller plus loin, examinons de plus près la forme originale de ces versets. Il est probable que l'introduction matthéenne avec ὥσπερ γάρ suivi du nominatif soit primitive par rapport à celle de Luc. Mt emploie καθώς seulement trois fois[16]. Le terme παρουσία est de la main de Mt, comme aux vv. 3.27.39. Au verset 38 la précision « car de même qu'en ces jours d'avant le déluge » est aussi de la rédaction de Mt. Avec la construction périphrastique nous rejoignons sans doute le texte de Q[17]. Τρώγοντες à côté de ἤσθιον paraît plus primitif[18]. Le passif ἐγαμίζοντο est une correction stylistique par Luc pour mieux le distinguer du terme précédent. Καὶ οὐκ ἔγνωσαν est une interprétation de Mt, qui veut ainsi apporter une note sur le manque de discernement de la situation et pour exhorter ses lecteurs[19]. Le terme αἴρω que Mt emploie ici, n'a jamais le sens de détruire chez les synoptiques : ἀπόλλυμι chez Luc, semble avoir été influencé par l'épisode de Lot et donc une correction par lui, car αἴρω ne convient pas avec πῦρ. Il est possible que ἅπαντας soit le terme du texte Q[20].

En résumé, on peut noter qu'à part l'addition des vv. 28-30 le travail rédactionnel de Luc se limite en général au choix des mots, tandis que Mt oriente son texte vers une interprétation théologique personnelle.

Mt 24, 40 s. et Lc 17, 34 s. ont seulement en commun la scène des deux femmes au moulin. On pourrait admettre sans difficulté qu'elle provient de la source Q. Mais peut-on en dire autant des deux autres scènes différentes chez chacun des évangélistes ? La source commune contenait-elle à l'origine une double scène ? Si oui, laquelle est primaire, celle de Mt ou celle de Luc ? Ou faut-il attribuer aux évangélistes la rédaction de cette scène parallèle[21] ? Ici on ne peut que conjecturer. Cependant les indices suivants nous permettent de penser que Luc serait près de l'original[22] : il est possible que λέγω ὑμῖν (9 fois chez Luc, soit dans le contexte Q, soit rédactionnel) soit déjà dans Q ; τότε est de la rédaction de Mt pour relier ce verset à la comparaison précédente. Ταύτῃ τῇ νυκτί fait penser à la scène du voleur dans la nuit (Mt 24, 43-44 par. Lc 12, 39-40), préparant ainsi directement les circonstances de la parabole.

---

16. Toutes les trois fois en dehors du contexte Q.

17. Comparer avec Lc 17, 35 par. Mt 24, 41.

18. Τρώγειν est un hapax chez Mt et chez les synoptiques ; la liaison ἐσθίω et πίνω se rencontre seulement quatre fois chez Mt contre quatorze fois chez Luc.

19. Dans le texte de Gn 6-7 dont s'inspirent les synoptiques, Noé n'était pas dans l'ignorance de l'approche du déluge ; cf. Gn 6, 13. Si cette précision se trouvait déjà dans le texte, on ne voit pas pourquoi Luc l'aurait supprimée. Cf. aussi R. GEIGER, *Endzeitreden*, p. 90.

20. Mt ne l'emploie que trois fois.

21. Comparer Mt 7, 7-10 et Luc 11, 9-12 : Luc ajoute le verset 12, absent chez Mt.

22. W. GRUNDMANN (*Mt*, p. 511, note 45) et R. SCHNACKENBURG (*Lk 17, 20-37*, p. 225) sont du même avis, mais pour des raisons différentes des nôtres ; W. GRUNDMANN ne fournit du reste aucune raison.

(De la sorte on peut penser que la parabole était originellement rattachée à cette scène de séparation des deux hommes ou des deux femmes). La mention des deux hommes travaillant au champ est sans doute occasionnée chez Mt par l'autre mention au v. 18 de «ceux qui sont aux champs». La tradition rabbinique rapporte une scène analogue à celle de Luc : « Deux personnes se sont couchées sur un lit et leur maladie était pareille... L'une s'en releva et l'autre non »[23].

On peut alors penser que Q contenait primitivement deux logions : celui des deux femmes au moulin, et celui des deux personnes sur un même lit. A ce dernier ferait immédiatement suite la parabole du voleur dans la nuit. Mt 24, 42 rappelle Mc 13, 35 et est de la main de Mt.

Mt 24, 43-44 par. Lc 12, 39-40.

Ἐκεῖνο est sans doute primitif par rapport à τοῦτο, que Luc écrit par souci stylistique. De même φυλακῇ est original par rapport à ὥρα : Luc a préféré ce dernier terme, sans doute pour harmoniser avec le verset suivant où le même mot est employé[24]. La phrase ἐγρηγόρησεν ἄν καί est probablement de la main de Mt voulant préciser à ses lecteurs la nécessité de la vigilance. Elle unit les vv. 43 et 44 sous le même thème : veiller. Il est difficile de savoir lesquels des termes suivants se trouvaient dans la source : ἀφίεναι ou ἐᾶν[25]. Διὰ τοῦτο est peut-être de Mt, par souci de précision et pour souligner l'intention parénétique de la parabole. L'application de cette parabole (v. 44) se trouvait déjà sans doute dans Q et liée à elle. Mais rien en effet ne nous permet de dire que la parabole primitive était transmise avec cette application[26].

Il ne fait pas de doute que dans le contexte actuel, et même dans la tradition commune à laquelle Mt et Luc ont emprunté cette parabole, le moment inconnu de l'arrivée du voleur est le retour glorieux du Fils de l'Homme. La parabole s'accorde bien avec le contexte matthéen : en fonction de l'ignorance de l'heure (v. 36), elle constitue un pressant appel à la vigilance. Mais le passage du langage parabolique à la perspective purement eschatologique ne doit pas nous faire oublier le sens originel de cette parabole dans le ministère de Jésus. Sa compréhension actuelle est une interprétation post-pascale, car

23. Rosch ha-Schana 18 a ; STR.-BILL. *I*, p. 966.
24. Ainsi A. JÜLICHER, *Gleichnisreden II*, p. 138. Cf. S. SCHULZ, *Q*, p. 268.
25. Ἐᾶν ne se rencontre qu'ici chez Mt.
26. R. BULTMANN (*Tradition*, p. 125) croit n'y reconnaître aucun trait secondaire. Dans les pages suivantes cependant, il se montre plus réservé (p. 185 et 163) : il admet une origine juive possible pour ces versets. Pour F. HAHN (*Hoheitstitel*, p. 38, note 1) la parabole et la parénèse sont une formation de la première communauté chrétienne ; toutefois il n'avance pas de raison pour appuyer cette affirmation. Plusieurs éléments plaideraient pour une origine Jésuanique : φυλακή est un indice de l'origine avancée ; mais plus décisif est l'emploi de la métaphore apocalyptique κλέπτης appliquée au Fils de l'Homme parousiaque. La communauté primitive n'aurait pas osé employer ce terme, si Jésus lui-même ne l'avait utilisé pour indiquer la Venue improviste du Jour. La littérature apocalyptique juive ne connaît pas cette désignation du jour de Yahwé (cf. H. PREISKER, *ThWB III*, p. 756). Comparer l'emploi similaire dans la littérature chrétienne : 1 Th 5, 2-4 ; 2 P 3, 10 ; Ap 15, 16.

on imagine mal Jésus pendant son ministère en train de dire à ses auditeurs : « Soyez prêts pour le jour où je reviendrai pour le jugement ». Cette pointe christologique est celle-là que l'Église post-pascale a donnée à la parabole, comparant sa situation à celle d'un maître de maison en attente du voleur, le retour du Κύριος. La parabole originelle exhortait probablement à se tenir prêt pour le prochain avènement du Règne de Dieu : un appel aux auditeurs à saisir l'offre du Royaume par Jésus, actualisée dans son ministère.

Les auditeurs n'étaient sans doute pas les disciples qui avaient déjà donné leur adhésion à Jésus, mais il s'agissait d'un public encore indécis ou même indifférent, auquel Jésus s'était adressé en une autre occasion : « Nous avons joué de la flûte et vous n'avez pas dansé ! Nous avons entonné un chant funèbre et vous ne vous êtes pas frappé la poitrine » (Mt 11, 16).

Après Pâques, les disciples ont « christologisé » la parabole et l'ont appliquée à la situation de la communauté en attente de la Parousie[27].

4. RÉDACTION.

Deux traits caractérisent la rédaction matthéenne de ces vv. 37-44 : il concentre toute son attention sur la Parousie du Fils de l'Homme et l'exhortation à la vigilance. Le passage parallèle de Luc (17, 26-35) contient encore d'autres éléments : exhortation à ne pas retourner en arrière (17, 31-32) ; un logion sur la recherche et la perte de la vie (17, 33 par. Mt 10, 39)[28]. En rapportant l'état des hommes avant le déluge, Mt ne situe pas le reproche dans le fait qu'ils mangeaient buvaient ou se mariaient, mais uniquement dans ceci que, ce faisant, ils oubliaient leur présent, ils oubliaient de tenir compte du jugement menaçant[29]. Mt a voulu ainsi souligner l'insouciance totale de la génération du déluge. Toute leur vie était prise par des affaires coutumières, ils ne doutaient de rien, οὐκ ἔγνωσαν... Ce dernier terme, interprété dans l'ensemble de la théologie de Mt, signifie moins un non-savoir qu'une volonté

---

27. Cf J. DUPONT, *La parabole du Maître*, p. 100.

28. Ce dernier logion forme un doublet avec Luc 9, 24 par. Mt 16, 25 par. Mc 8, 35. Luc introduit ici par un jeu d'association de ἀπώλεσεν (v. 29) avec ἀπολέσει (v. 33). R. SCHNACKENBURG (*Lk 17, 20-37*, p. 224) pense que ces versets se trouvaient ainsi liés dans la source Q. Nous avons montré plus haut que l'ordre de Mt est certainement primitif.

29. Manger et boire sont pour Mt des préoccupations d'ordre matérielles, propres aux païens : Mt 6, 32 ; cf. 1 Cor 10, 7 ; ils sont le fait d'une vie qui ne se soucie pas de l'essentiel et pour cela deviennent des faits répréhensibles Mt 24, 49 ; 11, 19 (cf. 1 Cor 15, 32 ; Jouissance, préoccupations de la chair pour satisfaire les tendances égoïstes, terrestres et éphémères). Mais ils peuvent aussi avoir une signification eschatologique : la parabole des invités Mt 22, 1-14 par. Mt 26, 29, où le Christ, avant sa passion, renonce consciemment à la joie de « boire » désormais le vin avec ses disciples, en attendant de le « boire » nouveau dans le Royaume. Il s'agit ici évidemment d'un « boire » symbolique, expression de la joie en compagnie de ces disciples. Se marier est pour Mt aussi une préoccupation d'ici-bas : dans le monde à venir, il n'y aura pas de mariage, Mt 22, 30.

de non-savoir[30]. Car il n'aura pas manqué de signes pour les avertir de l'approche de la Parousie. Mais, comme au temps de Noé, cette génération ne veut pas envisager la question fondamentale de sa relation avec Dieu, et est absorbée dans les réalités quotidiennes. Aussi le seul reproche dont il s'agit dans le parallélisme de situation est l'ignorance volontaire, l'indifférence vis-à-vis de l'essentiel en ces temps derniers : la Parousie et avec elle le jugement qui fixera la destinée de chacun. De même que le déluge signifie le jugement sur la génération de Noé, de même aussi la Parousie signifiera le jugement divin sur tout homme. La fonction de Juge universel est ici en filigrane attribuée au Fils de l'Homme[31].

En soulignant ce parallélisme de situation, Mt ne vise pas une catégorie particulière de chrétiens, pas nécessairement des gens mauvais, mais tout membre de la communauté[32]. Le jugement sera universel, d'où l'exhortation adressée à tous à tenir compte de cette échéance eschatologique et à s'y préparer dans leur conduite d'aujourd'hui.

Le logion suivant illustre par deux exemples concrets le caractère tranchant et péremptoire de l'avènement parousiaque. La Parousie, et avec elle le jugement, viendra surprendre les hommes dans leurs occupations habituelles, bien que se trouvant apparemment dans la même situation, l'un sera pris, l'autre laissé. Ces termes que Mt ne précise pas, sont à interpréter dans le contexte des paraboles de vigilance, surtout celle des dix vierges : celles qui étaient prêtes sont entrées dans la salle du banquet avec l'Époux et les autres en ont été exclues (25, 10-12) ; de même les serviteurs fidèles entrent dans la joie du maître : ils ont travaillé comme il convenait. L'autre serviteur qui n'a rien fait est exclu et jeté dehors (24, 51 ; 25, 30). Aussi les termes « pris et laissés » ne signifient-ils pas ici autre chose qu'être adjoint au cortège parousiaque[33] ou en être exclu. Le critère de la séparation ne sera pas arbitraire, mais tient compte des dispositions et mérites de chacun[34].

A lire le v. 42, on aurait l'impression que la seule manière pour la communauté d'échapper au jugement divin serait de veiller. Il n'en est rien, car il s'agit ici d'une introduction générale au thème de la Vigilance[35]. Ce thème va se préciser par les paraboles suivantes qui lui donneront un contenu ; l'exhortation à veiller désigne ici une disponibilité permanente du chrétien, parce qu'il ne sait pas le moment du retour de son Seigneur[36].

La parabole (vv. 43-44) illustre à l'aide d'un exemple concret par quel

30. P. GAECHTER, Mt, p. 792.
31. Cf. C. COLPE, ThWB VIII, p. 437 ; P. VIELHAUER, Gottesreich, p. 66.
32. A la différence des apocalyptiques juives où le jour de Yahwé concerne seulement les mauvaises gens, Mt souligne volontairement que tout le monde est concerné par le jugement menaçant.
33. Cf. Mt 10, 32 ; 1 Th 4, 17b.
34. Cf. 25, 31-46.
35. D'où la suppression de la précision «heure» qui aurait bien convenu au contexte ; cf. E. SCHWEIZER, Mt, p. 301.
36. Κίριος est une terminologie de la prédication chrétienne primitive.

genre de comportement il faut se préparer à l'événement inéluctable : le chrétien ne doit pas vivre dans une insouciance paresseuse, mais veiller dans l'attente du retour du Christ, comme le maître de maison avisé. Ne sachant absolument pas le moment de son arrivée, s'il viendrait ou non, il doit se tenir sur ses gardes, dans la vigilance, devant l'éventualité de l'effraction. De même l'attente de la Parousie. Seulement elle n'est pas présentée comme une hypothèse. Les chrétiens sont sûrs de son échéance, mais seulement incertains du moment. Ils doivent par conséquent se tenir prêts, toute leur vie, au besoin[37].

Pour exprimer que son retour est imprévisible, Jésus utilise l'image du voleur, reprise dans la prédication apostolique : « Le jour du Seigneur arrive comme un voleur dans la nuit » (1 Th 5, 2 ; 2 P 3, 10) ; « Si tu ne veilles pas, moi je viendrai comme un voleur dans la nuit (Ap 3, 3). Mais ici comme là, la comparaison se limite au niveau de l'image[38]. De même la parabole, bien que sa pointe soit fortement « christologisée », a échappé à tout processus d'allégorisation : au lieu de la mention « avènement du Royaume de Dieu », nous avons l'image du voleur ; le maître de maison devrait normalement s'appliquer à Dieu : au lieu de cela il ne s'applique pas à un personnage précis, mais à tous ceux auxquels l'exhortation est adressée.

Pour résumer, la vigilance caractérise l'attitude du disciple qui espère, qui attend le retour de son Seigneur. Tout comme le propriétaire avisé, le chrétien ne doit pas se laisser gagner par le sommeil : il doit rester sur ses gardes et se tenir prêt pour accueillir le Christ. Les paraboles suivantes expliciteront davantage le contenu de cette vigilance eschatologique.

---

37. Dans le contexte lucanien, l'exhortation semble adressée aux seuls chefs de la communauté comme le montre la question de Pierre 12, 41 : πρὸς ὑμᾶς par opposition à πρὸς πάντας.

38. Cf. la particule ἕως.

CHAPITRE II

Mt 24, 45-51 : LA PARABOLE DU SERVITEUR
A LA VENUE DE SON MAÎTRE

Cette parabole s'inscrit d'emblée dans le contexte matthéen du discours. Après avoir, à la suite de Mc, évoqué l'inconnaissance de la date de la Parousie (vv. 36.42.44) et exhorté à la vigilance (vv. 42.43), l'évangéliste développe à présent l'idée de vigilance déjà amorcée dans les versets précédents, mais sous un aspect concret et nouveau : celui d'une fidélité responsable dans une mission confiée par le Seigneur. Pas une fois cependant, le terme « vigilance » n'est mentionnée : il ne s'agit plus d'une attente d'heure en heure, comme dans la parabole précédente du maître de maison sur le qui-vive, mais d'une fidélité responsable, jusqu'à ce que le Seigneur revienne. En cela ces versets rentrent dans le cadre des «paraboles du serviteur»[1], caractérisées toutes par ceci qu'elles présentent un maître de maison donnant des ordres à ses serviteurs avant de partir (en voyage) et demandant des comptes à son retour, récompensant ou punissant, selon que ces serviteurs se sont montrés fidèles ou non. Comme dans les deux paraboles suivantes[2] et dans la scène du jugement dernier[3], l'évangéliste met délibérément l'accent non seulement sur le retour, mais aussi et surtout sur le comportement des serviteurs pendant l'absence du maître.

La parabole est issue de la source Q, comme le montre le passage parallèle de Luc 12, 41-46.

1. CRITIQUE LITTÉRAIRE.

La version lucanienne ne diffère de celle de Mt que par quelques modifications terminologiques et corrections stylistiques. Nous en relevons les principales[4] : au lieu de δοῦλος, Luc parle de οἰκονόμος (intendant v. 42). Le terme

---

1. Mc 13, 33-37 ; Mt 24, 14-30 par. Lc 12, 35-38.
2. 24, 1-13 ; 14-30.
3. 25, 31-46.
4. Que l'on compte seulement 18 différences dans cette parabole est un signe que les deux évangélistes dépendent étroitement de leur source commune, Mt plus encore que Luc.

est qualifié chez l'un et l'autre de πιστός et de φρόνιμος[5]. Luc emploie le futur καταστήσει auquel correspond le présent διδόναι, au lieu de l'aoriste chez Mt. De plus il remplace οἰκετία plus vulgaire de Mt par le mot de même sens θεραπεία et τροφή par le terme technique σιτομέτριον[6].

Mt 24, 46 par. Lc 12, 43.

Les deux versions concordent mot pour mot sauf l'inversion de οὕτως après le participe ποιοῦντα Mt 24, 47 par Lc 12, 44. Luc introduit le verset par ἀληθῶς pour remplacer le ἀμὴν de Mt.

Mt 24, 48 par. Lc 12, 45ª.

Luc supprime l'adjectif κακός à côté de δοῦλος et explicite davantage la réflexion du serviteur par l'addition (non nécessaire) de ἔρχεται.

Mt 24, 49 par. Lc 12, 45b.

En accord avec le terme οἰκονόμος déjà employé au début, Luc écrit τοὺς παῖδας καὶ τὰς παιδίκας (garçons et filles de service) au lieu des termes συνδούλους αὐτοῦ (ses compagnons, esclaves comme lui); il fait dépendre ἐσθίειν τε καὶ πίνειν καὶ μεθύσκεθαι du semi-auxiliaire ἄρξηται; Mt met les deux premiers au subjonctif aoriste suivi du participe substantivé de μεσθύω.

Mt 24, 50 par. Luc 12, 46.

Dans ce dernier verset, Luc écrit ἀπίστων au lieu du terme ὑποκριτῶν. Mt ajoute sa phrase préférée, «là où il y aura des pleurs et des grincements de dents[7]».

Résumons-nous : les deux versions concordent presque mot pour mot, à part quelques modifications mineures qui ne changent pas le sens général du texte. Nous verrons dans la tradition qu'il faudrait attribuer la plupart de ces corrections à Luc et que le texte matthéen est plus près de la source Q[8].

2. FORME ET GENRE.

D'abord quelques remarques préliminaires : cette parabole ne contient pas la formule introductive habituelle; elle ne contient pas non plus une indication claire de la pointe[9]. C'est la seule parabole qui commence par τίς ἄρα[10]. Cette question introductive vise indirectement les auditeurs (lecteurs) mais sert surtout à identifier le serviteur[11]. Elle est rhétorique et n'exige pas de réponse immédiate.

La parabole est composée de deux volets parallèles dépeignant deux

5. Omission de καί chez Luc, mais il fait précéder les deux adjectifs chaque fois par l'article ὁ).
6. Sur l'emploi de ce terme cf. A. DEISSMANN, *Licht*, p. 59; 82, note 1. Cf. J. HENGSTL, *Griechische Papyri aus Ägypten*, PSI IV, 421, p. 35.
7. Cf. Mt 8, 12; 13, 42.50; 22, 13; 25, 30.
8. Cf. R. BULTMANN, *ThWB VI*, p. 234.
9. Chez Luc l'occasion de la parabole est apparemment la question de Pierre.
10. C'est la seule fois qu'on rencontre cette formule sur les lèvres de Jésus dans la source Q; cf. A. WEISER, *Die Knechtsgleichnisse*, 180, note 14.
11. Comme dans Mt 18, 12; 21, 28.

manières différentes de se comporter : vv. 45-47 le bon et fidèle serviteur ; vv. 48-51 le mauvais serviteur ; presque tous les éléments de la première partie se retrouvent dans la seconde : au macarisme et à la récompense (vv. 46-47) correspond le v. 51a où le mauvais serviteur reçoit une punition proportionnée à son comportement. Le v. 51b est une addition matthéenne[12]. L'absence prolongée du maître au v. 48 se lit en filigrane dans les vv. 45-46, car l'ordre de distribuer la nourriture en son temps aux esclaves suppose une longue absence. Mais disons-le tout de suite, cette absence est seulement une nécessité littéraire, qui ne joue pas un grand rôle au plan de la réalité.

La question rhétorique du v. 45 se présente comme une anacoluthe, car la suite ne constitue pas une réponse directe à la question, tandis qu'on s'attendrait plutôt à : « C'est le serviteur qui... » comme dans le Ps 24, 3-4 « Qui gravira la montagne du Seigneur ? Qui se tiendra dans son lieu saint ? L'homme aux mains innocentes et au cœur pur... »[13]. Peut-être faudrait-il lire dans ce v. 45 une protase « virtuellement conditionnelle » dont le v. 46 serait l'apodose[14]. Ce sens conditionnel implicite semble bien être confirmé par la construction parallèle du v. 48 où la conditionnelle est bien exprimée.

Pour montrer le genre de fidélité requise, Mt choisit à bon escient l'image de l'esclave au service d'un maître, choisi en fonction de sa fidélité et de sa prudence, considérées comme vertus cardinales du serviteur[15] : ὁ πιστὸς δοῦλος καὶ φρόνιμος[16]. La relative v. 45b définit encore mieux la fonction de ce serviteur : il est placé à la tête de la maison du maître pour distribuer la nourriture en son temps ; l'aoriste κατέστησεν suivi de la forme δοῦναι convient bien à l'image chosie : le maître a placé ce serviteur avant de s'en aller ; δοῦναι et le futur εὑρήσει dans le verset suivant portent nettement sur l'avenir. Αὐτοῖς se rapporte au collectif οἰκετία[17]. Ἐν καιρῷ est renvoyé à la fin pour insister sur l'idée de distribution en temps opportun.

Le v. 46 reprend tous les éléments-clé du v. 45 que nous connaissons déjà : ἐκεῖνος renvoie au serviteur avec les qualités qu'on lui connaît. Οὕτως ποιοῦντα suppose l'accomplissement fidèle de la mission confiée par le maître. La construction ἔρχεται + εὑρίσκειν + participe se rencontre au moins en deux autres passages chez Mt 12, 44 par. ; 26, 40.43[18]. Le seul élément nouveau est le retour du maître (ἐλθών) dont l'absence n'était pas explicitement exprimée au v. 45.

Ἀμὴν λέγω ὑμῖν brise le rythme et la suite normale du macarisme[19]. Le

---

12. Cependant on s'attendrait à lire après le macarisme ; οὐαὶ δὲ τῷ κάκῳ ἐκείνῳ δοῦλῳ λέγοντι ἐν τῇ καρδίᾳ αὐτοῦ...

13. Comparer aussi Dt 20, 5-8.

14. P. JOÜON, *Notes philologiques*, p. 349. Du même avis aussi A. FEUILLET, *Synthèse*, p. 66 ; D. BUZY, *Mt*, p. 324 ; A. WEISER, *Die Knechtsgleichnisse*, p. 181.

15. Cf. A. JÜLICHER, *Gleichnisreden II*, p. 147.

16. Mt 25, 26 a la même construction πονηρὲ δοῦλε καὶ ὀκνηρέ.

17. Ce terme est employé ici seulement dans Mt.

18. Cf. H. PREISKER, *ThWB II*, p. 767.

19. Cf. Mt 5, 3-10 où le macarisme est directement suivi de ὅτι.

v. 47 évite de reprendre le terme δοῦλος, bien qu'il s'agisse explicitement de lui. Mais il est élevé à une plus haute fonction. Toujours est-il que le Seigneur reste maître de ses possessions (ἐπὶ ὑπάρχουσιν αὐτοῦ)[20]. L'horizon de la simple parabole se trouve dépassé : la récompense se consomme en un autre monde ; tandis que l'aoriste καταστήσει et εὑρήσει désigne un futur eschatologique et contient des traits allégoriques.

Les vv. 48-51 exposent un comportement opposé à celui d'avant, mais il s'agit du même serviteur : ἐκεῖνος n'aurait pas de sens s'il s'agissait d'un serviteur dont on n'aurait pas jusqu'ici parlé[21]. La qualification raccourcie κακός est précisée par ce que dit et surtout par ce que fait le serviteur. Il lui est reproché deux fautes : il bat ses compagnons ; il mange et boit avec les ivrognes : le dernier reproche ne se situe pas dans le fait de manger et de boire (cf. v. 38) mais dans l'injustice vis-à-vis de ses compagnons, dans le fait qu'il mène une vie prodigue sans se soucier de la tâche à laquelle il a été préposé. Ἄρξηται τύπτειν ne veut pas seulement marquer le début d'une action mais montrer qu'il est véritablement engagé dans le processus[22].

Ἥξει au v. 50 reprend le même mot qu'au v. 14 et s'oppose à χρονίζει ; il souligne la venue du Maître et en même temps la fausseté de la réflexion du serviteur : le maître de ce serviteur viendra sûrement, mais à une heure qu'il ne connaît pas. La construction parallèle : «(il viendra) en un jour qu'il ne pensait pas et en une heure qu'il ne connaît pas » combine les éléments des vv. 42-44. Προδδοκᾷ est mis pour δοκᾷ[23]. Le second ᾗ est mis pour ἥν, à cause de l'attraction du cas. Bien consciemment voulues sont les correspondances suivantes : τύπτειν et διχοτομεῖν : le serviteur sera séparé des autres qu'il a battus. Μετὰ τῶν ὑποκριτῶν correspond à μετὰ τῶν μεθυόντων et μέρος θήσει fait penser à πᾶσιν τοῖς ὑπάρχουσιν καταστήσει.

L'addition matthéenne v. 51b accentue encore davantage le revêtement allégorique de la parabole.

Du point de vue du genre, il est évident, qu'il s'agit d'une parabole (même si la pointe manque) avec des traits allégoriques. Le macarisme du v. 46 est une intrusion dans la parabole[24]. Mais une autre fois nous rencontrons le même phénomène dans Lc 12, 37a, qu'on peut difficilement attribuer à la seule rédaction de Luc.

---

20. Noter les constructions avec différents cas avec la même préposition ἐπὶ + κατίσθημι une fois avec le génitif et une autre fois avec le datif. Ἐπὶ + datif est plutôt rare chez Mt.

21. Cf. J. JEREMIAS, *Gleichnisse*, p. 53, note 1 ; W. MICHAELIS, *Gleichnisse*, p. 71 et 76.

22. Les véritables débuts d'action sont marqués chez Mt par ἀπὸ τότε comme en 4, 17 ; 16, 21 ; 20, 8.

23. Cf. C. MAURER, *ThWB VI*, p. 725.

24. Cf. H.-J. KLAUCK, *Allégorie*, p. 330, qui y voit une addition secondaire ; par contre A. WEISER (*Die Knechtsgleichnisse*, p. 187-188) qui attribue avec raison ce mélange de deux genres dans la parabole originale à Jésus.

3. TRADITION.

Il s'agit ici de déterminer d'abord la forme originale de la parabole dans Q. Luc introduit la parabole par la question de Pierre à savoir si la parabole précédente est adressée aux seuls disciples ou à tous. Luc et la tradition à sa suite ont compris qu'elle s'adressait aux responsables de la communauté chrétienne. Cette compréhension explique les modifications opérées par Luc. Il change ainsi δοῦλος en οἰκονόμος (ce titre est celui-là même que portaient les responsables chrétiens)[25]. Dans le contexte une telle appellation est superflue, et l'ordre de donner de la nourriture en temps opportun est inutile, puisque l'intendant se comprend comme tel à la tête de la domesticité[26].

De plus Lc 12, 43.45.46, où le terme δοῦλος revient, montre que Luc aussi a lu ce mot dans Q. La seconde raison pourquoi il écrit οἰκονόμος, est peut-être qu'il a voulu tout de suite caractériser ce serviteur en tenant compte de la mission qu'il reçoit au v. 44.

Avant de se rapporter à une signification religieuse, les termes κύριος — δοῦλος se réfèrent à une situation palestinienne bien commune : les familles aisées avaient des esclaves commis aux tâches domestiques ordinaires[27] ; l'histoire de Joseph correspond presque exactement à notre parabole : Potiphar place Joseph à la tête de sa maison (Gn 39, 4). De même Pharaon le met comme majordome (Gn 41, 40) et l'établit sur tout le pays d'Égypte (Gn 41, 41 LXX : καθίστημι ἐπί ; cf. Gn 41, 43).

L'aoriste κατέστησεν est primaire. On peut penser que Luc a voulu généraliser le cas en mettant le futur auquel correspond διδόναι[28]. Θεραπεία de même sens que οἰκετία se retrouve encore en Lc 9, 11, mais dans un contexte rédactionnel et où il a un sens médical. Il est probable qu'ici il soit secondaire, comme aussi le terme technique σιτόμετριον[29]. Δοῦναι αὐτοῖς τὴν τροφὴν ἐν καιρῷ se rapproche textuellement de la formulation du Ps 103, 27, sans pourtant qu'on puisse dire que ce soit une citation faite par Mt. Q aussi connaît des citations de psaumes, par exemple en Mt 7, 23 par. Lc 13, 27 ; Luc modifie là aussi le texte du Ps 6, 9a. L'omission de κακός par Luc est secondaire et logiquement nécessaire : il s'agit en effet du même serviteur qu'il venait de qualifier avisé et fidèle ; il n'a donc pas voulu lui attribuer cet adjectif avant de montrer ce en quoi il est mauvais. L'addition ἔρχεται est probablement de Luc, par souci de clarté. Il est probable aussi que soit secondaire la forme plus construite de Luc qui fait dépendre de ἄρξηται les verbes « battre, manger, boire et se saouler »[30].

25. 1 Cor 4, 1 s. ; Tit 1, 7.
26. Cf. S. SCHULZ, Q, p. 271 ; J. JEREMIAS, Gleichnisse, p. 53, note 3.
27. Voir les références dans A. WEISER, Die Knechtsgleichnisse, p. 184, note 37.
28. Comparer A. JÜLICHER, Gleichnisreden II, p. 148.
29. Le terme désigne la ration de vivre, tirée du cellier ; elle est distribuée un peu avant le travail, le reste une fois le travail fini. Cf. E. DELEBECQUE, Évangile de Luc, p. 84.
30. Luc préfère cette construction avec l'infinitif. Cf. E. LLOSTERMANN, Mt, p. 199.

Il n'est pas facile de déterminer laquelle des deux formes ὑποκριτῶν ou ἀπίστων est primaire par rapport à l'autre. On pourrait cependant penser que ἄπιστος est primaire pour des raisons suivantes :

1) ἄπιστος correspond à πιστός du v. 45. Ce terme n'est pas un mot préféré de Luc chez qui il se rencontre seulement deux autres fois, Lc 9, 41 et Ac 26, 1, de sorte que s'il avait lu dans Q il ne l'aurait pas changé.

2) Le terme ὑποκριτής est un mot préféré de Mt qui l'emploie au moins sept fois dans un contexte rédactionnel[31]. Il est possible qu'à la base de cette tradition se trouvait le terme חנף que la LXX traduit parfois indifféremment par ἄπιστος, ἀσεβής, ἄνομος, ἀπειθής[32]. Il ne s'agit pas alors seulement de simples manières hypocrites mais aussi de ceux qui nourrissent des sentiments mauvais et impies[33]. Luc a sans doute conservé le mot de Q : « Il lui assignera sa place parmi les infidèles »[34]. Mt a préféré le terme « hypocrite », parce que la punition ici se rapproche manifestement du sort réservé aux hypocrites (Mt 6, 3.6.16 ; 23, 13.15 ; les pharisiens, à cause de leur hypocrisie, sont dignes de la géhenne, comme le rappelle la suite de notre verset).

Le verbe διχοτομεῖν commun aux deux évangélistes n'apparaît qu'ici dans le NT. Le sens de ce verbe est à rapprocher de celui de la Règle de la communauté où il est question de séparer, de retrancher le pécheur de la Communauté : 1 QS VI, 24 : « S'il se trouve parmi eux un homme qui mente sciemment en matière de biens, on le retranchera[35] du milieu de la purification des nombreux » ; « tout homme d'entre eux qui transgressera un point quelconque de la Loi de Moïse, délibérément ou par relâchement, on le chassera du conseil de la communauté et il ne reviendra plus » : 1 QS VIII, 21-23[36]. Cependant cette formule de la discipline qumranienne diffère de celle des synoptiques par le fait qu'elle prescrit souvent une séparation temporaire du malhonnête, du blasphémateur, leur permettant ainsi de se réformer, tandis que chez les synoptiques, elle évoque la séparation définitive, la réprobation éternelle[37].

L'expression « assigner sa place », « donner sa part » fait penser aussi à des

---

31. Mt 22, 18 ; 23, 13.15.23.25.27.29.

32. Cf. U. WILCKENS, *ThWB VIII*, p. 562-563, note 25. O. BETZ (*The dichotomized Servant*, p. 43-58) fait un rapprochement intéressant entre notre texte et la Règle de la Communauté 1 QS II, 16-17, où il est question de la malédiction des hypocrites, sauf que le terme חנף n'est pas employé dans ce passage. En 1 QS IV, 10 où il apparaît, il se réfère plutôt à un comportement qu'à une personne, au sens de conduite impie.

33. Comparer avec 1 QS IV, 10.

34. Cf. J. JEREMIAS, *Gleichnisse*, p. 54, note 6 ; H. KAHLEFELD, *Paraboles I*, p. 101, note 55 ; P. GAECHTER, *Mt*, p. 798.

35. Racine *hibdil* et *nikrat*.

36. Voir aussi 1 QS VII, 1.2.16.

37. Il est impossible de donner à διχοτομεῖν le sens de « fendre en deux », car la suite montre que le serviteur est toujours vivant et qu'il est mis parmi les hypocrites, cf. Ps 37, 8-9.34.

expressions analogues de la discipline essénienne (1 QS II, 16 s ; I, 9-11) avec un sens dualiste et déterministe.

Le v. 51c apparaît sous cette forme seulement encore dans Mc 8, 12 par. Lc 13, 28. C'est ici une addition de Mt qui fait ainsi de la parabole une parabole du jugement eschatologique[38].

Comme nous avons essayé de le montrer, la version est plus près du texte contenu dans Q[39]. L'addition finale dans le texte de Mt et la question introductive dans la version de Luc sont autant d'indices qui nous permettent de déceler que notre parabole a connu un début d'allégorisation, peut-être même avant la rédaction des évangiles. « Là où il y aura des pleurs et des grincements de dents » est une allusion claire au jugement eschatologique, à une sanction après la mort. Un maître terrestre ne peut punir de la sorte. Ainsi le maître de maison qui s'est absenté puis revient en un jour et à une heure inconnus ne peut être autre pour les lecteurs de l'évangile que le Seigneur Jésus revenant pour le jugement. Οἰκετία a pu être compris comme une métaphore désignant la communauté des disciples et des chrétiens, comme l'atteste l'usage similaire dans l'Église primitive (He 3, 6 ; 1 P 4, 17 ; 1 Tm 3, 15) ; le serviteur devient le type du chef de communauté, titulaire d'une fonction pendant toute la durée de l'absence (χρονίζειν) du Seigneur Jésus[40]. La parabole a donc été allégorisée en fonction de la nouvelle situation de l'Église primitive : en attendant le retour du Seigneur Jésus, il s'agit pour les disciples de bien remplir les fonctions de service au sein de la communauté. Cette actualisation par l'allégorisation remonte sans doute à une parole du Christ : le conseil du Christ aux disciples : « Vous le savez, ceux qu'on regarde comme les chefs des nations les tiennent sous leur pouvoir et les grands sous leur domination. Il n'en est pas ainsi parmi vous. Au contraire, si quelqu'un veut être le premier parmi vous, qu'il soit votre serviteur » (Mc 10, 42-43 ; cf. Mt 23, 8-10 ; 20, 26 s.).

Le contexte actuel de cette parabole et les différences dans les deux versions ne permettent pas de savoir aisément le sens original et son *Sitz im Leben* dans la prédication de Jésus : Luc la réfère aux apôtres. L'Église primitive l'a comprise comme une exhortation à bien remplir son devoir chrétien comme une réponse au problème du retard de la Parousie[41]. De nombreux commentateurs estiment que la parabole a été adressée contre les pharisiens, les chefs religieux d'Israël, contemporains de Jésus[42].

Les éléments de la parabole elle-même nous empêchent d'accepter cette dernière position : le serviteur de la parabole comptait sur un retard de son

38. Cf. Mt 8, 12 ; 13, 42.50 ; 22, 13 ; 25, 30.
39. G. SCHNEIDER (*Parusiegleichnisse*, p. 25-26) et A. WEISER (*Knechtsgleichnisse*, p. 203) présentent une reconstruction du texte primitif qui est presque mot pour mot le texte de Mt.
40. *Cf. 1 P 5, 2 s. ; comparer Lc 12, 41.*
41. *E.* GRÄSSER, *Parusieverzögerung*, p. 90-91.
42. C.H. DODD, *Paraboles*, p. 127 ; 166 ; J. JEREMIAS, *Gleichnisse*, p. 55 ; E. KAMLAH, *Verwalter*, p. 289.

maître, et voici que le Maître arrive à l'improviste. Une telle idée (même si c'est un trait parabolique non nécessaire au contenu de la parabole) est absolument étrangère à la prédication de Jésus contre les pharisiens. D'autre part, le comportement répréhensible reproché au mauvais serviteur est sa négligence (exprimée dans le fait qu'il mange et boit avec les ivrognes), irresponsabilité répréhensible que Jésus n'a jamais reprochée aux scribes et pharisiens, dont on sait d'autre part qu'ils avaient un idéal religieux très sévère[43].

Enfin, en termes de la parabole originelle, telle qu'elle a été prononcée par Jésus, il va sans dire que le problème du retard de maître devient un trait secondaire, car on n'imagine pas Jésus en train de parler du retard de sa Parousie.

La seule solution satisfaisante est de comprendre la parabole dans la bouche de Jésus comme un appel à être prêt pour la venue de la βασιλεία τοῦ Θεοῦ, dont, à plusieurs reprises, il a annoncé la proximité par les signes qu'il opérait : il chassait les démons, guérissait les malades, etc. Ainsi comprise, l'image du serviteur à qui le maître confie une mission veut simplement exprimer la responsabilité de chacun des auditeurs devant le règne de Dieu à venir ; la venue de ce règne est en même temps un jugement : salut ou réprobation, selon que l'on n'aura été prêt ou non à accueillir et à faire la volonté de Dieu (Mt 7, 21-22).

La suite montrera la compréhension matthéenne de la parabole. Mais on peut déjà dire que l'évangéliste, en l'introduisant dans son discours sur la Parousie, en a très peu modifié l'orientation eschatologique.

4. RÉDACTION.

La parabole dans le contexte du discours eschatologique met l'accent sur la Parousie du Christ et non plus directement sur la Venue du Règne de Dieu.

Elle reprend et développe l'idée de vigilance amorcée aux vv. 42-43. Celle-ci reçoit maintenant un contenu concret : elle consiste en l'accomplissement fidèle (πιστός) et prudent (φρόνιμος) d'une mission reçue du Seigneur. Bien que les termes invitent à penser à une mission de chef de communauté (distribuer la nourriture en son temps, être mis à la tête de ses biens[44]), il s'agit pour Mt de toute la communauté, de tout chrétien à qui le Seigneur confie une mission de service en faveur de ses frères. La question du v. 45 laisse, pour ainsi dire, chacun apporter une réponse par une conduite clairvoyante, qu'il soit chef ou simple membre de la communauté.

Ce qui est loué chez le serviteur n'est pas l'intelligence, mais sa capacité de discerner et de se conduire en conséquence. Il s'agit avant tout d'un sens de réalisme religieux qui tient compte de Dieu, du retour du Seigneur. Toutes les fois que Jésus invite à la prudence, il s'agit de discerner la volonté et le don divins[45]. Être intelligent, c'est suivre et pratiquer la Parole. C'est la qualité de

---

43. Cf. A. WEISER, *Die Knechtsgleichnisse*, p. 210.
44. Cf. Nb 12, 7, où Moïse est nommé « homme de confiance dans ma maison ».
45. Mt 7, 24 ; 10, 26 ; 25, 2 s.

l'homme qui bâtit sur le roc (7, 24). De même aussi le serviteur fidèle et prudent de notre parabole suit les instructions de son maître et tient compte de la signification eschatologique de sa mission[46]. L'intention parénétique de Mt est évidente : il faut rester fidèle jusqu'au retour du Christ (εἰς τέλος v. 13). Le service fidèle est envisagé dans la perspective du jugement à venir. En l'investissant dans sa mission de donner de la nourriture à ses compagnons, le maître place le serviteur dans une situation de responsabilité non seulement vis-à-vis de ses compagnons mais vis-à-vis de son Seigneur à qui il devra rendre compte. Le retour du Maître, du Seigneur coïncide avec la reddition des comptes (Mt 25, 14-30).

L'objet de ce service, dans la perspective de l'évangéliste, réside dans l'exercice de l'amour, de la justice et de la miséricorde (Mt 23, 23). A celui qui agit ainsi est promise la récompense d'une plus grande responsabilité, métaphore pour désigner le bonheur éternel, l'héritage de la vie éternelle où le fidèle sera dans une plus grande intimité avec le Seigneur.

Le mauvais serviteur, au contraire, au lieu de servir, agit de sa propre autorité, satisfait ses propres plaisirs et use de violence contre ses compagnons. Ces traits révèlent sans doute des expériences douloureuses des premières communautés chrétiennes. Que tout ne soit pas au mieux dans ces communautés, cela se voit dans la querelle des deux fils de Zébédée avec les autres disciples (Mt 20, 20) ; Mt 24. 10-12 parle de scandales et trahisons, de haine et du refroidissement de l'amour au sein même de la communauté.

Être disciple, c'est servir, comme le Fils de l'Homme venu pour servir et non pour être servi (10, 24-25). A plusieurs reprises Jésus insiste sur la nécessité de servir (18, 1 ; 20, 25-28 ; 23, 8.12). Le jugement final lui-même portera aussi sur la manière dont on aura été au service de ses frères (25, 31-46).

Le mauvais serviteur justifie son attitude en supposant que son maître tarde à venir. Mais l'évangéliste en écrivant cela, admet-il que ce retour peut être proche ou différé ? Rappelons que Mt, qui écrit pour la seconde ou troisième génération de chrétiens, n'ignore sans doute pas le problème du retard de la Parousie, mais il combat cette nouvelle tendance en insistant sur la nécéssité de veiller. Entre l'instauration du Règne de Dieu par la proclamation de Jésus et son accomplissement définitif à la fin des temps il y a un laps de temps, d'une durée inconnue, mais que l'évangéliste croit courte (cf. 16, 28 ; 24, 34) : cependant, malgré la proximité de ce retour, la date en demeure inconnue ; elle est connue du Père seul (24, 36).

Dans notre parabole, le retard supposé du maître ne veut donc pas souligner le retard de la Parousie, mais constitue un trait parabolique, un supposé logique et littéraire pour que le mauvais serviteur se permette d'abuser de sa situation. Il est dit mauvais, non seulement parce qu'il use de violence contre ses compagnons de service, qu'il mange et boit avec les ivrognes, mais aussi parce qu'il ne tient pas compte de la réalité du maître et se comporte comme

---

46. Cf. G. BERTRAM, *ThWB IX*, p. 230.

s'il ne devait pas rendre compte. L'évangéliste combat nettement cette tendance en mettant l'accent sur la venue certaine (ἥξει ὁ κύριος) du maître qu'il
fait revenir à l'improviste, «en un jour et à une heure qu'il ne connaît pas»,
presque dans les mêmes termes que les vv. 39.42.44. L'intention parénétique
est évidente : il faut se trouver dans l'intendance du Seigneur, au service de la
communauté et des frères au moment de sa venue, quelle que soit l'heure.

Le châtiment infligé à ce mauvais serviteur n'est pas sans rapport avec la
faute : ayant abusé de son autorité, qui ne lui était dévolue que dans l'intérêt
de ses compagnons, maltraités au lieu d'être servis, il sera séparé d'eux et de
son maître : διχοτομεῖν n'est autre chose que «la séparation de la société des
saints»[47]. Le refrain du v. 51, caractéristique de Mt[48] marque plus encore que
chez Luc la condamnation au jugement dernier. Le serviteur reçoit le même
châtiment que les hypocrites auxquels Jésus avait adressé les malédictions au
chapitre 23 : ils n'entrent pas dans le Royaume des cieux, mais sont plutôt
condamnés à la géhenne (23, 13.15) ; contradiction du sort : il tombe sous le
jugement dont il n'a pas voulu tenir compte dans sa conduite ; en cela réside
son hypocrisie, car il devait se rendre compte que son Maître reviendrait
pour le jugement.

La parabole met l'accent sur le sort individuel du chrétien à la Parousie.
Chacun sera responsable devant le Christ de la manière dont il aura accompli
sa mission, avant tout, le service d'amour. Ne connaissant pas le moment
du retour du Seigneur, le chrétien doit accomplir consciemment et fidèlement son devoir, en étant toujours prêt à rendre compte. L'exemple négatif
du mauvais serviteur doit le rendre conscient que le jugement sera rigoureux,
mais juste. Mais qui suit la volonté du Maître sera placé à la tête de plus
grands biens et entrera dans la joie de son Maître (Mt 25, 21-23).

---

47. A. FEUILLET (*Synthèse*, p. 70) citant St. Jérome, *PL XXVI*, col. 183.
48. Cf. 8, 12 ; 13, 42.50 ; 22, 13 ; 25, 30.

CHAPITRE III

MT 25, 1-13 : LA PARABOLE DES DIX VIERGES

Êtroitement liée par τότε à la péricope précédente, la parabole des Dix Vierges se place dans la même perpective eschatologique : le Christ arrive ; seuls ceux qui seront prêts entreront avec lui dans la salle des noces. C'est une des rares paraboles chez Mt (à part Mt 13, 33 par. Lc 13, 20-21) qui mette en scène des femmes[1] ; E. Klostermann l'appelle pour cette raison le « complément féminin » de la parabole du bon et du mauvais serviteur[2]. C'est en effet le même thème de l'attente eschatologique, seulement avec cette différence que maintenant l'accent est mis non sur la vigilance (24, 43-51) mais sur la préparation. Le premier évangéliste est seul à rapporter cette parabole, mais on rencontre chez les synoptiques quelques-uns des logia contenus dans cette parabole.

1. CRITIQUE LITTÉRAIRE.

L'époux, dans la parabole, au lieu de venir surprendre ceux qui sont à « l'intérieur » comme un voleur (24, 43-44) ou comme le maître de maison (24, 45-51), se trouve ici « au dedans » lorsque les Vierges « en retard » se présentent et demandent à entrer, alors que la porte est déjà fermée. C'est à peu près la situation de Luc 13, 25 où se trouve la scène de fermeture de porte comme ici au v. 10 : ἐκλείσθη ἡ θύρα, comparable à la formulation lucanienne : ἀποκλείσῃ τὴν θύραν, où c'est le maître de maison qui ferme la porte. L'appel des Vierges étourdies, qui demandent à l'époux de leur ouvrir, est semblable à la formulation de Luc : κύριε, ἄνοιξον ἡμῖν : l'appel est doublé chez Mt : Seigneur, Seigneur. La réponse réprobative du maître ou de l'époux est la même chez l'un et l'autre, seulement Mt ajoute la clausule de raccordement ἀμὴν λέγω ὑμῖν. Luc ajoute πόθεν ἐστέ. Ce verset lucanien se présente plutôt comme un parallèle de Mt 7, 21-23. Dans Lc 12, 35 nous avons un autre logion de l'ouverture de la porte, mais c'est le maître de maison qui se fait

---

1. Luc a en plus la parabole de la pièce trouvée : 15, 8-10.
2. E. KLOSTERMANN, *Mt*, p. 199.

ouvrir la porte à son arrivée des noces. Luc connaît aussi l'idée des noces du maître ἐκ τῶν γάμων (comparer avec Mt 25, 10 : εἰς τοὺς γάμους) et celle de garder les lampes allumées οἱ λύχνοι καιόμενοι à côté de Mt 25, 7 : ἐκόσμησαν τὰς λαμπᾶδας ἑαυτῶν[3]. Mc 13, 35 mentionne l'idée de la venue du maître au milieu de la nuit μεσονύκτιον à comparer avec Mt 25, 6 : μέσης νυκτός. Enfin la conclusion de la parabole est semblable à l'exhortation chez Mc 13, 33-36, que Mt a déjà reproduite en 24, 42.44.

Dans aucun des passages évoqués, il ne s'agit d'une scène de mariage comme dans notre parabole ; pas une fois il n'a été question des vierges. De plus chez Luc c'est le maître lui-même qui vient frapper à la porte. On peut alors conclure de ces observations, du moins provisoirement, que ces passages qui se ressemblent viennent de traditions indépendantes de logia ou d'une parabole remontant à Jésus et que le texte de Mt a de grandes chances de nous en conserver les grandes lignes, sinon l'intégralité. Luc en garde quelques réminiscences.

2. FORME ET GENRE.

A. Jülicher remarque que la parabole des dix vierges est un imbroglio d'éléments épars : « Das Stück 25, 1-12 ist bei ihm ein Durcheinander von eigentlich zu nehmenden und geistlich zu deutenden Bestandteilen »[4]. Le morceau peut, à première vue, donner cette impression, parce qu'il passe de la description d'une scène familière à l'évocation d'une sphère religieuse, sans que le passage de l'une à l'autre soit toujours bien marqué. Mais ce mélange, comme on le verra, ne provient pas de l'évangéliste. Cela vient de ce que la parabole, sans doute avant sa rédaction par Mt, a été l'objet d'une allégorisation[5]. Mais il va sans dire que le morceau fait l'objet d'une composition harmonieuse et d'une gradation étudiée.

Τότε n'est pas une simple clausule de raccordement avec la péricope précédente, mais renvoie au contexte de la Parousie, probablement aux vv. 31.39.44.50[6] : « Alors » c'est-à-dire à la Venue du Fils de l'Homme. Il se rapporte donc au futur comme aussi ὁμοιωθήσεται (ici au futur comme en 7, 24-26). Cette introduction avec « il en sera du Royaume des Cieux comme... » est ici unique dans les paraboles de la Vigilance. Mt emploie habituellement

---

3. A propos de Luc 12, 35 R. BULTMANN remarque : « man hat den Eindruck, zusammengeklebte Trümmer der Tradition vor sich zu haben, die, wie sie vorliegen, in Form und Inhalt sekundär sind... » (*Tradition*, p. 125). Plus loin (p. 137) il reconnaît dans Lc 13, 25, une pièce rédactionnelle inspirée des éléments d'une parabole comme celle des dix Vierges. A. JÜLICHER (*Gleichnisreden II*, p. 438) pense que Lc 13, 25 est un morceau d'une autre tradition des « Dix Vierges ».

4. A. JÜLICHER, *Gleichnisreden II*, p. 457.

5. Cf. I. MAISCH, *Mt 25, 1-13*, p. 254-255 : elle est d'avis que les vv. 25, 1-13 n'étaient pas à l'origine une allégorie, sans pourtant indiquer le stade de l'allégorisation. Comparer E. SCHWEIZER, *Mt*, p. 304.

6. J. SCHMID, *Mt*, p. 343 ; W. GRUNDMANN, *Mt*, p. 517 ; J. JEREMIAS, *Gleichnisse*, p. 48.

ὅμοιος et ἐστιν. La scène rapportée par la parabole se réfère au temps de la Parousie. Le Royaume des Cieux n'est pas comparé à dix Vierges mais il faudrait dire : « il en sera du Royaume comme de dix vierges qui... ». Ces dernières représentent les personnages centraux auxquels s'intéresse le récit. Comme en Mt 22, 2 le sujet est repris par une proposition commençant par ὅστις. La mention « à la rencontre de l'époux (avec l'article défini) nous apprend qu'il va s'agir des fêtes de noces ; de même la mention de lampes et d'huile dès le début nous suggère qu'il s'agit là d'un des thèmes principaux du récit. Le trait commun à ces jeunes filles est qu'elles vont toutes à la rencontre de l'époux avec leurs lampes. Au v. 2 les deux épithètes φρόνιμος et μωραί sont distribuées d'après ce qui suit[7]. Mais c'est seulement à partir de la fin que l'on comprend pleinement pourquoi une partie de ces vierges est dite avisée et l'autre étourdie : leur présence ou absence au moment décisif (v. 10). Les vv. 3 et 4 continuent de les présenter en justifiant leur qualificatif. Γάρ n'a pas ici un sens causal, mais il est simplement un indice. L'évangéliste commence par mentionner le groupe des cinq Vierges étourdies, car c'est surtout à elles que s'intéresse le récit et c'est leur comportement qui détermine la pointe de la parabole : l'étourderie consiste dans le manque de préparation, en ne s'approvisionnant pas de la qualité d'huile nécessaire : « ἔλαβον ἔλαιον ἐν τοῖς ἀγγείοις μετὰ τῶν λαμπάδων ἑαυτῶν » fait la différence entre les deux groupes[8].

Les quatre premiers versets présentent le sujet de la parabole : on y retrouve les termes importants qui reviendront sans cesse dans les versets suivants : νυμφίος, λαμπάδες, ἔλαιον, μωρός, φρόνιμος.

Le v. 5 reprend le v. 1 et continue la narration interrompue par les précisions données sur les protagonistes (vv. 2-4)[9]. Le génitif absolu χρονίζοντος a une valeur temporelle et non causale. Notons le passage de l'aoriste ἐνύσταξαν (action ponctuelle) à l'imparfait ἐκάθευδον (action durative) mais que nous traduisons par le passé simple : elles s'assoupirent et s'endormirent toutes[10]. Volontairement l'évangéliste insiste sur πᾶσαι (cf. v. 7 : Toutes... se réveillèrent). Dans le cadre du récit « le cri qui retentit au milieu de la nuit » marque le moment décisif vers lequel est tendu tout le récit ; il s'adresse aux dix Vierges (sans exclusion des autres participants). A partir d'ici l'accent est mis sur la figure de l'époux : il faut aller maintenant à sa rencontre. Dans les versets précédents on n'a pas mentionné que les Vierges étaient dans une maison pour justifier la forme ἐξέρχεσθε mais on peut le supposer[11]. Mais elle

---

7. En 7, 24-27 ces deux adjectifs déterminent deux conduites différentes, l'une en harmonie avec le Royaume, l'autre opposée à lui.

8. ἔλαιον (sing) et λαμπάδες se rencontrent ici seulement dans Mt.

9. Comparer avec Mt 22, 2 où la parabole continue sans interruption. Le verbe ἔλαβον serait à traduire par notre plus-que-parfait français : « elles avaient pris... » donc une action antérieure à celle des v. 5 et suivants.

10. Cf. A. STROBEL, *Mt 25, 1-13*, p. 219, note 2.

11. Entre εἰς ὑπάντησιν (v. 1b et εἰς ἀπάντησιν (v. 6), M.-J. LAGRANGE (*Mt*, p. 477) fait une distinction subtile, non nécessaire, entre « le propos d'aller au-devant de » et l'exécution du propos. Les deux formes de l'expression signifient la même chose.

reprend le v. 1b et renvoie à εἰσῆλθον μετ᾽ αὐτοῦ εἰς τοὺς γάμους (v. 10) qui est l'action centrale du récit.

Le v. 7 présente encore le groupe des dix Vierges ensemble ; πᾶσαι : toutes se réveillèrent et arrangèrent leurs lampes[12].᾽Ηγέρθησαν πᾶσαι... se réfère à l'action précédente ἐκάθευδον, car ce sont elles toutes qui ont dormi. Le v. 13 ne se réfère donc pas à cette action.

Les vv. 8 et 9 supposent la situation des vv. 3-4, la provision d'huile ou non. Mais l'attention se porte davantage sur les μωραὶ pour souligner leur étourderie : au dernier moment avant les noces, elles ne sont pas prêtes[13]. Le refus catégorique des Vierges avisées μήποτε est motivé par la crainte, οὐ μη, que la provision d'huile ainsi partagée ne suffise pas pour les unes et les autres. Ce refus est cependant suivi d'un conseil : à δότε ἡμῖν correspond ἀγοράσατε ἑαυταῖς. Πορεύεσθε δὲ μᾶλλον n'a pas un sens comparatif, mais adversatif[14]. Notons le mélange des temps : le présent πορεύεσθε à côté de l'aoriste ἀγοράσατε action ponctuelle[15].

Depuis les vv. 1 et 6 nous savons que les Vierges sont sorties pour aller à la rencontre de l'époux. C'était leur but. A partir du v. 10 plus aucune mention n'est faite de cette rencontre ; au contraire on passe directement à l'entrée des Vierges avisées dans la salle des noces avec l'époux ; les étourdies arrivent trop tard et ne peuvent entrer. Ici ce n'est plus l'époux qui est en retard, mais les Vierges étourdies. A partir du v. 10 en effet, les événements se précipitent vers le dénouement. Tandis que les Vierges étourdies sont parties s'approvisionner d'huile, l'époux arrive et entre avec les autres et la porte est fermée[16]. «Αἱ ἕτοιμοι» insinue déjà l'idée centrale de la pointe et s'oppose, bien entendu, à l'autre groupe des Vierges, qui n'étaient pas prêtes, désignées simplement par αἱ λοιπαί. Ces deux termes αἱ ἕτοιμοι et αἱ λοιπαί consomment la séparation entre les πᾶσαι αἱ παρθένοι. Les vv. 11-12 présentent le dernier volet du dénouement. Le double appel «Seigneur, Seigneur», désignant l'époux reprend une sentence semblable de la fin du discours sur la montagne (7, 21.22) Οὐκ ὅιδα (ὑμᾶς) construit avec l'accusatif se retrouve également dans le récit de la Passion (26, 72.74) ; mais pas comme un verdict réprobateur, comme dans la parabole (cf. 7, 23 : οὐδέποτε ἔγνων ὑμᾶς). La conclusion (v. 13) ne convient pas avec le sommeil des Vierges et n'en constitue pas pour cela une allusion.

En résumé, les vv. 1 à 4 constituent l'exposition, avec une formule intro-

---

12. Κοσμεῖν en grec classique signifie d'abord arranger, avant d'avoir le sens d'orner.

13. Σβέννυμι se rencontre encore une fois dans Mt 12, 20 mais dans une citation d'Is 42, 3.

14. Comparer avec Mt 10, 5 μὴ ἀπέλθητε — μὴ εἰσέλθητε, πορεύεσθε δὲ μᾶλλον ; cf. H. FRANKEMÖLLE, *Jahwebund*, p. 129, note 232.

15. Cf. BLASS-DEBR. § 336, 1.

16. A. JÜLICHER (*Gleichnisreden II*, p. 452) voit juste quand il remarque à propos de ἀπερχομένων : « Mt setzt das Part. Praes. statt des Aorists... um die Schleunigkeit, mit der die Dinge sich nun bis zum Ende entwickeln, zu veranschaulichen ».

ductive (v. 1ª) et la présentation des vierges (vv. 1b-4) ; les vv. 5 à 9 développent l'action, avec deux moments importants : annonce de l'arrivée de l'époux (v. 6) et le dialogue entre les Vierges vv. 7-9 ; les vv. 10 à 12 présentent le dénouement avec l'arrivée de l'époux et son comportement à l'égard des Vierges ; enfin le v. 13 qui présente la pointe de la parabole, laquelle il faut comprendre au sens moral.

Avant de passer à l'analyse de la tradition, il est nécessaire de nous demander à quel genre de récit nous avons affaire dans ce morceau, à cause des éléments anormaux du récit, que les commentateurs n'ont pas manqué de relever. Ainsi par exemple on a souligné que le récit ne correspond pas au mariage traditionnel juif : ici les Vierges vont à la rencontre de l'époux au lieu de l'épouse. Selon les usages juifs c'est plutôt le fiancé qui va chercher la fiancée pour la conduire dans sa maison de famille. Ici il ne semble pas clair que la procession soit rendue chez l'époux. De plus, la fiancée n'est pas mentionnée[17]. Le retard de l'époux est inhabituel ; les cérémonies de noces s'accomplissent d'ordinaire à la tombée de la nuit[18]. Enfin le rejet sévère par l'époux est invraisemblable dans la vie ordinaire[19]. Ces traits anormaux ne peuvent se comprendre que si on saisit l'intention de base du récit tel qu'il se présente dans son état actuel. Seule l'intention pédagogique explique ces raccourcissements nécessaires. Celle-ci ressort davantage du contexte actuel, de sorte qu'on a affaire à une parabole avec des traits allégoriques. Les récentes contributions de D. Buzy[20] et O. Via[21] ont beaucoup aidé à faire la distinction entre parabole et allégorie[22]. Une parabole est composée de métaphores et de traits paraboliques[23]. La parabole des dix Vierges contient une métaphore centrale, l'époux qui dans le contexte se réfère au Christ parousiaque[24], et c'est elle qui a entraîné l'allégorisation des éléments qui lui sont coordonnés[25]. Dans notre parabole on peut ranger parmi les métaphores : les

---

17. Les manuscrits D. Olattsy ajoutent καὶ τῆς νύμφης au v. 1. Cette addition ne pourrait qu'être secondaire, car la mention de l'épouse ne joue aucun rôle dans la conception de base de la parabole. D'après J. SCHNIEWIND (*Mt*, p. 248) le texte originel comportait la mention de la fiancée, qu'on a plus tard laissé tomber pour accentuer les traits allégoriques du récit. L'inverse est certainement plus vrai. Notons que Mt 22, 2 s. où il s'agit aussi des noces, ne comporte pas la mention de l'épouse.

18. Cf. STR.-BILL. *I*, p. 517, note ii.

19. D. BUZY (*Mt*, p. 327) a présenté un tableau de ces traits anormaux, qu'il n'explique par le fait que la parabole présente seulement un raccourci et non un enseignement sur le mariage traditionnel juif.

20. D. BUZY, *Les Paraboles*.

21. *Gleichnisse*.

22. Voir l'exposé détaillé dans H.-J. KLAUCK, *Allegorie*, p. 17-22 ; 134-141.

23. D'après D. BUZY (*Les Paraboles*, p. *VII*) les traits paraboliques se reconnaissent par «leur signification collective et leur manque de nécessité», c'est-à-dire la possibilité de varier les détails sans qu'il soit porté atteinte à la signification générale de l'ensemble.

24. Ce contexte, pensons-nous, est antérieur à la rédaction matthéenne.

25. Cf. D. BUZY, *Mt*, p. 329 ; O. VIA, *Gleichnisse*, p. 16-17.

lampes et l'huile, les deux groupes de vierges, l'entrée dans la salle des noces, la fermeture de la porte ; parmi les traits paraboliques on peut mettre le sommeil et le réveil des Vierges et leurs préparatifs. A côté de ces deux principaux éléments, métaphores et traits paraboliques, il y a encore des détails purement littéraires, dont le but est de « dramatiser » la scène en lui donnant plus de naturel et plus de vie ; dans notre parabole, le retard de l'époux, la clameur « au milieu de la nuit, le dialogue entre les Dix Vierges[26]. Ainsi compris, les traits qui, comparés à un mariage traditionnel juif, paraissent invraisemblables, sont à expliquer en tenant compte de leur contexte actuel. Mais comme, de l'avis de la plupart des éxégètes, Jésus n'a pas prononcé d'allégorie, qui est apparue seulement à un stade secondaire par rapport à la parabole, il reste à retrouver, si possible et au delà des métaphores avec leurs nouvelles connotations, le sens et le contexte originels de la parabole qui contenait ces traits[27].

3. TRADITION.

Le τότε introductif a une valeur contextuelle et constitue un indice temporel provenant de Mt. A propos de la formulation « le Règne des Cieux » pour introduire une parabole où il s'agit manifestement, d'après le contexte, d'une exhortation à être prêt pour la Venue du Fils de l'Homme, il y a lieu de se demander si la parabole originelle n'appartenait pas à un autre contexte et si elle ne se référait pas à autre chose qu'à la Parousie.

La forme ὁμοιωθήσεται (au futur) se rencontre encore dans un contexte Q, à la fin du sermon sur la montagne chez Mt (Mt 7, 24-26 par. Lc 6, 47-49). Le parallèle chez Luc a ὅμοιος ἐστίν[28]. Les passifs ὁμοιωθήσεται et ὡμοιώθη sont également propres à Mt dans deux autres paraboles que seul Mt rapporte : celle de l'ivraie (13, 24-30) et celle du serviteur sans pitié (18, 23-35). La parabole de l'invité sans vêtement de noces (22, 1-14 par. Lc 14, 15-24) a aussi la même forme passive du verbe : ὡμοιώθη[29]. D'autre part cette dernière parabole (Mt 22, 1-4) présente des traits littéraires et rédactionnels communs avec la parabole des Dix Vierges. Dans celle-là, non seulement le thème se

---

26. Nous nous inspirons ici de la classification de D. Buzy, *Les Paraboles*, p. V-VII.

27. Cf. I. Maisch, *Mt 25, 1-13*, p. 254 ; H.-J. Klauck, *Allegorie*, p. 143-144 : « Wörter, die als Bilderspender für feste Metaphern dienen, haben die Eigenschaft, dass sie nach wie vor auch in ihrer nicht metaphorischen Grundbedeutung vorkommen können. Es fragt sich, wer darüber entscheidet, ob metaphorischer Gebrauch vorliegt oder nicht. Die Antwort kann nur lauten : Der Kontext ». Mais pour les paraboles synoptiques, la tâche est d'autant plus difficile que leur premier stade constitue déjà un contexte.

28. Luc ne mentionne pas l'opposition φρόνιμος-μωρός ; sa description diffère de celle de Mt. Peut-être Mt n'a-t-il pas utilisé seulement Q, mais aussi une autre tradition issue de sa communauté, comme le laisse penser déjà son introduction.

29. La version lucanienne de cette parabole est si différente dans sa forme qu'on est en droit de se demander si Mt n'utilise pas ici aussi une collection plus ancienne de paraboles, qui ont leur variante dans Q.

réfère au jugement eschatologique (même sans tenir compte des vv. 13-14), mais aussi le cadre donné au récit concerne le mariage[30] comme dans la parabole des Dix Vierges.

1) Toutes deux sont introduites par le même type de formule : quatre des paraboles propres à Mt sont ainsi introduites, alors qu'en général Mt reprend l'introduction de Q[31].

2) Emploi des mêmes expressions : εἰς τοὺς γάμους, οἱ λοιποί, αἱ λοιπαί[32]. Ceux qui sont désignés par la dernière expression sont précisément les réprouvés dans l'un et l'autre récits.

3) Évocation du même thème de préparation adéquate[33] ; d'une part provision suffisante d'huile (ἔλαιον ἐν τοῖς ἀγγείοις), d'autre part le vêtement de noces correct (ἔνδυμα γάμου). Ces deux termes ont pris dans le contexte une signification allégorique se rapportant aux bonnes œuvres[34].

4) Enfin dernier trait typique de ces deux paraboles : le point central se base, non sur une action que les protagonistes font ou ne font pas, mais sur une chose, sur un « avoir » ou « non-avoir ». Et dans l'un et l'autre récits, ce « avoir » ne peut se partager, qu'il s'agisse de ἔλαιον ou de ἔνδυμα γάμου. Il détermine la réprobation sévère du juge eschatologique.

Les liens littéraires sont évidents. De ces observations qui nous ont permis de noter une certaine unité rédactionnelle et thématique, il n'est pas déraisonnable de conclure à une contiguïté littéraire. Il est probable que Mt a trouvé ces deux textes regroupés dans une collection de paraboles[35]. Cette supposition est d'autant plus vraisemblable que toutes les paraboles propres à Mt se rapportent directement à la βασιλεία τῶν οὐρανῶν et mettent l'accent sur le jugement ou la séparation, signes probables qu'elles viennent de la même tradition qui les a regroupées ensemble, peut-être même d'une tradition écrite qui a fait autorité, de sorte que Mt ait préféré la suivre plutôt que de suivre la source Q. De toute façon, le texte de 25, 1-13 contient tout un groupe de termes qui ne reviennent qu'ici dans Mt, donc qui n'appartiennent pas à un vocabulaire usuel : autre signe peut-être a-t-il lu la parabole dans un texte : ἔλαιον (au sing), παρθένος (sauf en 1, 23 dans une citation d'Isaïe), λαμπάδες, νυστάζω, κραυγή, σβέννυμι, ἀρκέω. Voilà assez de raisons qui nous pousseraient à ne pas attribuer ces versets à la plume de l'évangéliste. Ce qui est ambarassant, c'est que l'allégorie se superpose au récit primitif. Mais par-

30. γάμος y revient six fois.
31. ὡμοιώθη : 13, 24 ; 18, 23 ; 22, 2 ; ὁμοιωθήσεται : 25, 1 ; comparer avec les paraboles propres avec une introduction semblable à celle de Q : 13, 31.44.47 ; 20, 1.
32. Outre dans 27, 49 ce mot s'emploie seulement ici et s'applique à des personnes.
33. A part 24, 44, le mot ἕτοιμος revient seulement dans ces deux paraboles matthéennes : αἱ ἕτοιμοι ; πάντα ἕτοιμα ; ἡτοίμακα.
34. Cf. W. TRILLING (Mt 22, 1-14, p. 259) parle de « eschatologisches Heilskleid » ; K.P. DONFRIED (Ten Virgins, p. 423 parle de « good deeds, viz. doing the will of the Father ».
35. La parabole de l'invité sans habit a pu se trouver aussi dans Q !

tant de l'hypothèse que Jésus n'a formulé aucune allégorie et se basant maintenant sur des arguments aussi intrinsèques on peut retrouver le centre du message de Jésus dans cette parabole.

Le repas de noces est chez les synoptiques l'image de la représentation messianique du temps du salut et d'intimité dans le Royaume (Mt 26, 29). Cette intimité se réalisera pleinement à la Parousie, quand tous ceux qui ont répondu à l'invitation (même à travers des épreuves) prendront place au festin (Lc 22, 30).

L'image de l'époux avait pour les auditeurs de Jésus un emploi réservé à la relation de Yahwé avec son peuple[36]. Dans l'AT et la littérature apocalyptique, le Messie n'est jamais désigné par le terme « époux »[37]. La voie a été sans doute frayée pour l'allégorisation quand Jésus, dans la controverse qui l'a opposé aux pharisiens, s'est appliqué le terme époux (Mc 2, 19 et par.). La prédication primitive s'est servie de cette identification pour désigner le rapport du Christ avec la communauté des fidèles : « Je vous ai fiancés à un époux unique, pour vous présenter au Christ, comme une vierge pure » (2 Cor 11, 2 ; cf. Ep 5, 25 s. ; Jn 3, 29 ; Ap 19, 7). Il est donc probable que le terme « époux » dans notre parabole se soit originellement référé à Dieu, sans référence allégorique au Christ parousiaque[38].

L'appel désespéré des Vierges « Seigneur, Seigneur » se trouve aussi dans un contexte Q (Mt 7, 21 par. Lc 6, 46) ; de même aussi la formule de rejet (Mt 7, 23 par. Lc 13, 25). Ces passages ont été sans doute insérés ici par le rédacteur Mt pour donner à la parabole une conclusion impressionnante. Il est possible aussi qu'ils se soient déjà trouvés dans la parabole originelle[39].

Nous pouvons conclure. La parabole originelle remonte à Jésus ; elle n'est pas une production de la catéchèse primitive. Elle ne se réfère probablement pas au contexte de la Parousie, mais s'inscrit dans le cadre de l'annonce du Royaume de Dieu. Elle daterait de la période où Jésus constate qu'une partie du peuple lui tourne décidément le dos. Ainsi le contenu de la parabole illustrerait-il l'accueil de son message du Royaume par les uns et son refus par les autres. C'est tout le monde qui est appelé, mais tous n'acceptent pas l'invitation (cf. 22, 1-14) et tous ne se préparent pas adéquatement à l'accueillir. De la sorte la parabole originelle a un caractère de promesse et de menace[40].

Si ce que nous avons dit est juste, à savoir que la parabole originelle ne se référait pas au contexte de la Parousie, alors le problème du retard de l'époux

36. Cf. Ps 19, 6 ; Is 62, 5.
37. J. JEREMIAS (Gleichnisse, p. 49, note 2) se montre bien réservé sur l'application de ce terme au Messie dans les écrits rabbiniques ; de même J. GNILKA dans son analyse de 1 Q Is 61, 10 (Braütigam, p. 298-301).
38. W. GRUNDMANN, Mt, p. 516.
39. Il y a dans le Judaïsme, une formule de bannissement analogue, sans pourtant qu'on puisse dire qu'une telle pratique avait déjà lieu dans l'Église primitive. STR.-BILL. I, p. 469 ; K.P. DONFRIED, Clément, p. 66-67.
40. STR.-BILL. I, p. 878, rapporte deux modèles rabbiniques de cette parabole, mais qui peuvent aussi bien s'appliquer à celle de l'invité sans vêtement de noce.

(v. 5), qui a tant retenu l'attention des exégètes, se trouve résolu[41]. Il n'y représentait pas un trait important mais seulement un trait littéraire destiné à « dramatiser » et à rendre le récit vivant[42].

Dans le contexte actuel ce retard ne constitue pas non plus le fond de la parabole. Ce verset ne se réfère pas au retard de la Parousie, au contraire la parabole souligne à un degré le « Naherwartung » : l'époux est arrivé plus tôt que les Vierges étourdies n'avaient escompté et ce sont elles qui sont arrivées « trop tard »[43].

De la sorte le point central de la parabole n'est pas le retard de l'époux, mais comment se préparer à l'accueillir quand il viendra et qui peut prendre part à ses noces.

4. RÉDACTION.

Bien qu'il ne soit pas facile de déterminer exactement la part rédactionnelle de Mt dans ces versets et de déceler jusqu'à quel point la parabole avait été allégorisée avant sa rédaction par Mt, le message central et l'intention de l'évangéliste conviennent bien au contexte et correspondent à sa théologie. Il s'agit de l'attente de la Parousie et de la manière de s'y préparer. C'est à ce contexte que renvoie τότε (24, 50).

L'introduction, en reprenant l'image traditionnelle des noces, commune aux synoptiques, veut illustrer l'aspect futur du Royaume des Cieux comparé aux noces, auxquelles sera admise la communauté préparée, représentée par les Vierges. Le thème des noces est chez l'évangéliste une image typique de la communauté messianique et sert aussi à désigner que les temps sont accomplis (Mt 9, 15 par.). Le premier temps des noces messianiques est commencé avec la Venue de Jésus. Non seulement le Jésus terrestre représente l'Époux en compagnie duquel (μετ᾽ αὐτοῦ Mt 9, 15) on ne peut pas jeûner, mais aussi le Fils de l'Homme parousiaque, avec qui cette réalité du Royaume déjà commencée, mais encore cachée, se réalisera définitivement, lors de la Parousie. C'est pourquoi l'évangéliste emploie au début le futur ὁμοιωθήσεται pour indiquer que cette parabole s'applique à l'avenir ; mais cet avenir, dans la perspective matthéenne, est relativement proche, puisqu'il concerne les auditeurs auxquels s'adresse l'exhortation finale, v. 13 : « Veillez donc, car vous ne savez ni le jour, ni l'heure »[44].

La vie des fidèles est conçue comme une préparation à la rencontre défini-

41. Signalons en particulier J. JEREMIAS, *Gleichnisse*, p. 49-50 ; pour lui le v. 5 prend un autre sens seulement à partir du moment où la parabole originelle (laquelle était une parabole de crise) est devenue une parabole de Parousie ; G. BORNKAMM, *Verzögerung*, p. 121-125 ; E. GRÄSSER, *Naherwartung*, p. 19. Pour ces deux auteurs, la parabole suppose d'abord et avant tout le retard de la Parousie.

42. Cf. W.G. KÜMMEL, *Verheissung*, p. 50-51.

43. Ainsi W. MICHAELIS, *Kennen die Synoptiker eine Verzögerung der Parusie ?*, p. 119.

44. Comparer avec Mt 7, 24, tandis que l'allégorie de l'ivraie (Mt 13, 24 s.), pourtant concernant la fin du monde, commence avec ὡμοιώθη.

tive avec le Christ (μετ' αὐτοῦ) lors des noces célestes. A ces noces Dieu invite tous les hommes (Mt 22, 1-14). Mais pour y prendre part, il faut non seulement répondre à l'invitation généreuse et gratuite, mais avoir la tenue correcte. L'offre de l'être-avec-Dieu, bien que généreusement faite, requiert cependant des bénéficiaires une préparation active. Les Dix Vierges illustrent par leur conduite deux manières possibles d'accueil du Royaume et de l'Époux eschatologique. Seuls les ἕτοιμοι pourront entrer dans la salle de noces et non ceux qui crient seulement : « Seigneur, Seigneur », sans se préoccuper des préparatifs adéquats. Ce que dit l'évangéliste ailleurs concernant les dispositions à avoir pour entrer dans le Royaume des Cieux, est également valable ici : faire la volonté du Père qui est aux Cieux (Mt 7, 21), en produisant de bons fruits. Dans ce dernier contexte, où Mt modifie à bon escient sa source Q, le seul critère de distinction est constitué par l'attitude d'accueil ou de refus de la Parole. La comparaison est assez éclairante pour comprendre notre parabole. Φρόνιμος et μωρός opposent deux manières de conduite en harmonie ou en désaccord avec le Royaume. Le premier terme désigne celui qui écoute et met en pratique la parole (ποιεῖ) ; le second, celui qui ne le fait pas (μὴ ποιῶν αὐτούς 7, 26). Ils sont respectivement comparés avec ceux qui bâtissent sur le roc ou sur le sable, c'est-à-dire ceux qui dans leur agir présent tiennent compte du futur ou non.

Dans la parabole des Dix Vierges la distinction entre les φρόνιμοι et les μωραί est aussi basée sur la fidélité et les bonnes œuvres, dont les lampes garnies d'huile sont le symbole. L'emploi de ce motif est certainement compréhensible pour les auditeurs de l'évangile : Israël, pour signifier sa fidélité à Dieu et la continuité de sa prière, faisait brûler à perpétuité une lampe dans le sanctuaire (Ex 27, 20-21 ; 1 S 3, 3) ; la laisser s'éteindre, ce serait faire entendre à Dieu qu'on l'abandonne (2 Ch 29, 7. Cf. aussi le Midrash de Nb 4, 16 ; 6, 15 ; 8, 8 et Ps 23, 5 ; 104, 15).

L'intention parénétique est claire : qui ne veut pas manquer l'arrivée attendue de l'Époux ne doit pas se contenter d'une préparation partielle et superficielle. Il s'agit d'une attitude personnelle traduite dans le comportement pratique par une préparation décidée, capable de faire face à toute éventualité. Être sage consiste à s'approvisionner en vue du temps futur et savoir que le « faire présent » détermine le sort futur. De la sorte l'exclusion des Vierges étourdies n'est pas une surprise pour elles. En ne prenant pas d'huile avec leurs lampes, elles avaient déjà pris leur option. C'est dès le début aussi que le chrétien doit prendre la décision définitive et les dispositions qui soutiennent son attente. On comprend dès lors pourquoi ni les compagnons ni les démarches précipitées chez les marchands ne seront d'aucun secours à ce moment décisif.

Ceux qui par leurs fautes personnelles manquent ainsi le rendez-vous, auront pour lot la réprobation, l'exclusion de la joie eschatologique. L'appellation « Seigneur » est, certes, expression de la foi et réservée à ceux qui croient en Jésus, car pour Mt il est évident que la foi est importante : elle permettra même à des païens de venir « prendre place au festin avec Abraham,

Isaac et Jacob dans le Royaume des Cieux » (Mt 8, 11). Mais elle ne constitue pas la seule condition. Davantage encore c'est le « faire » qui détermine la vraie appartenance à Jésus, comme l'évangéliste le souligne bien au début du chapitre des paraboles : la vraie famille de Jésus est composée de ceux qui font la volonté du Père (Mt 12, 46-50). Il s'agit donc d'un comportement moral dont il est aussi question à la fin du discours sur la montagne (Mt 7, 21-23). Comme l'indique ce dernier contexte, il est également question du jugement dernier : « en ce jour-là ». Or ceux qui sont ainsi repoussés « Je ne vous ai jamais connus », ne le sont pas à cause de leurs activités charismatiques, mais à cause de leur pratique « d'anomie ». Exigée par la foi au Retour du Christ, la préparation du chrétien se traduit par une conduite morale pratique en conformité avec la volonté du Père.

« Je ne vous connais pas ». Mais il n'y a pas que cet aspect menaçant dans la parabole. L'évangéliste ne rapporte pas celle-ci seulement pour dire que certains seront exclus du Royaume, s'ils ne sont pas prêts. Important aussi est l'aspect promesse de cette parabole. A côté des étourdies, il y a aussi les Vierges avisées auxquelles on fait moins attention, qui sont entrées dans la salle de noces avec l'Époux. La Venue du Christ, si elle se confond avec le jugement, est aussi un événement de réconfort et de joie pour ceux qui sont prêts. C'est à cette préparation que veut exhorter le verset final ajouté par Mt : « Veillez donc, car vous ne savez ni le jour ni l'heure ».

CHAPITRE IV

MT 25, 14-30 : LA PARABOLE DES TALENTS

La parabole des talents exprime d'une autre façon l'idée de vigilance-fidélité déjà présentée dans les vv. 45-51 : le serviteur fidèle et avisé de 24, 45 correspond ici au bon et fidèle serviteur (25, 21.23). Ici comme là, la fidélité est récompensée par une plus grande responsabilité (24, 47 ; 25, 21.23). L'intention parénétique de l'évangéliste se montre dans l'accent mis, dans l'une et l'autre paraboles, sur le sort du mauvais serviteur[1].

La version lucanienne de cette parabole présente de grandes différences avec celle de Mt, de sorte qu'on peut à peine croire qu'il s'agit de la même parabole. Le seul trait vraiment commun est le dialogue avec le troisième serviteur (Mt 25, 24-28 ; Lc 19, 20-23). L'Évangile des Hébreux (18) présente une version voisine de la parabole, mais c'est plutôt une fusion de plusieurs traits paraboliques.

1. CRITIQUE LITTÉRAIRE.

A cause des différences notoires des deux versions lucanienne et matthéenne, nous ne nous attarderons pas ici sur le détail de la comparaison synoptique[2]. Relevons quelques traits communs à côté des nombreuses divergences.

A) *Les traits communs :*
— un homme part en voyage (Mt 25, 14 ; Lc 19, 12) ;
— avant de partir, il confie à ses serviteurs une somme d'argent (Mt 25, 15-18 ; Lc 19, 13) ;
— à son retour il leur demande des comptes (Mt 25, 19-28 ; Lc 19, 15-25) ;
— la sentence finale (Mt 25, 29 ; Lc 19, 26).

---

1. Contre P. BONNARD (*Mt*, p. 360) qui voit ici plutôt une intention polémique de l'évangéliste.
2. L'analyse de la tradition montrera les différences des deux versions.

B) *Les divergences*:

— Chez Mt il s'agit d'un simple homme et non d'un homme de noble naissance (Lc);

— le but du voyage est nettement indiqué chez Luc: il part dans une région lointaine pour y recevoir la royauté;

— Lc parle d'autre part, de la haine de ses concitoyens et de l'envoi d'une délégation pour tenter d'empêcher sa promotion royale;

— le prétendant au trône revient investi de la royauté alors que Mt parle simplement du retour, après un long temps;

— il n'y a aucune intervention des auditeurs chez Mt (et aucune punition des ennemis).

On pourrait encore relever quelques différences dans la composition des deux textes, différences dues surtout à l'insertion de l'histoire du prétendant au trône. Le rapport sur l'activité des serviteurs pendant l'absence du maître manque entièrement dans Luc; de la sorte son texte ne présente aucun développement temporel[3]. Le compte rendu des trois serviteurs est aussi raccourci chez lui, tandis que Mt fait un rapport complet des activités de chacun; c'est chacun qui reçoit une réponse complète du maître (Mt 25, 20-23). Chez Luc, seul le premier serviteur a eu droit à l'éloge du maître; par ailleurs le double terme laudatif (Mt 25, 21-23: bon et fidèle serviteur) est réduit à un seul (Lc 19, 17: bon serviteur; cf. 19, 22). A cause de l'insertion de l'allégorie du prétendant au trône, le nombre des serviteurs est monté à dix, au lieu seulement de trois chez Mt. Ils reçoivent l'ordre exprès de faire fructifier l'argent reçu. Par contre l'argent distribué par le maître est réduit à une mine, également répartie à chacun, au lieu de la somme fabuleuse de 5 — 2 — 1 talents; c'est peut-être à cause de cela que Lc écrit le superlatif ἐν ἐλαχίστῳ (19, 17b) au lieu de ἐπὶ ὀλίγα (Mt 25, 21b). La parabole reste, chez Lc, dans le cadre terrestre: la récompense porte sur le gouvernement de villes, tandis que Mt se contente de: « Je vais t'établir sur beaucoup, entre dans la joie de ton maître ».

Le mauvais serviteur chez Luc cache son argent dans un mouchoir plutôt que dans la terre. Sa réponse en quatre points se trouve dans l'ordre inverse de celui de Mt, mais présente au fond la même idée que chez Mt; c'est le seul endroit où les paraboles se recoupent vraiment. Mt ajoute encore le verset 30 pour souligner davantage qu'il ne s'agit pas d'un maître terrestre, mais du Christ parousiaque.

CONCLUSION.

Cette comparaison synoptique montre la structure de base de la parabole en trois étapes qui se retrouvent chez l'un et l'autre évangéliste. La différence notable vient de ce que Luc a fusionné deux récits, ce qui a provoqué chez lui des réajustements et des corrections dans le récit initial. Mais chez l'un et l'au-

---

3. L. McGaudy, *Talents*, p. 238.

tre l'épisode central réside dans le dialogue entre le mauvais serviteur et le maître, où les deux versions concordent presque littéralement. Malgré ces points communs, on a moins l'impression que les deux évangélistes ont utilisé une source commune Q.

2. FORME ET GENRE.

Cette nouvelle parabole n'est reliée à la précédente que par la vague conjonction γάρ. Elle exprime l'analogie de sujet avec 24, 45-51 ; 25, 1-13 : le jour et l'heure de la Parousie seront comme le jour de la reddition des comptes (v. 19). Il manque la formule habituelle : « il en va du Royaume des Cieux... ». La formule introductive avec ὥσπερ γάρ, au début d'une parabole, est ici unique dans Mt, bien que la formule soit employée bien souvent chez lui. La proposition ainsi introduite forme une anacoluthe : la suite du développement de la pensée avec οὕτως est oubliée. Mais le contexte permet de la rétablir assez facilement : « ainsi en sera-t-il à la Parousie du Fils de l'Homme ».

῎Ανθρωπος ἀποδημῶν reprend la même idée que dans 24, 45 (cf. 21, 33) ; cette mention de voyage est importante pour l'action de la parabole : elle explique pourquoi l'homme distribue à ses serviteurs ses biens (cf. vv. 14.15). Il appelle ses serviteurs ἰδίους δούλους mais sans accent particulier sur ἰδίους (comme en 22, 5). L'inégale répartition des talents n'exprime pas un acte de moindre confiance, mais correspond à la capacité de chacun (v. 15). Les serviteurs sont supposés connaître l'intention, bien qu'il ne donne pas une instruction formelle à propos de la somme confiée, puisque aussitôt après son départ ils se sont mis à faire des affaires et qu'il est reproché au mauvais serviteur d'avoir laissé l'argent improductif. Les vv. 16 à 18 montrent l'activité de chacun des serviteurs pendant l'absence du maître[4]. Notons la construction rythmique des activités des deux premiers et du troisième serviteur :

v. 16 : πορευθείς... ἠργάσατο... καὶ ἐκέρδησεν...

v. 18 : ἀπελθὼν... ὤρυξεν... καὶ ἔκρυψεν...

L'action principale qui commande la suite du récit se trouve dans ces versets 16 à 18 : les deux premiers serviteurs augmentent leur capital et le troisième enfouit son argent dans la terre. Que lui arrivera-t-il ? Il est inutile de chercher à compléter ὁ τὰ δύο par λαβών, le sens étant clair[5]. Ici seulement ὡσαύτος est mis au début de la phrase[6]. Il faut donner ὁ δέ (v. 18) un sens adversatif

---

4. Il faudrait rapporter εὐθέως à πορευθείς, car l'idée que le maître parte aussitôt, ne signifie rien de spécial dans l'action de la parabole. Du reste, dans Mt, εὐθέως-εὐθύς se rapporte presque toujours au verbe suivant et non au précédent : 3, 16 ; 4, 20 ; 13, 5.20.21 ; 14, 27 ; 21, 2.3 ; 24, 29 ; 26, 74 ; cf. B.M. METZGER, *Textual Commentary*, p. 63.

5. Même construction en 20, 9 : οἱ περὶ τὴν ἐνδεκάτην ὥραν.

6. Cf. 20, 5 ; 21, 30.36. Notons aussi chez Luc, le sujet de ἐποίησεν v. 18 est la mine). Chez Mt c'est le serviteur qui est le sujet de l'activité productrice. Mt 25, 16 ἐκέρδησεν.

fort, marquant l'opposition avec le troisième serviteur, dont l'activité est caractérisée par le non-gain.῎Ωρυξεν et ἔκρυψεν ont le même complément (γῆν ou ἐν γῇ ; cf. 13, 44). L'argent bien que confié demeure toujours l'argent du maître (v. 18).

A partir du v. 19 commence la scène de reddition des comptes. Elle montre clairement que le maître a confié son argent à ses serviteurs pour qu'ils le fassent fructifier. Le μετὰ πολὺν χρόνον va dans le même sens que εἰς χώραν μακράν de Luc 9, 11. Il constitue un trait parabolique nécessaire à l'activité des serviteurs et n'est donc pas à interpréter dans le sens du retard de la Parousie, bien que le contexte fasse directement allusion à cette dernière : le maître qui revient au cours du récit n'est autre que le Christ lors de son avènement. Chacun des serviteurs s'approche de lui (3 fois προσὲλθων) et s'adresse à lui par le vocatif κύριε.

Les vv. 20-21 et 22-23 sont construits parallèlement ; les vv. 21 et 23 se répètent textuellement. Ἐπὶ ὀλίγα ἧς πιστός va de pair avec ἐπὶ πολλῶν σε καταστήσω et s'oppose à ce que représente un talent en valeur.

A partir du v. 24 l'évangéliste s'attarde intentionnellement sur la reddition de compte du troisième serviteur. Ce verset et les suivants doivent constituer le noyau du récit parabolique. Ils justifient pourquoi le mauvais serviteur a agi de la sorte au v. 18 ; le v. 25a reprend d'ailleurs le v. 18 : il a caché le talent dans la terre par crainte, φοβηθείς, participe causal[7]. L'attribut σκληρός donné au maître est expliqué par la construction participiale θερίζω ὅπου οὐκ ἔσπειρα[8].Ἴδε ἔχεις τὸ σόν marque le contraste avec ἄλλα πέντε/ἄλλα δύο τάλαντα (vv. 20.22). Le maître semble manifestement approuver le jugement du mauvais serviteur sur sa personne, à l'exception de l'adjectif « dur » qu'il ne reprend pas dans sa réponse. Mais l'argumentation est retournée contre le serviteur, à qui le maître, en retour, reproche d'avoir opposé à son dynamisme une passivité paresseuse ; il aurait pu placer son argent à la banque ; il n'a pas fait le minimum requis, d'où l'appellation ὀκνηρός[9]. La construction est intentionnelle au v. 28 et s'oppose à la double récompense ; il y a ici un double châtiment : « arrachez-lui son talent », antithèse de « Je t'établissai, sur beaucoup » ; « jetez-le dans les ténèbres extérieures », antithèse de « entre dans la joie de ton maître »[10].

Le v. 29 veut justifier pourquoi le maître donne le talent à celui qui en a déjà dix. C'est sans doute un dicton populaire (cf. 13, 12) ; il convient parfaitement au contexte.

L'addition du v. 30 par Mt jette une nouvelle lumière sur la parabole comprise comme une parabole du jugement, compréhension qui était déjà claire par la place que Mt lui assigne.

---

7. Ainsi A. JÜLICHER, *Gleichnisreden II*, p. 476.
8. ῞Οθεν est une attraction pour ἐκεῖθεν : ainsi E. KLOSTERMANN, *Mt*, p. 203 ; cf. BLASS-DEBR. § 437.
9. Noter ici le pluriel ἀργύρια, à comparer au singulier, v. 18.
10. Cf. A. FEUILLET, *Synthèse*, p. 82.

La tendance allégorisante de cette parabole est aussi bien marquée que dans la précédente. Ce maître n'est pas un maître ordinaire pour qui cinq ou deux talents représentent « peu de chose » et qui invite ses serviteurs à « entrer dans sa joie » ou qui punit en jetant dans « les ténèbres extérieures ». C'est le maître céleste confiant à ses créatures des biens à faire fructifier et comptant sur leur effort et leur sens de responsabilité. Les talents sont une métaphore des dons divins, et les récompenses et la punition ne sont autre chose que le bonheur ou le châtiment éternel[11].

Ramenée à ces termes essentiels la parabole présente une structure en trois phases :

A) 14-15   Remise des dépôts d'argent aux serviteurs.

B) 16-18   Les négociations des deux premiers serviteurs et l'enfouissement du talent par le troisième serviteur.

C) Retour du maître et règlement de compte :
>   1. reddition de compte par les deux premiers et récompense par le maître (20-23) ;
>   2. dialogue entre le maître et le troisième serviteur ; condamnation (24-28).

Les vv. 29 et 30 constituent la sentence finale.

3. TRADITION.

Le schéma ci-dessus mentionné est intéressant à un double point de vue : on en retrouve les principaux traits dans la parabole des mines (Lc 19, 11-26) ; d'autre part, il se dégage, dans ce schéma, un épisode central, le dialogue entre le troisième serviteur et le maître, aussi bien accentué chez Luc que chez Mt. Dans les deux versions, cet épisode central concorde verbalement. A partir de cette constatation, il faut alors se demander s'il s'agit de deux paraboles indépendantes l'une de l'autre, ou d'une même parabole, issue de la même source Q ; dans ce dernier cas, il faudrait déterminer la part rédactionnelle de chaque évangéliste. Les partisans de l'identité[12] font valoir les éléments communs des deux récits, tandis que les tenants de l'hypothèse de deux paraboles distinctes font ressortir les différences[13]. Mais il est possible aussi de supposer une même parabole à l'origine, pas nécessairement de la source Q, parvenue aux évangélistes par des voies différentes. Mais avant d'en arriver là, procédons à une analyse plus serrée.

Mt 25, 14 par. Lc 19, 12.

Le contexte de la parabole est rédactionnel dans les deux versions. Chez

---

11. R. BULTMANN, *Tradition*, p. 190 : Der Herr in der Parabel wird zum Weltrichter Christus.

12. A. FERNANDEZ, *Vita di Gesù Christo*, p. 380 : « Tutti gli elementi attuali hanno la loro ragione di essere, si trovano perfettamente al loro constituendo un toto armonico nelle singole parte » (cité d'après M. ZERWICK, *Thronanwärter*, p. 655) ; D. BUZY, *Paraboles*, M. ZERWICK, *Thronanwärter*, p. 656.

13. Entre autres, P. JÜON, *Rech SR*, 1939, p. 489-494 ; M.J. LAGRANGE, *Lc*, p. 491. A. WEISER, *Knechtsgleichnisse*, p. 226-272.

Luc elle vient après l'épisode de Zachée. Jésus se trouve à Jéricho, en route vers Jérusalem. La parabole, introduite par la question de la foule, veut alors être une mise en garde : le règne arriverait bientôt. Chez Mt la parabole s'insère dans le contexte des paraboles de la vigilance. Avec γάρ au v. 14 elle est reliée au verset précédent qui se trouverait ainsi expliqué par les versets suivants. Ce γάρ rédactionnel s'explique par tout le contexte du jugement (cf. 25, 30.31 ss.).

Nous rencontrons assez fréquemment ἄνθρωπος accompagné de l'indéfini τις chez Luc, particulièrement dans les paraboles tirées de sa source propre[14]. D'autre part τις est un particule préféré de Luc[15]. Le terme εὐγενής ne se rencontre que deux autres fois dans le NT[16]. On ne peut pas conclure qu'il appartient à la rédaction de Luc. Mais son intérêt est de justifier l'absence du prétendant au trône. La phrase « se rendit dans un pays lointain » reprend presque exactement celle de la parabole du Fils prodigue propre à Luc 15, 13. Il n'est pas évident que ἀποδημῶν soit de la plume de Mt ; en 21, 33 il est pris de Mc 12, 1. Λαβεῖν τὴν βασιλείαν n'a pas de parallèle dans Luc et ne peut s'expliquer que par l'insertion du motif du prétendant au trône. Ὑποστρέψαι est probablement de la main de Lc[17]. En parlant du retour du prétendant au trône, il pense sans doute au retour du Seigneur après son ascension[18].

Mt 25, 15 par. Lc 19, 13.

L'absence de ἰδίους et de ὑπάρχοντα αὐτοῦ chez Luc est sans importance pour notre analyse. Le dernier terme convient bien à la grandeur de la somme distribuée. On peut noter par ailleurs que Mt ou sa tradition aime les grosses sommes (cf. 18, 24 : les deux paraboles pourraient bien provenir de la même tradition de paraboles. Les « talents » sont peut-être secondaires par rapport aux « mines », mais ne sont pas de la rédaction matthéenne[19]. Quant au nombre des serviteurs, le nombre de dix est sans doute nécessité par la fusion du prétendant au trône, pour rendre le récit plus vraisemblable. Il n'est nullement indispensable, puisque dans la scène de reddition des comptes, seulement trois serviteurs apparaissent. Le chiffre dix chez Luc est secondaire[20]. Plus délicate à trancher est l'inégale répartition de la somme d'argent ; elle va de pair avec l'idée de « à chacun selon sa capacité » également omise par Luc ; on pourrait penser que cette dernière fait allusion à l'expérience de la communauté dont chaque membre a ses dons propres. Mais cela ne suffit pas encore pour que cette remarque soit de la plume de Mt. Elle pourrait remon-

---

14. 10, 30 ; 12, 16 ; 14, 2.16 ; 15, 11 ; 16, 1.19.
15. 78 fois dans l'Ev. et 112 fois dans les Actes.
16. Ac 17, 11 et 1 Cor 1, 26.
17. 21 fois dans l'Ev. et 11 fois dans les Actes.
18. Cf. A. WEISER, *Knechtsgleichnisse*, p. 231.
19. J. JEREMIAS (*Gleichnisse*, p. 23 et 57), l'attribue à la rédaction de Mt. Ainsi aussi S. SCHULZ, *Q*, p. 289 ; la mention « en peu de choses » correspond moins à cette grosse somme ; peut-être que l'évangéliste pense aux dons divins.
20. Ainsi S. SCHULZ, *Q*, 289.

ter au-delà de la rédaction matthéenne à sa source particulière. La conclusion de la parabole du semeur connaît une idée analogue. A la différence de Mt et de Mc, le troisième évangile ne connaît pas l'idée de production graduée. Dans la parabole du semeur, Luc modifie sa source marcienne en écrivant simplement : « il a poussé et a produit du fruit au centuple (Lc, 8, 8). L'idée correspond sans doute aux différentes catégories de la communauté chrétienne dans le milieu matthéen, tandis que Luc ne connaît pas de classe entre croyants[21].

C'est dans le milieu matthéen qu'il faut chercher l'origine de cette inégale répartition de la somme d'argent. La différence dans le nombre des serviteurs, la mention des mines ou des talents sont des signes que la parabole primitive a connu un processus de développement dans des traditions différentes et qu'elle est parvenue aux évangélistes sous des formes différentes et par des voies différentes.

Mt, 25, 16-18.

Ces versets manquent chez Luc et ne sont qu'une anticipation de la scène de reddition des comptes, vv. 20-25. Il est fort probable qu'ils soient repris de la tradition particulière de Mt, comme le suggèrent les termes κρύπτειν employés 9 fois sur 15 dans sa source particulière[22] et 3 fois pris de Q[23] ; ἀργύριον employé au singulier ici seulement, alors que le pluriel lui est familier. Bien que le terme γῆ soit un mot préféré de Mt[24], il doit être mis ici au compte de la tradition matthéenne ; Mt aurait sans doute écrit σουδάριον comme Luc, s'il l'avait trouvé dans sa source. Ἐργάζεσθαι et κερδαίνειν caractéristiques de la théologie matthéenne des bonnes œuvres, peuvent ici être attribués à sa rédaction, mais ils peuvent tout aussi bien provenir de sa source particulière[25].

Nous laissons de côté les matériaux du prétendant au trône qui n'ont pas de parallèle chez Mt. Nous noterons cependant que Luc a pu trouver ce récit dans sa source et que la fusion avec la parabole des talents est de lui, sous l'influence des événements qui ont eu lieu lors de la montée au trône de Archélaüs en 4 avant J.C.[26].

Mt 25, 19 par. Luc 19, 15.

Les deux versions racontent le retour du maître. Il est frappant que Luc ne

---

21. Cf. H.-J. KLAUCK, *Allegorie*, p. 199 : « In der Parabel von den Talenten drückt er von der Vorlage arweichend allen Knechten je ein Talent (sic !) in die Hand » (Lc 19, 13).

22. 6, 4*bis*.6*bis*.18 ; 5, 14 ; 13, 44*bis*.

23. 10, 26 ; 11, 25 ; 13, 33.

24. 43 fois contre 19 chez Mc et 25 fois chez Lc.

25. Ainsi A. WEISER, *Knechtsgleichnisse*, p. 237. Si l'on tient compte de l'hypothèse de la lectio brevior, ces versets peuvent n'être pas contenus dans la parabole primitive.

26. Ant *XVII*, 9, 1-17 ; cf. J. JEREMIAS, *Gleichnisse*, p. 56 ; M. ZERWICK, *Thronanwärter*, 660-669 ; A. WEISER (*Knechtsgleichnisse*, p. 234-36) a montré par la statistique des mots que ce récit n'est pas de la rédaction lucanienne.

mentionne pas « longtemps après » : cette phrase lui aurait très bien convenu, lui qui suppose qu'un long temps s'écoulera entre l'ascension et la Parousie (cf. Lc 19, 11). Il ne l'aurait pas omise s'il l'avait trouvée dans la source Q. La source utilisée par Luc n'a pas dû retenir cette phrase, pourtant importante dans le récit : ce dernier suppose une longue absence du maître, un temps nécessaire pour que les serviteurs fassent des affaires fructueuses[27]. Mais cette phrase ne se réfère pas, dans la compréhension matthéenne de la parabole, à un retard quelconque de la Parousie[28].

La présence de l'expression « le maître de ces serviteurs » dans la source Q ne doit pas faire conclure à une utilisation de Q par Mt, car l'expression se rencontre aussi dans les matériaux propres à Mt[29]. Enfin l'expression συναίρει λόγον est reproduite presque textuellement dans la parabole du serviteur sans pitié, également propre à (Mt 18, 23.24) et nulle part ailleurs dans le NT[30].

Ici aussi nous avons des indices que Mt utilise une source particulière, indépendante de Q.

Mt 25, 20-24a par. Lc 19, 16-19a.

La présentation des versets matthéens est semblable à celle qu'on retrouve dans les paraboles de sa source particulière : dans la parabole du serviteur sans pitié, où il s'agit également de reddition de comptes (18, 21-35) ; répétition des mêmes formules stéréotypées : 18, 26 et 29 ; de même dans Mt 20, 4 et 7 ; 9 et 10 ; 13, 40-42 et 49-50 ; 13, 44 et 45 ; et d'un passage à un autre : 7, 22-23, et 25, 12. Ce procédé de répétition ou de construction de phrases similaires, non attesté dans les paraboles issues de Q, est donc caractéristique de la source propre à Mt. Il faut en particulier mentionner la péricope du jugement dernier Mt 25, 31-46, où le catalogue des œuvres de miséricorde est repris jusqu'à quatre fois[31]. Ce phénomène littéraire qui caractérise l'humus des matériaux propres à l'évangéliste, ne peut être considéré comme un simple procédé mnémotechnique utilisé dans la catéchèse primitive[32].

Voyons à présent si l'analyse du vocabulaire et de quelques expressions permet de soutenir cette hypothèse de la source particulière. Il y a tout d'abord l'emploi pléonastique de προσέρχομαι (vv. 20.21.24) qui revient très souvent sous la plume de l'évangéliste, mais aussi dans des contextes traditionnels[33]. Mais ce verbe n'est jamais attesté dans Q ; de même aussi le verbe προσφέρειν (v. 20). L'expression ἴδε est plus rare chez Mt qui lui préfère

---

27. E. SCHWEIZER, *Mt*, p. 308.
28. Ainsi la comprennent : H. WEDER, *Metaphern*, p. 197, note 135 ; L. McGAUDY, *Talents*, p. 237.
29. Mt 18, 27.28 ; 22, 10.
30. Pour l'emploi de l'expression dans les papyrus, cf. A. DEISSMANN, *Licht*, p. 94.
31. Cf. dans le même sens C. ALLEN, *Mt*, p. 86. A. WEISER, *Knechtsgleichnisse*, p. 241.
32. Ainsi K. STENDAHL, *The School*, p. 35.
33. Cf. S. SCHULZ, *Q*, p. 290, note 202.

ἰδού. Il n'apparaît jamais dans Q[34]. Φημί ne se rencontre jamais dans Q ; il est employé trois fois dans des passages propres à Mt (13, 28.29 ; 17, 26). L'expression « Je t'établirai sur beaucoup » dépend littérairement de 24, 45.47 (Q) et n'est donc pas due à la rédaction de Mt. « L'entrée dans la joie du maître » n'a pas de parallèle chez Lc. Elle double la récompense des serviteurs. La plupart des exégètes l'attribuent à la rédaction matthéenne. Elle situe d'emblée la parabole dans la perspective eschatologique[35].

Ici aussi les nombreux indices relevés plaident en faveur de l'utilisation d'une source autre que Q et indépendante de celle de Luc.

Mt 25, 24b-29 par. Lc 19, 20b-26.

Ce passage rapporte la reddition des comptes du troisième serviteur. Dans les deux versions, il présente bien des points communs. Il constitue le point culminant et central de la parabole. Il est donc tout à fait possible que ces versets aient retenu l'attention des auditeurs et se soient conservés dans des traditions différentes. La différence dans les formulations est le résultat de la réception par des voies diverses. Car il n'est pas possible d'expliquer les divergences autrement, comme si les deux évangélistes avaient puisé dans la même source Q[36].

La justification de la conduite du troisième serviteur a, dans les deux versions, le même contenu, mais est présentée dans un ordre différent :

1) La description du maître :
— il récolte où il n'a pas semé
— il ramasse où il n'a rien répandu
2) Alors le serviteur a eu peur
3) et il a caché l'argent de son maître
4) et le retourne intact.

La principale différence réside dans les termes σκληρός et αὐστηρός. Tous deux sont des hapax legomena dans les synoptiques. L'emploi chez Luc est probablement secondaire ; il a choisi ici un terme moins dur et moins choquant, comme il l'a fait en Lc 17, 37 en écrivant σῶμα au lieu de πτῶμα (Mt 24, 28). Luc a d'autre part préféré ici l'emploi du terme technique de l'usage bancaire αἴρεις ὅ οὐκ ἔθηκας[37], alors qu'il emploie volontiers ailleurs le terme συνάγειν (Lc 3, 17 ; 11, 23) et reprend à la suite de Q σκορπίζειν asso-

---

34. Cf. H. SCHÜRMANN, *Traditionsgeschichte*, p. 91 : ἰδού est souvent mis dans la bouche de Jésus, tandis que dans les discours ce sont d'autres personnes qui emploient ἴδε.

35. Cf. G. SCHNEIDER, *ThWB II*, 674-675. H. WEDER, *Metaphern*, p. 197, note 139 ; L. McGAUDY, *Talents*, p. 237.

36. L. McGAUDY (*Talents*, p. 244) soutient la thèse que le noyau central du récit (vv. 24b-25) doit avoir existé avant Jésus, sous forme de maxime postexilique, familière aux auditeurs de Jésus. Mais cet auteur soutient que la parabole originelle était contenue dans Q, d'où la convergence des deux versions. Remarquons simplement que cette convergence n'est pas nécessairement le signe que les deux versions proviennent de Q ; cf. A. WEISER, *Knechtsgleichnisse*, p. 244.

37. Cf. J. JEREMIAS, *Gleichnisse*, p. 57, note 1.

cié à συνάγειν en 11, 23. Il aurait pu ici aussi associer ces deux mots comme le fait Mt s'il avait utilisé la même source que lui. Ensemble avec le mot σουδά-ριον d'origine latine[38], cette forme est sans doute secondaire et appartient à un autre stade de la tradition. Cacher l'argent dans la terre est plus tradition-nel[39]. Luc a voulu probablement stigmatiser l'irresponsabilité, voire la culpa-bilité du troisième serviteur[40].

L'expression lucanienne αἴρεις ὅ οὐκ ἔθηκας se rapproche littérairement d'une sentence grecque concernant le profit malhonnête ou le vol. Cette maxime est rapportée allusivement dans Job 31, 8: «Ce que je sème, qu'un autre le mange». Josèphe rapporte la sentence dans les propres termes de Luc: ὅ μὴ κατεθηκέν τις οὐκ ἀναιρήσεται(τ.ἀλλοτρίων οὐδενὸς ἅψεται: Contr. Ap. II 27). Comparer avec Solon (Diog. Laert 1, 57): ἅ μὴ ἄθου, μὴ ἀνέλῃ, repris dans Platon (De Leg. 11, 913ᵉ): ἅ μὴ κατέθου μὴ ἀνέλῃ. L'écart entre Mt et Luc ne peut s'expliquer autrement, s'ils avaient la même source Q. La version matthéenne veut souligner peut-être que le serviteur a moins bénéficié des largesses du maître, vu qu'il a reçu peu[41].

La formulation matthéenne ἴδε ἔχεις τὸ σόν est la traduction du trait sarcastique bien juif: הרי שלך לפניך.
Voici devant toi ce qui t'appartient[42].

La réponse du maître chez Mt se différencie notamment de celle chez Luc par le terme ὀκνηρέ, employé ici seulement dans Mt. Il peut être secondaire, mais prématthéen: ensemble avec πονηρέ, il établit l'équilibre avec ἀγαθέ et πιστέ (vv. 21.23). Luc accentue encore la culpabilité du mauvais serviteur en ajoutant rédactionnellement: « C'est d'après tes propres paroles que je vais te juger » ![43].

La seconde partie de la réponse a, dans les deux versions, le même contenu, mais la différence terminologique est frappante. Comme en 18, 33, un pas-sage propre à Mt, l'auteur insiste sur le devoir du serviteur ἔδει σε οὖν βαλεῖν à côté du simple ἔδωκας chez Luc. Τραπεζίτης se rencontre ici seulement chez Mt alors qu'il connaît et emploie le terme τράπεζα ailleurs[44]. Κομίζομαι est également employé ici seulement par Mt, emploi que connaît aussi le troi-sième évangéliste[45]. En plus de ces particularités, il nous faut noter le pluriel ἀργύρια (à côté du singulier, v. 18); τὸ ἐμόν correspond à τὸ σόν (v. 25). La

38. Cf. W. GRUNDMANN, Lk, p. 364.
39. Cf. STR.-BILL. I, p. 972 ss.
40. Dans le sens du développement tardif comparer avec l'évangile des Hébreux, § 8.
41. Cf. 2 Cor 9, 6: qui sème chichement, chichement aussi moissonnera, et qui sème largement, largement aussi moissonnera.
42. Cf. M. DERRETT, Talents, p. 191. Cet auteur cite en outre Shev 37b: «a stolen coin is dropped in deep but clear water; or usurpated land is inundated or occupied by bandits or officials, who have extruded the owner (p. 191, note 31).
43. Ainsi aussi H. WEDER, Metaphern, p. 198, note 150.
44. Mt 15, 27; 21, 12.
45. Lc 7, 37.

forme interrogative est probablement de la rédaction de Luc ; la terminologie employée montre chez lui une meilleure connaissance des termes banquiers (cf. vv. 19, 13.15.21). La version matthéenne est certainement plus primaire et provient d'une source non commune aux deux évangélistes[46].

La similitude de Mt 25, 28-29 et de Lc 19, 26 ne doit pas faire conclure à l'utilisation immédiate d'une source commune, car ces phrases sont assez bien frappées pour être conservées dans des traditions indépendantes. Le logion du v. 29 se rencontre par ailleurs dans un passage parallèle à Luc (Mt 13, 12 par. Lc 8, 18). Là tous deux s'appuyent sur Mc 4, 25. Ici comme là Mt ajoute περισσευθῆσεται, tandis que Lc modifie Marc en ajoutant ὅ δοκεῖ[47]. La conjonction explicative γάρ omise par Luc n'est pas rédactionnelle, car le logion justifie le geste du maître. Chez Luc la perspective est légèrement différente : le verset 26 est conçu comme une réponse à la question des auditeurs. De nombreux exégètes se basent sur le contexte de Mc 4, 25 pour affirmer que ce logion n'est pas à sa place originelle[48]. Mais le même logion peut être repris plusieurs fois et dans des contextes différents, sans que ce soit toujours l'œuvre de l'évangéliste. De toute façon le logion semble parfaitement à sa place. Il transforme la portée de la parabole, car aux yeux du public juif, le troisième serviteur aurait certainement été une figure sympathique : celui qui enterre son capital est quitte devant la loi, s'il est perdu ou volé[49]. Le logion montre par contre que le serviteur n'a pas fait son devoir et que le jugement prononcé contre lui n'est pas injuste.

A la fin de la parabole Mt ajoute encore le verset 30 pour souligner le caractère menaçant du jugement dernier[50]. La parabole originelle se terminait probablement avec le v. 29. Luc, de son côté, conclut la parabole avec la punition des ennemis du roi (v. 27). Il est probable que ce verset faisait déjà partie du récit du prétendant au trône[51]. Le vocabulaire ne montre rien de spécialement lucanien, de sorte qu'il est fort probable que la tradition suivie par Luc contenait aussi cette punition des ennemis du roi.

---

46. A propos du commerce dans l'Ancient Orient cf. F.M. HEICHELHEIM, *Ancient Economic History I*, spécialement p. 127-128 : « Foreign merchants of the ancient Orient were almost completely dependent on royal courts and estates, temples and nobles who alone could lend them sufficient capital » (d'après une citation de M. DERRETT, *Talents*, p. 187, note 8a). Les banquiers palestiniens faisaient des affaires essentiellement avec les βασιλικαὶ τράπεζαι ; cf. PHILO, *Vita*, 9, 38.

47. Lc 8, 18.

48. R. BULTMANN, *Tradition*, p. 190 ; C.H. DODD, *Parables*, p. 117 ; A. JÜLICHER, *Gleichnisreden II*, p. 478 ; J. JEREMIAS, *Gleichnisse*, p. 59, note 10 et p. 60 ; A. WEISE-Knechtsgleichnisse, p. 244-245 ; J. SCHMID, *Mt*, p. 347 fait remarquer que ce verset brise la suite normale des vv. 28 et 30 ; par contre J. SCHNIEWIND, *Mt*, p. 250 ; A. JÜLICHER, *Gleichnisse II*, p. 479 pense que c'est Jésus lui-même qui l'aurait réintroduit ici. ici.

49. STR.-BILL. *I*, p. 970-971.

50. Cf. Mt 8, 13 ; 13, 50 ; 24, 51.

51. A. WEISER, *Knechtsgleichnisse*, p. 253-254, l'attribue à la tradition lucanienne ; par contre H. WEDER, *Metaphern*, p. 201, note 161.

Il est temps maintenant de présenter les résultats saillants de l'analyse précédente. Le but de notre analyse a été de montrer que les versions de la parabole ne proviennent pas de Q, mais de deux traditions indépendantes, que nous avons identifiées comme la source particulière de Mt et de Luc. Le noyau primitif du récit est constitué par la reddition des comptes que l'une et l'autre versions présentent avec force détails divergents (indices que les deux paraboles ne sont pas d'une provenance commune).

L'affirmation centrale du récit réside dans le dialogue opposant le maître et le troisième serviteur (le point central est dans les paraboles presque toujours à la fin, et cette parabole ne fait pas exception) ; c'est à partir de lui que se comprennent les autres éléments du récit, comprenant essentiellement le dépôt d'un capital chez des serviteurs chargés de le faire fructifier.

Sur la trame de ce récit la tradition de Luc a greffé une autre parabole primitivement indépendante, celle du prétendant au trône, dont on peut reconstituer le récit, à part quelques lacunes résultant de la fusion : il est probable qu'il comportaît les éléments suivants : le propos de voyage d'un prétendant au trône, la contre-ambassade, l'investiture royale à l'étranger, le retour et la punition des ennemis[52]. La fusion a pu résulter de l'interprétation allégorique qui s'en est suivie : l'homme de noble naissance qui part pour recevoir l'investiture royale a été christologisé et représente Jésus retournant à son Père à l'ascension pour être intronisé comme Messie[53]. Son retour à la Parousie signifiera le jugement et la punition de ceux qui ne l'ont pas accepté. Mais à l'origine, dans la bouche de Jésus, cette parabole du prétendant au trône s'inscrivait sans doute dans le cadre de la prédication de la βασιλεία τοῦ Θεοῦ ; tous ceux qui refusent l'offre du Royaume ou s'y opposent sont sous la menace du jugement.

Quel était l'objet de la parabole des talents ? Dans le cadre de l'annonce du Royaume, le bien que Jésus confie aux hommes de son temps représente les biens messianiques, les biens du Royaume. Les hommes sont appelés à y prendre activement part, non certes pour le faire grandir[54], mais pour l'accepter et en prendre possession. A cet appel l'homme peut répondre positivement par une disposition intérieure caractérisée par la volonté de coopération des deux premiers serviteurs, ou négativement, l'attitude d'indifférence ou de refus (cas du troisième serviteur). Ainsi comprise la parabole est alors un avertissement sur la façon dont on répond à l'offre du salut ; le Royaume est un dépôt, un capital, offert à tous, mais ce ne sont pas tous qui en profitent et pas de la même façon (cf. la parabole du semeur). A partir de là, les autres données, le voyage, la longue absence du maître, sont des éléments nécessaires pour la dramatisation du récit : le capital a besoin d'un temps plus ou moins long pour porter des intérêts. Ainsi comprise, il n'y a pas

---

52. C'est la thèse de D. Buzy, *Paraboles*, p. 543-544 ; M. Zerwick, *Thronanwärter*, p. 654-674, spécialement p. 654.
53. Ac 2, 36 ; cf. W.H. Kahlefeld, *Paraboles I*, p. 138.
54. Il grandit tout seul : cf. les paraboles de croissance, Mt 13 ; Mc 4, 26-29.

de doute que la parabole remonte à Jésus. Pour lui en effet, l'homme doit mettre à profit les dons divins, en particulier ceux du Royaume ; il doit même prendre des risques s'il le faut. Seul celui qui est prêt à engager sa vie peut la sauver (Mc 8, 35).

Considéré à partir du dialogue avec le troisième serviteur auquel le maître reproche son indifférence et son inaction paresseuse, il va sans dire qu'un tel reproche ne s'adresse pas en première ligne aux seuls pharisiens dont on connaît le zèle outré pour la Loi. Il ne peut non plus s'adresser aux disciples qui ont déjà donné leur assentiment à Jésus. Il reste alors la possibilité qu'il s'adresse à la foule des auditeurs en général, à qui Jésus reproche leur incroyance et leur indécision à accueillir l'offre du salut (cf. Mt 11, 20-24). Les pharisiens peuvent alors être inclus dans ce groupe, dans la mesure où ils refusent le message et le nouvel ordre de salut apporté par Jésus. Ainsi comprise, la parabole doit dater de l'époque où Jésus constate qu'une partie de la foule lui tourne le dos (cf. 22, 33-46).

4. RÉDACTION.

Dans l'évangile de Mt la parabole des talents ne se présente plus comme une parabole du Royaume. D'autre part, malgré sa parenté avec la parabole du bon et mauvais serviteur, notre péricope s'en distingue nettement. Dans 24, 45-51 il s'agit avant tout pour la communauté Q de garder la fidélité pendant l'absence du maître. Ici, il s'agit d'une fidélité devant les exigences des dons reçus[55], bien que le thème de la vigilance ne soit pas formellement mentionné, la liaison à l'aide de γάρ à la parabole précédente, montre l'analogie des thèmes. En attendant le retour du Maître, il s'agit de se tenir sur ses gardes (25, 13) et de mettre à profit les dons reçus (25, 14-30). En face du jugement à venir il s'agit pour les chrétiens d'adopter le comportement requis. Mt renforce encore ce caractère de jugement par l'addition du v. 30.

L'absence et le retour du Maître sont des allusions claires à la durée entre l'ascension et la Parousie. Ce temps est le temps de la présence mystérieuse du Seigneur au sein de la Communauté par les dons qu'il confie à chacun (18, 20 ; 28, 20b). A chacun il confie une mission, celle non seulement de garder et de faire observer les commandements (28, 20ᵃ), mais aussi celle de faire fructifier, chacun selon ses possibilités propres, les dons reçus, au profit de la communauté. Importante est la somme reçue par chacun ; même le dépôt d'un talent confié au dernier représente en soi une grande fortune. C'est que pour Mt et sa tradition les dons de Dieu, quels qu'ils soient, représentent toujours une grandeur en soi (18, 23 s.). Le Seigneur fait grande confiance à ses disciples et les traite non comme des étrangers, mais comme des partenaires, comme des personnels de la maison : τοὺς ἰδίους δούλους[56]. Cette confiance ne va pas aux seuls disciples, mais à toute la communauté chrétienne. En

55. Autre preuve que les deux paraboles ne viennent pas du même milieu Q.
56. Cf. P. BONNARD, *Mt*, p. 362.

confiant à ses serviteurs des sommes différentes le Maître ne veut pas signifier par là un acte de plus ou moins grande confiance. Mt l'exprime ainsi : le Maître confie « à chacun selon sa capacité ». Ce fait revèle la diversité des dons divins[57], mais aussi les différentes aptitudes dans la communauté matthéenne.

Les serviteurs se mettent « aussitôt » au travail. Mt comprend cette durée entre l'ascension et la Parousie comme un temps d'attente et de travail, afin que les dons reçus ne restent pas improductifs (vv. 16-18). Les talents ainsi confiés comportent en soi une exigence ($\delta\epsilon\tilde{\iota}$), celle de les faire fructifier : $\dot{\epsilon}\rho\gamma\acute{\alpha}\zeta\epsilon\sigma\theta\alpha\iota$, compréhension qui va de soi, même sans l'ordre formel du Maître. L'intention parénétique de l'évangéliste est encore une fois clairement soulignée : il s'agit pour le chrétien de produire de bons fruits, des œuvres d'amour, en d'autres termes, l'écoute de la Parole doit s'accompagner de son accomplissement. Les deux premiers serviteurs ont agi conformément à cette exigence interne des dons reçus. Par contre le troisième n'a pas compris cette exigence — l'argent est fait pour porter des intérêts — il enterre son capital. Le Maître le punit en lui arrachant son capital. Il agit aussi bien par peur du risque[58] que par crainte du Maître et de la reddition des comptes, où il a peur de se présenter les mains vides et sans intérêts rapportées par le talent unique. Mais c'est moins le résultat obtenu que l'attitude vis-à-vis du capital qui intéresse le Maître. Les deux premiers qui pourtant ont obtenu des résultats différents, sont pareillement loués et récompensés. Ce qui importe alors, ce n'est pas tant « d'avoir gagné en plus » mais « d'avoir travaillé ». L'évangéliste souligne cet aspect en montrant les deux premiers serviteurs à l'œuvre et non le capital (v. 16 $\eta\rho\gamma\tilde{\alpha}\sigma\alpha\tau\sigma$, $\dot{\epsilon}\kappa\acute{\epsilon}\rho\delta\eta\sigma\epsilon\nu$). Ainsi le reproche fondamental fait au mauvais serviteur est son indifférence dédaigneuse du Maître et son inaction.

La compréhension matthéenne de la parabole ne s'éloigne pas tellement de son sens originel, dans la mesure où ce dernier rentrait dans le cadre de l'annonce du Royaume. Le Royaume considéré comme don ne nécessite pas pour sa croissance une activité directe de la part de l'homme, car le Règne de Dieu croît sans l'agir humain (cf. Mc 4, 26-29 : la semence qui pousse d'elle-même ; mais Mt ne souligne pas cet aspect). Mais il faut qu'il prenne forme dans un terrain favorable (Mt 13, 18.33) qui lui permette de grandir et de produire des fruits. Il doit être accueilli comme un trésor (13, 44-46).

Il va sans dire que pour l'évangéliste ces fruits ne concernent pas seulement la conversion personnelle (3, 8) mais se traduisent aussi dans une éthique fraternelle et communautaire. Il s'agit d'aimer, de pardonner à la manière de Dieu (5, 43-48 ; 18, 23-35) ; le capital d'amour et de pardon reçu du Seigneur, doit être en retour investi dans la communauté. Le don de Dieu n'est jamais une possession passive[59] ; il doit vivre et produire. On ne s'étonnera pas alors que la récompense reçue par les deux serviteurs soit particulière-

---

57. E. SCHWEIZER, *Mt*, p. 307.
58. Ainsi S. SCHULZ, *Q*, p. 295 s.
59. J. SCHNIEWIND, *Mt*, p. 250 ; E. SCHWEIZER, *Mt*, p. 308.

ment soulignée (περισσευθήσεται, v. 29). Cette dernière expression caractéristique de la tradition matthéenne (cf. 13, 12) veut souligner la générosité divine envers celui qui se montre fidèle. « Là où le don divin produit du fruit, là il bénéficie encore du don surabondant de Dieu, mais là où il devient stérile, la perte est totale »[60] ; « tout arbre qui ne produit pas un bon fruit, on le coupe et on le jette au feu »[61].

Ici encore l'évangéliste ne perd pas de vue l'intention parénétique qu'il poursuit depuis 24, 42. Il s'agit ici aussi de se préparer à l'événement eschatologique en restant fidèle à la mission confiée par le Seigneur. Le croyant n'est pas celui qui entend seulement, mais celui qui met en pratique la Parole entendue, afin de produire du bon fruit. Il n'a pas le droit de laisser improductif le capital du Royaume des cieux remis en ses mains[62]. Ce capital, représenté ici par les talents, ne désigne pas d'abord des responsabilités au sein de la communauté, mais principalement le service d'amour actif que les chrétiens doivent à tous les hommes[63]. L'évangéliste développera amplement cet aspect du service fraternel dans son dernier chapitre sur le jugement dernier (25, 31-46).

---

60. E. SCHWEIZER, *Mt*, p. 308.
61. Mt 7, 19 ; il ne s'agit pas ici du jugement par les œuvres. Le jugement porte avant tout sur l'attitude fondamentale vis-à-vis de Dieu.
62. J. RADERMAKERS, *Mt*, p. 314.
63. Cf. P. BONNARD, *Mt*, p. 454, note 362.

QUATRIÈME PARTIE

Mt 25, 31-46 : L'annonce du jugement des nations

INTRODUCTION

Cette quatrième partie ne comprendra qu'un chapitre et veut souligner l'actualité concrète du jugement. En effet, elle veut donner un contour encore plus concret aux thèmes eschatologiques de la venue du Fils de l'Homme, à l'attente de ce jour et à la conduite à tenir pendant ce temps.

L'objet essentiel de cet enseignement est la pratique de l'amour dans le quotidien de la vie ordinaire : l'amour du prochain explique l'être-chrétien, la suite du Christ, en même temps qu'il détermine le sort futur de chacun. De la sorte on perçoit bien le point de contact entre l'histoire vécue aujourd'hui et l'eschatologie, puisque l'amour pratiqué envers le prochain constitue le seul critère du jugement, sans qu'on puisse parler ici d'une « théologie matthéenne de la justification par les œuvres ».

Pour l'évangéliste le point décisif de toute la morale chrétienne consiste dans la qualité des relations interpersonnelles, basées sur l'amour vécu. Dès lors les œuvres de miséricorde mentionnées dans ces derniers versets du discours eschatologique ont une valeur programmatique et servent de cadre à l'agir chrétien de l'amour. Ce dernier est si important que le Christ parousiaque se reconnaît en cet acte et s'identifie avec ceux qui auront été l'objet ou non d'un geste de miséricorde (Mt 25, 40, 45).

MT 25, 31-46 : L'ANNONCE
DU JUGEMENT DES NATIONS

En plusieurs passages de son évangile, Mt a déjà évoqué, dans des traits hauts en couleur, de brèves séquences du jugement à venir. A la fin du discours sur la Montagne, il en présente un épisode : « Beaucoup me diront en ce jour-là : « Seigneur, Seigneur, n'est-ce pas en ton nom que nous avons prophétisé ? en ton nom que nous avons chassé les démons ? en ton nom que nous avons fait de nombreux miracles ? » Alors je leur déclarerai : « je ne vous ai jamais connus ; écartez-vous de moi, vous qui commettez l'iniquité » : Mt 7, 22-23[1]. La même évocation figure à la fin du discours de mission (Mt 10, 40-42) et plus clairement encore à la fin de la section des paraboles (chap. 13) : « Ainsi en sera-t-il à la fin du monde : les anges surviendront et sépareront les mauvais d'avec les justes, ils les jetteront dans la fournaise de feu ; là seront les pleurs et les grincements de dents » : Mt 13, 49-50.

Cette évocation du jugement à la fin de chaque section importante de l'évangile a conduit de nombreux exégètes à considérer cette péricope comme la conclusion du discours eschatologique[2]. Ainsi l'évangéliste, après avoir évoqué dans le discours les événements concernant la fin du monde, rappellerait à présent, dans un tableau grandiose, le jugement de toutes les nations, en reprenant ainsi l'essentiel des chapitres 24-25.

Cette péricope doit sans aucun doute être lue dans la perspective du discours eschatologique, mais ne doit pas être considérée comme une simple conclusion, une sorte de tableau récapitulatif. Dans ce sens, ce sont tous les deux chapitres qu'il faudrait considérer comme une conclusion.

Ce tableau de jugement donne l'occasion à l'évangéliste de présenter un

---

1. On peut lire sur ces versets une récente étude de H.D. BETZ, dans *ZThK* 78 (1981), p. 1-30 et qui porte justement le titre : *Eine Episode im Jüngsten Gericht* (Mt 7, 21-23).

2. Entre autres, pour ne citer que ceux-là : J.R. MICHEALS, *Hardships*, p. 27 ; J. RADERMAKERS, *Mt*, p. 301 ; S. LÉGASSE, *Jésus et l'Enfant*, p. 85.

nouvel enseignement et en même temps une sorte de parénèse à l'adresse de ses chrétiens. En effet au motif de séparation au jugement, mentionné à plusieurs reprises, il joint celui des œuvres de miséricorde, sur lesquelles il insiste d'une façon particulière : le critère de la séparation et du jugement porte sur l'accomplissement ou l'omission de ces œuvres envers « les moindres des frères ». Et il affirme que ce sont toutes les nations qui seront ainsi jugées d'après ces critères.

Plusieurs questions d'interprétation se posent donc au sujet de « Nations » : désignent-elles tous les peuples sans distinction ou seulement les chrétiens ? Qui sont les « plus petits frères » du Fils de l'Homme ? tous les hommes en situation difficile, ou les chrétiens en général, ou les seuls disciples ? Toutes ces questions sont actuelles dans les discussions théologiques et les solutions qu'on leur a apportées sont aussi divergentes que possible.

Enfin, sur l'ensemble de la péricope, il nous faudra nous demander si elle vient de Jésus ou de la composition de Mt, ou d'une tradition prématthéenne (non jésuanique) plus ou moins retravaillée par l'évangéliste. Dans l'un et l'autre cas il faudrait préciser l'intention de l'évangéliste.

1. CRITIQUE LITTÉRAIRE.

L'absence de parallèle synoptique direct de ces versets matthéens rend difficile une analyse littéraire. Cependant les matériaux composant le récit ne sont pas absolument propres à Mt seul. On trouve en effet, épars dans les synoptiques, des textes dont le contenu est plus ou moins voisin de celui que nous avons ici ; une brève comparaison fera ressortir l'originalité de la présentation matthéenne de la scène du jugement.

a) Le v. 31 présente le Fils de l'Homme venant pour le jugement. Il est à rapprocher de Mt 16, 27, où « le Fils de l'Homme va venir avec ses anges dans la gloire de son Père et rendra à chacun selon sa conduite ». A ce verset correspondent Lc 9, 26 et Mc 8, 38b, où le Fils de l'Homme déclare qu'il viendra dans la gloire de son Père avec les saints anges, et qu'il aura honte, devant son Père, de ceux qui auront eu honte de lui. Dans notre texte, le Fils de l'Homme n'est plus présenté comme un simple témoin, mais comme un juge, et les anges font partie de son cortège glorieux : « Quand le Fils de l'Homme viendra dans sa gloire, accompagné de tous les anges, alors il siégera sur son trône de gloire » (v. 31).

b) L'idée de solidarité du juge eschatologique avec « les moindres de ses frères » (Mt 25, 40.45) présente quelque analogie avec le logion de Mt 10, 32-33 par. Lc 12, 8-9 :

> Quiconque se déclarera pour moi devant
> les hommes, je me déclarerai moi aussi pour lui
> devant mon Père qui est aux Cieux.
> Mais quiconque me reniera devant les hommes,
> je le renierai moi aussi devant mon Père qui
> est aux cieux.

Mais dans cet acte de déclaration réciproque, le Fils de l'Homme est présenté, non comme juge, mais comme avocat des siens. Mais on retrouve le même principe de réciprocité déjà souligné par Mc 8, 38 par. Lc 9, 26.

c) Mt 10, 40-42 se rapproche davantage de notre texte. Là le Christ s'identifie avec ses disciples (pour Mt, les chrétiens) à propos de l'hospitalité dont il sont l'objet : « Qui vous accueille, c'est moi qu'il accueille » (10, 40), affirmation accompagnée d'une promesse de récompense (10, 42, cf. Mc 9, 41). Mais Mt précise avec une formule semblable à celle que nous avons dans la scène du jugement : « un de ces petits » (10, 42) à comparer avec « un de ces plus petits » (25, 40.45). La seule différence notoire est que dans 10, 40-42, le Christ s'identifie directement aux messagers de l'Évangile. Mais ici comme là l'identification est affirmée à cause de la situation matérielle précaire des uns et des autres.

d) La référence spéciale faite aux « petits » dans la scène du jugement est à rapprocher du logion de Mc 9, 37, où Jésus se reconnaît en un petit enfant (c'est-à-dire quelqu'un dépendant de la générosité des autres) : παιδίον désignerait un état démuni[3].

Mais l'originalité de la péricope de Mt se montre en bien des traits propres qu'on trouve presque chez lui seul :
— La Venue du Fils de l'Homme dans la gloire comme dans Mt 16, 27 ; 24, 30 (comparer Mc 8, 38 ; 10, 37).
— L'escorte angélique comme dans Mt 13, 41.49 ; 16, 27 ; 24, 31.
— La session sur le trône de gloire comme Mt 19, 28 (comparer Lc 22, 28-30).
— Le rassemblement de toutes les nations devant le Fils de l'Homme comme Mt 13, 43 ; 24, 31.
— Le tri discriminatoire à la Parousie comme dans Mt 13, 41.49 ; 16, 27 ; 19, 28 (cf. 24, 37 s. par.).
— Le dialogue entre le Fils de l'Homme parousiaque et les sujets du jugement (cf. Mt 7, 21-23 ; 25, 11-12 ; 25, 14-30).
— La sentence du jugement (cf. 25, 12).

Ces différents traits sont ordonnés dans une composition harmonieuse et dramatique[4].

2. FORME ET GENRE.

La scène du jugement décrite dans les vv. 31 à 46 se juxtapose à la parabole des talents sans d'autre transition que ὅταν δέ. Seul le cadre eschatologique du jugement déjà suggéré dans les paraboles précédentes peut valablement rendre compte de cette soudure.

La Parousie du Fils de l'Homme est mise au premier plan : c'est une Parou-

3. E. LOHMEYER, *Mk*, p. 193 : « Kinder... als Beispiel der Notleidenden und Bedürftigen ».
4. Cf. A. KRETZER, *Herrschaft*, p. 215-216.

sie glorieuse, comme en 16, 27 ; 19, 28, mais coïncidant avec le jugement :
« Toutes les nations vont être rassemblées devant lui ». Cette référence initiale
au jugement — bien que le mot n'ait pas été employé une seule fois — réapparaît aux différentes articulations du récit, aux vv. 34.41.46, comme autant
d'images apocalyptiques pour accentuer l'aspect du jugement[5]. Le dernier
verset se présente à la fois comme une sorte de commentaire qui explicite le
contenu des vv. 34 et 41, et comme le résumé de tout le récit[6]. Ainsi tout le
morceau se caractérise par cette coïncidence de la Parousie avec le jugement.
Mais le narrateur s'intéresse moins à la procédure de celui-ci qu'au critère —
et il s'y attarde — en reprenant quatre fois le catalogue de six œuvres de miséricorde : vv. 35-39 ; 42-44. Il s'intéresse aussi au sort réservé à chacun des
sujets du jugement : vv. 34b ; 41b ; et 46.

Les vv. 31-32a présentent le Fils de l'Homme avec son escorte angélique ;
toutes les nations comparaissent devant lui. C'est lui qui exerce la fonction
de juge[7]. Tous les attributs se rapportent à lui : δόξα, ἄγγελοι αὐτοῦ. θρόνος
δόξης αὐτοῦ. On notera les deux αὐτοῦ côte à côte.

Avec le v. 32b commence la procédure du jugement, mais elle est rapide-
ment interrompue pour ne présenter que la conclusion ; en soi la scène de
séparation suppose la sentence connue à l'avance[8]. Cette séparation est expliquée par la comparaison du berger, laquelle prend une allure métaphorique :
le berger place les brebis à droite (le bon côté), et les boucs à gauche.

Les vv. 34 à 45 se caractérisent par une longue énumération sous forme
d'un double dialogue, qui produit l'impression d'un balancement rythmique
et d'une symétrie presque mathématique[9] ; cette répétition qui frise la monotonie n'a d'autre but que de souligner l'importance particulière donnée à l'accomplissement des services d'assistance. Le premier dialogue est entièrement
parallèle au second, sauf que celui-ci est, dans la réponse aux réprouvés, légèrement abrégé, abréviation sans doute volontaire, pour éviter la
monotonie[10].

Dans le premier dialogue avec les justes (vv. 35-40), l'évangéliste présente
un catalogue de six œuvres de miséricorde : d'une part dans les vv. 35-36 une
série de verbes à la première personne du singulier, reliés par καί à une série
de verbes à la deuxième personne du pluriel ; d'autre part (vv. 37b-39), une
construction participiale, plus élégante, dépendant de πότε δε εἴδομεν, ce
dernier étant repris deux fois (37b et 38a) et remplacé trois fois par la conjonc-

5. Cf. L. Cope, *The sheep and the goats*, p. 41.

6. E. Brandenburger, *Weltenrichter*, p. 24.

7. Comparer avec 19, 28 et aussi 8, 29 où le possédé gérasénien s'adresse à Jésus :
« Es-tu venu pour nous perdre avant le temps » ; par contre J. Jeremias (*Gleichnisse*,
p. 205) affirme que Jésus se contente d'annoncer le jugement du Père, sans se présenter lui-même comme Juge.

8. On notera l'accord selon le sens dans αὐτούς masc. pluriel mais qui se rapporte
au mot ἔθνη, neutre pluriel. Le même phénomène figure en 28, 19.20.

9. P. Bonnard, *Mt*, p. 365.

10. Ainsi E. Brandenburger, *Weltenrichter*, p. 28.

tion ἤ ; un καὶ relie les participiales à une construction à la première personne du pluriel.

Au v. 39 l'auteur opère un regroupement heureux, en supprimant le participe ὄντα et en faisant rapporter au seul καὶ ἤλθομεν πρὸς σέ tout le v. 39a. De même au v. 40, la série des six œuvres de bienfaisance est résumée par ἐποιήσατε (terme bien matthéen). Ce v. 40 est le point central de toute cette partie et toute l'énumération semble lui être ordonnée. Sa contre-partie est le v. 45[11].

Le second membre du parallélisme (vv. 41-45) reprend rigoureusement la série des six actes de bienfaisance ; la seule différence notoire est marquée par la négation οὐ/οὐκ. Cependant Mt raccourcit ce second épisode : il évite de répéter ὁ βασιλεύς (vv. 41a.45a). Au v. 44a, il écrit simplement αὐτοί au lieu du terme contraire à δίκαιοι (cf. v. 37a). Il ne reprend pas αὐτοῦ (cf. v. 34a) et αὐτῷ (cf. v. 37a) dans les vv. 41a et 44a. De même il laisse de côté τοῦ πατρός μου (v. 41a) et τῶν ἀδελφῶν μου (v. 45b). A cela il faut ajouter le raccourci du v. 43b grâce à καὶ οὐκ ἐπεσκέψασθέ με qui se rapporte aux deux termes ἀσθενής et ἐν φυλακῇ ; la construction raccourcie du v. 44b s'est effectuée grâce aux termes καὶ οὐ διηκονήσαμέν σοι, lesquels se rapportent aux six services d'assistance[12].

Ce « chef d'œuvre de la littérature évangélique »[13] se caractérise par son unité et sa composition consciemment rythmique. Malgré cela il s'y glisse quelques légères incohérences. Dès le début en effet apparaît le Fils de l'Homme, mais dès le v. 32 il disparaît au profit d'une terminologie royale. Pourquoi ces deux terminologies se juxtaposent-elles dans le morceau ? On notera en outre que la mention « les bénis de mon Père » ne convient pas bien à ce titre royal. Ces défauts dans l'idéation du morceau ne seraient-ils pas des indices que nous sommes en présence d'une composition réunissant plusieurs éléments de la tradition et de la rédaction, qu'il n'est pas toujours aisé de démêler, tellement le morceau se présente comme une unité, selon un plan en trois parties :

    1) *25, 31-33 : Exposition de la scène du jugement :*
        La Venue du Fils de l'Homme et la procédure judiciaire dans le rassemblement et la séparation de toutes les nations.

    2) *25, 34-45 : Deux constructions parallèles comprenant chacune trois moments :*

11. L. COPE, *Thee Sheep and the Goats*, p. 39.
12. J.A.T. ROBINSON (*Parable*, p. 232) fait remarquer à propos du v. 41 que l'addition de « dans le feu éternel » et de « pour le démon et ses anges » déséquilibre le parallélisme de ce verset avec le v. 34. Mais on pourrait rétablir cet équilibre en considérant « dans le feu » comme parallèle de « Royaume », et « pour le démon et ses anges » comme parallèle de « depuis la fondation du monde » ; ainsi L. COPE, *Sheep and Goats*, p. 41, note 1.
13. S. LÉGASSE, *Jésus et l'enfant*, p. 85.

1er dialogue a) la déclaration du Roi (34-36)
             b) la réponse des justes (37-39)
             c) la justification de la sentence (40)
2e dialogue a) la déclaration du Roi (41-43)
             b) la réponse des réprouvés (44)
             c) la justification de la sentence (45)

3) *25, 46 : Explicitation de la sentence.*

Avant d'aborder l'analyse de la tradition, il nous faut préciser le genre de ce morceau. Beaucoup le considèrent comme une parabole. Si c'était vrai, nous pourrions, comme dans les autres paraboles synoptiques, en retrouver la pointe, ce qui ici est manifestement impossible. Au contraire, la péricope se caractérise par la clarté et l'immédiateté du langage, sans symboles comme dans la plupart des paraboles ; les seuls éléments paraboliques figurent dans la comparaison du berger (vv. 32^c-33) qui, seule, n'en peut déterminer le genre. La difficulté de classer ces versets dans les formes littéraires habituelles est ressentie par R. Bultmann, qui se contente de les ranger parmi les paroles prophétiques et apocalyptiques du Christ[14]. J. Jeremias les considère comme la description du verdict au jugement dernier[15].

Pour déterminer le genre de ce morceau on doit à la fois tenir compte de la forme et du contenu. L'intention parénétique de l'évangéliste est évidente[16]. Il contient une exhortation à pratiquer la miséricorde envers les démunis et veut montrer comment chaque homme sera jugé selon son attitude envers les nécessiteux. Il s'agit d'une évocation du jugement dernier dans un but à la fois didactique et parénétique. Nous n'avons donc pas affaire à une révélation détaillée du jugement futur, tel qu'il sera, mais à une évocation présentée dans un langage apocalyptique, tel que nous en avons l'exemple dans maint passage de l'Ancien et du Nouveau Testament[17] ; mais la péricope se rapproche davantage encore des évocations hénochiennes du jugement[18]. On rencontre dans la littérature rabbinique de nombreux thèmes analogues[19].

3. TRADITION.

Sur l'origine de cette péricope matthéenne, il y a dans l'exégèse moderne deux tendances principales qui opposent les chercheurs. Il y a ceux qui attribuent la péricope dans sa totalité à Jésus, sans intervention rédaction-

14. R. BULTMANN, *Tradition*, p. 130 ss.
15. J. JEREMIAS, *Gleichnisse*, p. 204 : « Die ganze Perikope ist masal = « apocalyptische Offenbarungsrede » (p. 204, note 2).
16. A. FEUILLET, *Synthèse*, p. 181.
17. Cf. K.H. SCHELKLE, *Gericht*, p. 167.
18. Henoch slave 9-10.
19. Cf. A. WIKENHAUSER (*Liebeswerke*, p. 366-377), qui rapporte un matériel abondant qu'il considère comme des sources lointaines, juives de notre péricope. Cf. aussi les sources rabbiniques rapportées par STR.-BILL. *IV*, 1, p. 561-569 ; 1212. Nous y reviendrons dans l'analyse de la tradition.

nelle de la part de Mt. J. Jeremias tient la péricope pour primitive et croit y voir la réponse de Jésus à la question suivante des disciples : « Sur quelles bases seront jugés (v. 32) les païens »[20] ? Pour H.E. Turner, la forme audacieuse des affirmations est un indice de son origine jésuanique. Seul le v. 46 est considéré par lui comme une addition matthéenne : « The daring reconstruction of this material in our parable strongly suggests the authorship of Jesus. Matthew's editorial methods are normally too pedestrian to assign to him the authorship or compilation of this passage »[21].

La tendance opposée est celle de ceux qui l'attribuent entièrement à la rédaction matthéenne. Tandis que J.A.T. Robinson considère encore les vv. 32-33 comme le noyau autour duquel Mt aurait, de son cru, composé le récit[22], L. Cope attribue la péricope tout entière à Mt[23].

Dans des études récentes. S. Légasse[24], J. Ingalaere[25], I. Broer[26] et de E. Brandenburger, la dernière en date[27] essayent de faire ressortir les éléments rédactionnels du texte, mais bien souvent elles l'abordent sous des angles précis, par exemple, la solidarité de Jésus avec ses moindres frères, la détermination de ces « frères » ou du concept de « nations », de sorte qu'on perd de vue l'ensemble du texte.

Notre analyse tentera avant tout d'étudier le morceau verset par verset, si possible, pour pouvoir faire la part entre tradition et rédaction.

Le v. 31 présente la Parousie glorieuse du Fils de l'Homme. Cette venue eschatologique est exprimée par le terme, devenu technique chez les synoptiques, de ἔρχεσθαι : 24, 30 dans une citation de Dn 7, 13-14 ; 26, 64, à la suite de Mc.

Les motifs de gloire, de cortège angélique et de session sur le trône de gloire figurent dans trois autres passages du premier Évangile et dont la comparaison peut jeter une nouvelle lumière sur l'origine de ce v. 31.

a) Dans le développement de la parabole de l'ivraie propre à Mt (13, 36-43) il est dit explicitement que le Fils de l'Homme enverra « ses anges ». L'absence de parallèle direct ne permet pas de discerner la part rédactionnelle de l'auteur[28]. Toutefois on peut penser que c'est un thème cher

---

20. Gleichnisse, p. 206.

21. H.E. TURNER, Sheep and Goats, p. 243.

22. J.A.T. ROBINSON, Parable, p. 233-236 ; cf. aussi S. LÉGASSE, Jésus et l'enfant, p. 88-89 ; il donne une reconstruction de la parabole initiale ; A. DESCAMPS (Justes et Justice, p. 257-258) émet l'idée que l'évangéliste a combiné ici deux éléments empruntés à des discours différents de Jésus. Les deux dialogues 25, 35-40 et 42-45 pourraient ainsi être détachés sans dommage pour l'unité du reste, qui formerait alors un récit eschatologique bref et très cohérent. Le récit-cadre serait alors la séparation des boucs d'avec les brebis. Cf. aussi J. DUPONT, Les béatitudes, p. 139, note 5.

23. L. COPE, Sheep and Goats, p. 32-44, spécialement p. 42.

24. Jésus et l'enfant, p. 85-100.

25. Jugement dernier, p. 23-60.

26. Das Gericht, p. 273-295.

27. Weltenrichter, livre paru dans la collection SBS 99 en 1980.

28. Beaucoup d'exégètes l'attribuent à la rédaction de Mt, sauf G. STRECKER, Gerechtigkeit, p. 160, note 2.

à l'évangéliste ou à son milieu, sans pourtant lui être particulier (cf. 1 Th 3, 13 ; 2 Th 1, 7). On peut noter cette tendance constante chez les synoptiques de prêter au Fils de l'Homme des attributs qui, initialement, étaient réservés à Dieu. Ainsi dans Lc 12, 8-9 est-il question de la reconnaissance du Fils de l'Homme « devant les anges de Dieu », tandis que Lc 9, 26 parle de la venue du Fils de l'Homme « dans sa gloire et dans celle du Père et des saints anges ». La source marcienne mentionne seulement « dans la gloire de son Père et des saints anges » (Mc 8, 38 par.).

b) Dans le passage parallèle à Mc 8, 38, l'intervention rédactionnelle de Mt est encore plus sensible : μετὰ τῶν ἀγγέλων τῶν ἁγίων est transformé en μετὰ τῶν ἀγγέλων αὐτοῦ (c'est-à-dire ceux du Fils de l'Homme. Il change en outre ὅταν ἔλθῃ en μέλλει... ἔρχεσθαι (Mt 16, 27).

Sans faire directement écho de la rétribution à chacun selon ses actes, Mt 25, 31 exprime la même idée d'annexion des anges au cortège du Fils de l'Homme. Au lieu de la δόξα du Père, c'est maintenant celle du Fils de l'Homme et Mt remplace « avec les saints anges » de Mc 8, 38 par « et tous les anges avec lui », faisant ainsi sensiblement écho à Zach 14, 5 : ἥξει κύριος ὁ Θεός μου καὶ πάντες οἱ ἅγιοι μετ' αὐτοῦ. Cette modification comme aussi celle de 16, 27 est à attribuer à la main de l'évangéliste[29]. On rencontre une annexion semblable du thème du Royaume qui devient le Royaume du Fils de l'Homme ; βασιλεία αὐτοῦ pour βασιλεία τοῦ Θεοῦ (Mt 13, 41 ; 16, 28 ; 20, 21).

c) Le troisième passage qui se rapproche de Mt 25, 31c est issu de Q et concerne la session sur le trône de gloire. Dans la version lucanienne on lit simplement : « Vous mangerez et boirez à ma table dans mon Royaume » (Lc 22, 28-30). Mt 19, 28 a une formulation semblable à celle que nous lisons dans la scène du jugement : ὅταν καθίσει ὁ υἱὸς τοῦ ἀνθρώπου ἐπὶ θρόνου δόξης αὐτοῦ (19, 28) ; τότε (ὁ υἱὸς...) καθίσει ἐπὶ θρόνου δόξης αὐτοῦ (25, 31c). La modification rédactionnelle dans l'un et l'autre passage fait du Fils de l'Homme un juge et non plus un simple témoin comme en Mt 10, 32-33[30].

Cette analyse comparative des textes synoptiques montre l'originalité de Mt 25, 31 ; ce verset n'est pas une « creatio ex nihilo » de la part de Mt mais témoigne d'un développement christologique intense dans la tradition primitive et dont nous avons déjà un écho dans 1 Th 3, 13 ; 2 Th 1, 7[31]. Cependant le cumul des motifs de gloire, d'escorte angélique et de session sur le trône de gloire est unique dans les synoptiques.

---

29. E. Schweizer, (Mt, p. 226) aussi voit dans 16, 27 la rédaction de Mt.

30. Comparer dans le même sens 7, 23 : « alors je leur dirai... » ; 8, 29 l'épisode du possédé gérasénien, à comparer avec Mc 5, 7. J. Friedrich (Gott im Bruder, p. 65) et J.A.T. Robinson (Parable, p. 228) attribuent aussi la mention de la session sur le trône à la rédaction matthéenne.

31. Cf. H.E. Turner, Sheep and Goats, p. 243.

De pareils motifs figurent dans le livre d'Hénoch éthiopien comme attributs du Fils de l'Homme hénochien :

> 45, 3 : En ce jour-là mon Élu s'assiéra sur le trône de sa gloire et fera un choix parmi leurs œuvres.

> 55, 4 : Vous, puissants rois, qui habitez la terre, vous verrez mon Élu quand il viendra s'asseoir sur son trône de gloire pour juger Azazel, ses alliés et toute sa foule au nom du Seigneur des Esprits.

Mais dans 61, 8, c'est le Seigneur des Esprits qui place l'Élu sur le trône de sa gloire pour le jugement, et il s'agit vraisemblablement du trône du Seigneur des Esprits lui-même, puisque le jugement se fait en son nom[32] ; l'autonomie du Fils de l'Homme hénochien est contestable ; dans plusieurs passages en effet, il n'agit pas de sa propre autorité, mais au nom du Seigneur des Esprits.

> Hén 51, 3 : En ces jours-là l'Élu s'assied sur mon trône. Et sa bouche proclame des mystères de sagesse et de conseil car le Seigneur des Esprits les lui confère et l'honore.

A notre connaissance, il n'est nulle part question dans ce livre de la « Venue » du Fils de l'Homme, ni de sa « Venue avec les Anges ». Il est dit seulement qu'il siège pour le jugement, avec la cour céleste devant ou autour de lui[33]. De la sorte on ne peut parler d'une influence de la représentation du Fils de l'Homme du livre d'Hénoch sur la formulation matthéenne, même si l'une et l'autre formulations sont parfois similaires[34].

Quoi qu'il en soit de ces parallélismes avec les paraboles d'Hénoch, certes intéressants, ce que nous avons dit plus haut reste valable, à savoir, l'annexion des attributs vétéro-testamentaires de Dieu comme Roi et Juge au Fils de l'Homme. A ce titre, c'est encore à l'AT qu'il faut se référer et non à une ligne de tradition particulière dont Mt se serait inspiré pour la composition de ce verset. En effet, la tenue des assises du jugement du monde est une fonction essentiellement divine, caractéristique de l'AT ; la fonction de juge va de pair avec ces motifs évoqués dans le verset 31 : « Le Seigneur, mon Dieu arrivera, accompagné de tous ses saints » : Za 14, 5 ; la gloire est par excellence l'apanage du Roi — Yahwé (cf. Mt 25, 34) ; la gloire de Yahwé trône sur l'arche d'alliance. C'est sous l'aspect d'une gloire royale qu'Isaïe contemple la gloire de Yahwé. Il voit le Seigneur sur son trône élevé, sa traîne emplissant

---

32. Mais comparer Hénoch (éthiopien) 62.2.3.5 ; 63, 5 ; 69, 27.29 où il est question du trône soit du Seigneur des Esprits, soit du Fils de l'Homme.

33. Hén éthiopien 47, 3 ; 60, 2 ; Dans 61, 10, il ne s'agit pas de l'Élu, mais du Seigneur des Esprits lui-même qui convoque toute la cour céleste y compris l'Élu même.

34. J. FRIEDRICH (*Gott im Bruder*, p. 134-135) fonde sa thèse sur le contact de Mt avec la tradition d'Hénoch : « Ein Einfluss der BR (Bildreden) auf diese Formulierung liegt deshalb nahe » (p. 134). Il conclut : « Da wir den Ursprungsort für diese Vorstellung gesehen haben... dürfte Mt 25, 31 kaum von einer Tradition abhängig sein, von der dann die BR abhängig sind. Es dürfte vielmehr traditionsgeschichtlich mit den BR verbunden sein » (135).

le sanctuaire avec sa cour de Séraphins clamant sa gloire (Is 6, 1 ss.). La représentation synoptique du Fils de l'Homme comme juge eschatologique et comme roi (chez Mt seul) repose sur ces traits de l'AT.

Un autre indice important qui permet de repérer la rédaction matthéenne de ce verset est la tension entre les vv. 31 et 34 : le titre de Fils de l'Homme fait place désormais à celui de roi, et ne réapparaît plus jusqu'à la fin du récit. C'est ici seulement que figure l'emploi absolu du terme sans autre détermination. Dans Mt 2, 2 Jésus est désigné du titre de « Roi des Juifs », mais il s'agit là d'un emploi emprunté au matériel traditionnel du récit de la Passion, commun aux quatre évangélistes. Également dans le récit de la Passion le titre de « Roi d'Israël » est appliqué à Jésus (Mt 27, 42, cf. Mc 15, 31 ; Jn 12, 13) ; mais il est mis dans la bouche des moqueurs. Mt emploie le titre absolu du « Roi » en se référant à Jésus dans Mt 21, 5, mais là encore il s'agit d'une citation de Za 9, 9 : Dites à la fille de Sion, voici que ton roi vient à toi[35].

Durant son ministère public, Jésus ne s'est jamais donné le titre de roi et n'a jamais cédé à l'enthousiasme messianique des foules. Il s'est dérobé, lorsque, après la multiplication des pains, la foule a voulu l'enlever pour le faire roi (Jn 6, 15). Cependant, interrogé par Pilate « Es-tu le roi des Juifs » (Mc 15, 2 ; Jn 18, 33.37), il ne renie pas ce titre, mais c'est aussitôt pour préciser que son « Royaume n'est pas de ce monde-ci » (Jn 18, 36).

Dans les écrits de Paul le titre de roi n'est appliqué à Jésus que dans 1 Tim 6, 15, mais c'est déjà un écrit tardif[36]. Dans Mt ce titre royal est réservé à Dieu, surtout dans les paraboles : Mt 18, 23-35 ; 22, 2-13. Il est tout à fait possible que, dans notre péricope Mt 25, 31-36, ce titre de roi désignait originellement, non le Fils de l'Homme parousiaque mais Dieu, conformément à son emploi dans les paraboles citées et ce n'est que tardivement que Mt ou son milieu l'a référé à Jésus, Fils de l'Homme-Juge, interprétant ainsi le titre du roi comme un des attributs du Fils de l'Homme parousiaque[37].

Toutes ces raisons nous poussent à considérer le v. 31 comme secondaire et de la rédaction matthéenne. Nous pouvons poursuivre notre analyse.

V. 32a.

Plus clairement que dans le verset précédent on peut repérer les touches rédactionnelles dans le v. 32. Συνάγειν est un matthéisme évident[38]. La forme

---

35. Cf. aussi Lc 19, 38 ; Jn 12, 15.

36. Cf. K.L. SCHMIDT, *ThWB I*, p. 579 ; nous trouvons déjà dans la Did 14, 3 un exemple du développement de la tradition royale en référence directe à Jésus. Là le Christ se nomme explicitement « Je suis le grand Roi ».

37. Cf. U. WILCKENS, *Gottes Brüder*, p. 374 ; Pour Sh. E. JOHNSON (*King Parables*, p. 39) il n'était question dans la péricope originale que du Roi-Messie ; D'accord avec lui, F. HAHN (*Hoheitstitel*, p. 187, note 10) pense que le terme Roi dans Mt 25 était à l'origine un titre messianique. Mais c'est une interprétation irrecevable, car dans les paraboles auxquelles nous faisions référence, il n'est pas question du Roi-Messie, mais du Roi, comme titre de Dieu.

38. Il est employé 24 fois dans Mt, 5 fois seulement dans Mc et 6 fois dans Lc. On peut se référer à S. LÉGASSE (*Jésus et l'enfant*, p. 88, note 3) qui fournit une analyse détaillée des emplois du mot chez Matthieu.

passive est souvent employée, comme ici, dans des contextes rédactionnels. Ici ce n'est pas un passif divin ; il faudrait ici, dans le contexte, attribuer l'action aux anges accompagnant le Fils de l'Homme comme en 13, 41 et 24, 31 où les anges sont les agents d'exécution du Fils de l'Homme[39].

῎Εμπροσθεν est un terme technique qui désigne la convocation « devant le tribunal »[40]. Il revient également souvent sous la plume de l'évangéliste[41]. Nous avons déjà rencontré l'expression πάντα τὰ ἔθνη. Sous cette forme elle se rencontre trois autres fois dans le premier évangile : en 24, 9 par. Mc 13, 13, les disciples sont objet de la haine des païens, mais en 24, 14 par. Mc 13, 10 les nations sont objet de l'évangélisation comme en 28, 19. De ces passages il faut rapprocher 24, 30 où « toutes les tribus de la terre » se frappent la poitrine à la vue du Fils de l'Homme. Ici aucune différenciation n'est faite entre les nations. Au v. 24, 31 il est dit que les élus seront rassemblés, c'est-à-dire ceux qui, parmi les différentes nations, seront sauvés.

Dans les autres passages de Mt où ἔθνη revient seul, il exprime les païens par opposition aux chrétiens (6, 7.32) ou par différence avec les juifs (10, 18). En 10, 5 dans le contexte du discours missionnaire, les apôtres ne doivent pas prendre le chemin des païens, cependant la perspective de la mission à ces derniers n'est pas exclue (10, 18). Il est communément admis que l'expression « toutes les nations » dans notre contexte désignerait seulement les païens à l'exclusion de tout autre[42]. On se réfère, ce faisant, à l'emploi du terme « haggoyim » que la LXX traduit par ἔθνη pour désigner les non-juifs. Cependant il faut noter avec L. Cope que dans la LXX ἔθνη est quelquefois la traduction de « ammim » où ce terme inclut aussi les Juifs[43]. Il faut reconnaître que les conclusions de l'usage linguistique sont ici insuffisantes pour rendre compte du contexte matthéen. Son intention est ici universaliste. Nul, païen, juif ou chrétien, n'est exclu de ce jugement. Cet universalisme matthéen, exprimé à plusieurs reprises, ne souffre ici aucune limitation : la menace du jugement pèse sur les Juifs auxquels Jean-Baptiste s'adressait (3, 1-12) ; sur les chrétiens, ceux-là mêmes qui se réclament de leur Seigneur (7, 21-23) ; sur les païens (11, 21-24 ; 12, 41-42). La scène des vv. 31 à 46 est à comprendre dans le sens de 24, 30 où ce sont toutes les tribus de la terre qui se sentent menacées par le jugement prochain, et se frappent la poitrine.

A cause du caractère propre de cet universalisme matthéen il faudrait attribuer l'expression πάντα τὰ ἔθνη à la plume de Mt qui voit dans ce rassemble-

---

39. Ainsi aussi E. KLOSTERMANN, *Mt*, p. 205. J. JEREMIAS, *Gleichnisse*, p. 204.
40. O. MICHEL, *ThWB V*, p. 207, note 27.
41. 17 fois chez Mt contre 2 fois seulement dans Mc et 10 fois dans Lc.
42. Notamment D. GEWALT, *Mt 25, 31-46*, p. 15. Il suppose un double jugement, dans la perspective de Test-Benj 10, 9, d'abord sur les Juifs, puis sur les païens. Ainsi pour lui, il y aurait eu, avant le Jugement des nations, un jugement particulier sur les chrétiens. Mais nulle part il n'est question d'une assise de jugement privé pour ces derniers. De même opinion que D. Gewalt, J. INGALAERE, *Jugement dernier*, p. 37. L. COPE, *Sheep and Goats*, p. 36-37.
43. L. COPE, *Sheep and Goats*, p. 37 ; G. BERTRAM, *ThWB II*, p. 362-364.

ment la confrontation de tous les hommes devant le Fils de l'Homme (cf. 24, 30). Un argument de poids en faveur de la rédaction matthéenne est la tension entre le fait que, d'une part, il fait mention de toutes les nations et que, d'autre part, ce soient des individus qui se présentent devant le juge ; la séparation (vv. 32-33) est faite entre les individus et non entre les nations. Le jugement porte sur des actes individuels. L'accord de sens exprimé par le pronom αὐτούς (v. 32b) pour remplacer le πάντα τὰ ἔθνη révèle cette tension entre tradition et rédaction[44]. Il n'est pas impensable que dans le récit original il s'agissait, non de « toutes les nations », mais simplement de « οἱ ἄνθρωποι », cela justifierait l'emploi du pronom αὐτούς et l'appellation de « Justes, Bénis et maudits ».

Pour conclure : ces versets introductifs 31-32a sont de la plume de l'évangéliste. Les différentes tensions que nous avons relevées montrent que l'auteur a voulu adapter au contexte du discours eschatologique un récit, où il était originellement question, non du Fils de l'Homme, mais de Dieu Juge-Roi[45]. L'auteur a étendu à toutes les nations la péricope qui ne concernait qu'un groupe défini de personnes[46].

Vv. 32b-33.

Avec ces versets nous abordons le matériel prématthéen. La comparaison du berger séparant les brebis d'avec les boucs constituait sans doute le noyau traditionnel du récit, sans grandes retouches rédactionnelles de la part de l'évangéliste. Nous avons ici, en effet, de nombreux hapaxlegomena. Nous pouvons encore une fois recourir à la statistique des mots, bien que celle-ci ne soit pas toujours un argument irrécusable, mais elle est assez révélatrice ; des dix emplois de ὥσπερ dans Mt, il figure au moins cinq autres fois dans des contextes traditionnels[47]. A part πρόβατον qui est un mot préféré de Mt[48], les deux emplois de ποιμήν proviennent de sa source marcienne[49]. Ἐρίφιον et ἔριφος ne figurent qu'ici chez Mt. Ἀφορίζω ne se rencontre que dans le matériel propre au premier évangéliste[50].

Il est peu probable que l'évangéliste ait tiré cette scène essentielle de son propre fond. Un autre argument qui montre que nous avons affaire à un matériel traditionnel prématthéen est que les scènes de séparation décrites

44. Cf. G. STRECKER, *Weg der Gerechtigkeit*, p. 209 ; E. BRANDENBURGER, *Weltenrichter*, p. 47. Dans un écrit rabbinique du 3ᵉ siècle, bAbada Zara, le jugement dernier ne concerne pas les individus, mais les nations comme telles, défilant les unes après les autres devant le Juge : les Romains, les Perses, les Israélites ; cf. la traduction allemande de ce texte dans L. GOLDSCHMIDT, *Der Babylonische Talmud IX*, p. 433 ss.

45. Cf. Jl 4, 2.11 ; Za 14, 2 ; Is 66, 18 ; Ez 39, 17 s.

46. Voir plus bas le Sitz im Leben, p. 201-202.

47. 6, 2.7 ; 13, 40 ; 18, 17 ; 25, 14.32 : ainsi S. LÉGASSE, *Jésus et l'Enfant*, p. 88, note 2 ; il ne figure jamais chez Mc et seulement deux fois chez Lc.

48. 11 fois chez Mt, et chez Lc et Mc deux fois.

49. Mc 6, 34 par. ; Mc 14, 37 par.

50. 13, 49 ; il est douteux que les vv. 13, 49-50 soient un commentaire de la plume de Mt, comme le croit J. JEREMIAS, *Gleichnisse*, p. 84.

dans cet Évangile n'ont jamais utilisé cette image de berger. D'autre part ce rôle de séparation n'est jamais joué par le Fils de l'Homme lui-même, comme ici, mais par les anges : 13, 41 s..49 s. ; on peut comparer avec Mc 13, 27 où Mt corrige intentionnellement sa source marcienne, en attribuant aux anges la fonction du rassemblement des élus[51]. Tous les emplois des expressions ἐκ δεξιῶν et ἐξ εὐωνύμων proviennent de la source marcienne[52].

Ces versets font directement allusion à Ez 34, 17 : « Je vais juger entre brebis et brebis, entre béliers et béliers ». D'après le Test Benj 10, 8 s., le jugement se fait en deux temps : d'abord les Élus, puis les nations : « Israël sera jugé en premier lieu à cause de ses péchés... ensuite le Seigneur jugera toutes les nations : καὶ τότε κρινεῖ πάντα τὰ ἔθνη[53]. Le côté droit est traditionnellement la place du bonheur et de la bénédiction : Gn 48, 13-20 ; Ps 110, 1 ; d'après le midrash du Ps 90, le jardin d'Eden se trouve à droite de Dieu et la Géhenne à sa gauche[54].

Après avoir relevé les traits appartenant à la rédaction matthéenne dans les 32b-33, nous allons analyser les uns après les autres les vv. 34.41 et 46 où figurent encore quelques matthéismes frappants.

V. 34.

A part τότε qui est une particule matthéenne bien connue[55], il y a surtout la formulation πατήρ μου, attestée seize fois dans le premier évangile, dont quinze fois sans parallèles et vraisemblablement toutes rédactionnelles[56]. Deux passages sont assez révélateurs de la rédaction matthéenne : dans l'épisode de la mère des deux fils de Zébédée, Mc écrit simplement : « ce sera donné à ceux pour qui cela est préparé » (Mc 10, 40) tandis que Mt écrit : « Ce sera donné à ceux pour qui mon Père l'a préparé » (Mt 20, 23). Une autre fois dans le récit de la Passion il dit : « Je ne boirai plus désormais ce fruit de la vigne, jusqu'au jour où je le boirai, nouveau, avec vous dans le Royaume de mon Père » (Mt 26, 29) élargissant sa source marcienne qui ne contient que la formule « ...dans le Royaume de Dieu » (Mc 14, 25). La formulation « de mon

---

51. Cf. le pluriel ἐπισυνάξουσιν : Mt 25, 31. Il est inutile de soupçonner ici la présence d'un reste de parabole, comme le font J.A.T. ROBINSON (*Parable*, p. 233) et S. LÉGASSE (*Jésus et l'Enfant*, p. 88-89). L'image appartient intégralement au récit qui ne peut se comprendre sans elle : les paroles du Roi aux vv. 34 et 41 sont fonction de cette séparation des vv. 32b-33.

52. Mc 10, 37.40 ; 12, 36 ; sauf une fois en Mt 20, 21 il remplace ἐξ ἀριστερῶν de Mc par ἐξ εὐωνύμων.

53. E.E. CHARLES, *The Greek versions of the Testaments of the Twelve Patriarchs*, p. 229.

54. Cf. STR.-BILL. *I*, p. 981.

55. 90 fois chez lui, contre 6 fois chez Mc et 15 fois chez Lc.

56. Ainsi J.A.T. ROBINSON, *Sheep and Goats*, p. 229 ; S. LÉGASSE, *Jésus et l'enfant*, p. 89 ; un peu différent F. HAHN, *Hoheitstiel*, p. 321. La formule n'apparaît que 6 fois chez Lc et jamais chez Mc. Le seul emploi commun est Mt 11, 27 par. Lc 10, 22.

Père» dans Mt 25, 34 reproduit un phénomène rédactionnel analogue aux deux exemples précités. Δεῦτε relève du style matthéen[57].

La provenance des autres éléments du verset est incertaine; sur les trois emplois du terme κληρονομεῖν il figure une autre fois encore sans parallèle, en 5, 5, sans que l'on puisse dire que ce soit là rédactionnel[58]. A propos des termes εὐλογέω et ἑτοιμάζω Mt dépend presque toujours de sa source marcienne, si bien qu'on ne peut conclure ici à leur emploi rédactionnel. Incertain aussi est l'emploi absolu de βασιλεία sans déterminant. Il est possible que Mt ait trouvé βασιλεία τοῦ Θεοῦ dans sa source et qu'il l'ait raccourci de son complément à cause des prérogatives de Yahwé attribuées au Fils de l'Homme (v. 31): gloire, anges et trônes. L'expression finale: «depuis la fondation du monde» est propre à Mt (cf. 13, 35) et peut bien provenir de sa source plutôt que de sa rédaction. Ainsi le v. 34 contient essentiellement des éléments traditionnels, auxquels Mt a ajouté quelques expressions particulières.

V. 41.

Ce verset parallèle au v. 34 reprend des images apocalyptiques bien connues. Comme particularité on peut noter que πορεύομαι construit avec ἀπό et καταράομαι figurent seulement ici dans le premier évangile. Τὸ πῦρ τὸ αἰώνιον se trouve aussi dans 18, 8 mais là αἰώνιον est sans doute rédactionnel, en remplacement de ἄσβεστον de Mc 9, 44. Dans 19, 16 il est pris de la tradition. Τὸ πῦρ doit être mis au compte de la tradition, malgré son emploi fréquent par Mt. C'est ici seulement qu'il parle des «anges du diable»; en Mt 4, 1-11 le terme «diable» se trouve dans un contexte Q et en 13, 39 dans un contexte propre à Mt[59].

Ici comme au v. 34 on doit attribuer à la tradition la plupart des éléments. Seul τὸ αἰώνιον se laisse mettre au compte de la rédaction, peut-être aussi διάβολος[60].

V. 46.

Ce verset final souligne encore la séparation faite aux vv. 32b-33. Il est bien douteux qu'il ait appartenu au récit primitif. A part κόλασις qui ne figure qu'ici, tous les autres termes se rencontrent tant dans des contextes traditionnels que rédactionnels. Il est possible que l'évangéliste ait voulu fournir ici une conclusion au récit comme il l'a fait dans Mt 22, 13; 24, 51c et 25, 30.

Pour courants que soient ces motifs de bénédiction et de malédiction (vv. 34.41) dans la littérature apocalyptique, cela ne doit pas signifier une

---

57. 6 fois dont 3 fois sans parallèles: 11, 28; 22, 4; 25, 34. Une fois il l'ajoute à sa source en 28, 6 par Mc 16, 6; deux autres fois il est pris de Mc 1, 17 par. Mt 4, 19; Mc 12, 7 par. Mt 21, 38.

58. Mais Mt évite une fois le terme en Mt 19, 16 par. Mc 10, 17.

59. I. BROER (*Gericht*, p. 282) le considère dans ce contexte comme rédactionnel, parce que pour lui le développement de la parabole de l'ivraie est tout entier de la main de Mt.

60. Cf. J. JEREMIAS, *Gleichnisse*, p. 206.

dépendance par rapport à une source précise, comme on a souvent tenté de le faire. C'est encore avant tout à l'AT qu'il faudrait recourir pour expliquer ce double motif. On pourrait en particulier le rapprocher du Ps 37, 22 où figure une formulation antithétique comme dans les vv. 34 et 41 de notre chapitre :

> « Ceux qu'il bénit posséderont le pays
> et ceux qu'il maudit seront arrachés »[61].

Dans le v. 21 les bénis sont également appelés δίκαιοι. La portée eschatologique est néanmoins limitée à la promesse du Pays ou à sa privation. Dans Mt 25, 34.41.46 la dimension eschatologique est clairement exprimée, mais elle s'inspire de ce double motif de bénédiction et de malédiction, sans pourtant qu'on puisse dire que nous avons affaire à une utilisation directe du psaume.

A propos du v. 46, on rencontre de nombreux traits analogues dans la littérature apocalyptique et rabbinique : à ceux qui auront pratiqué la justice, un lieu de récompense est « préparé en héritage éternel », tandis que l'enfer est le lieu « préparé en héritage éternel » pour les injustes (Hén slave 9-10). Dans le Targum du Cantique des cantiques on lit : les justes marchent avec amour selon la voie de ta Bonté, afin de prendre en possession ce monde-ci et le monde à venir[62]. Mais tous ces rapprochements, intéressants certes, ne signifient pas que ces versets matthéens dépendent directement d'une source juive écrite. Ils ne témoignent que d'une tradition juive courante dont nous trouvons aussi des manifestations dans les écrits apocalyptiques et rabbiniques[63]. Nous aurons l'occasion de le constater pour les œuvres de miséricorde dans les versets 35 à 45.

Vv. 35-45.

Les exemples des attendus du jugement ne manquent pas dans la tradition biblique et juive ; aussi n'est-il pas nécessaire de procéder à une analyse détaillée de ces versets. Nous noterons cependant qu'à part quelques *hapax legomena*, la plupart des termes employés se rencontrent dans Mt mais proviennent de sa source marcienne ou de Q[64].

La liste des six œuvres de miséricorde présentées ici par l'évangéliste s'inscrit dans une tradition littéraire, tant biblique, apocalyptique que rabbinique, si bien qu'on ne peut l'attribuer exceptionnellement à Mt[65].

---

61. La LXX a fait une traduction différente, à cause de l'ambiguïté du texte hébreu : ὅτι οἱ εὐλογοῦντες αὐτὸν κληρονομήσουσινγῆν, οἱ δὲ καταρώμενοι αὐτὸν ἐξολεθρευθήσονται (Ps 37, 22). En effet le texte hébreu ne permet pas de préciser si l'on doit comprendre ceux que Dieu bénit ou ceux que le juste bénit. Cf. note de la *TOB*. D'après le contexte il s'agit en toute vraisemblance de ceux que Dieu bénit ; comparer Ps 37, 17-18.

62. Cf. STR.-BILL. *I*, p. 981-983.

63. Contre J. FRIEDRICH, *Gott im Bruder*, p. 150-173, en particulier, p. 158 et 173.

64. On peut consulter l'analyse des mots dans I. BROER, *Gericht*, p. 181-182.

65. H. WIKENHAUSER (*Liebeswerke*, p. 366-377) fournit une abondante documentation, qui montre des analogies avec la liste matthéenne. J.A.T. ROBINSON (*Sheep and Goats*, p. 233) affirme que les vv. 35-40 ; 42-45 « are in their dialogue free of all editorial traces », à part quelques traits propres à Mt ; par contre L. COPE (*Sheep and Goats*, p. 38-43) les attribue tout entier à la réduction de Matthieu.

A l'exception peut-être de la visite aux prisonniers, toutes ces œuvres sont recommandées dans l'AT, pas nécessairement présentées dans un catalogue complet et dans l'ordre que nous avons ici : la faim, la soif, la nudité, le manque de gîte sont des réalités quotidiennes en Palestine et la plupart des grands prophètes ont recommandé l'assistance aux démunis, cf. Is 58, 7 : il faut partager son pain avec l'affamé, héberger les pauvres sans abris, habiller celui qui est nu. Des recommandations identiques se rencontrent dans Ez 18, 7.16 : nourrir, vêtir : Prov 25, 21 : nourrir et désaltérer ; Jb 31, 17.19.32 : nourrir, vêtir, accueillir l'étranger ; Tb 1, 17 ; 4, 16 : nourrir et vêtir ; Si 7, 35 recommande la visite aux malades.

Mais c'est surtout dans les apocryphes et dans les écrits rabbiniques que nous trouvons une liste détaillée de devoirs envers les nécessiteux, parfois dans le même ordre que celle de Mt. Nous citerons en particulier les chapitres 9 et 10 du livre d'Hénoch slave[66]. Certes, ils ne doivent pas être regardés comme l'origine des antithèses matthéennes, mais ils révèlent une tradition juive commune.

> « Cet endroit est préparé pour les justes
> qui ont souffert durant leur vie...
> et cependant ils ont rendu de justes jugements :
> ils donnent du pain à ceux qui ont faim,
> couvrent ceux qui sont nus...
> relèvent ceux qui sont tombés
> et secourent les malades ;
> ils marchent devant la face de Dieu
> et le servent lui seul » (ch. 9).

On remarquera la relation qui unit ici piété et pratique de la charité ; l'acte charitable est une forme d'obéissance à Dieu : « ils marchent devant la face de Dieu et le servent lui seul ». Mais ici comme dans l'évangile l'intention est parénétique : exhortation à la pratique des mêmes actes de miséricorde[67].

Au chapitre 10 figure l'antithèse :

> « Ce lieu est préparé pour les malhonnêtes,
> Qui sur terre pratiquent l'impiété...
> Ils font mourir de faim les indigents
> alors qu'ils pourraient les rassasier ;
> ils dépouillent ceux qui sont nus,
> alors qu'ils pourraient les vêtir.
> Ils n'ont pas reconnu leur créateur
> mais ont adoré de vains dieux » (ch. 10).

Ce catalogue hénochien prend l'allure d'une sorte de liste d'abus sociaux, d'injustices sociales, dénoncées par la plupart des prophètes[68]. Ces traits sont absents dans Mt.

66. Sur la date de la composition de cet ouvrage, cf. D.S. RUSSEL, *The Method*, p. 61-62 ; U. FISCHER, *Eschatologie*, p. 37-41.
67. Cf. U. FISCHER, *Eschatologie*, p. 50.
68. Cf. Is 58 ; A. DESCAMPS, *Justes et Justice*, p. 256, note 2.

On a souvent rapproché ces versets du livre des Morts égyptiens : «J'ai satisfait le dieu avec ce qu'il aime : j'ai donné du pain aux affamés, de l'eau aux assoiffés, habillé ceux qui sont nus ; j'ai passé au bac celui qui n'a pas de barque. Aux dieux j'ai offert des sacrifices »[69]. Mais on notera que dans ce dernier texte il s'agit d'une justification du mort, une sorte d'auto-défense par l'énumération des actes accomplis envers le prochain et envers le dieu, avec l'idée qu'en retour les actes ainsi accomplis lui seront comptés comme justice. Le texte de l'Évangile, bien que n'excluant pas cette idée de récompense ou d'acte méritoire devant un dieu, ne met pas cependant l'accent sur elle : l'accomplissement des services d'amour n'y est pas considéré comme un acte de justification vis-à-vis de Dieu qui en retour accorde une récompense, bien que l'idée ne soit pas étrangère à la représentation juive.

L'examen d'un autre texte rabbinique montrera l'originalité du passage de Mt ; les actes de miséricorde y sont présentées comme une imitation de Dieu lui-même : «On doit se comporter à la manière de Dieu. De même qu'il a habillé ceux qui étaient nus, toi aussi habille ceux qui sont nus... Dieu a visité les malades... toi aussi visite les malades... Dieu a enterré les morts... toi aussi enterre les morts »[70]. Cette idée d'imitation est absolument absente en Mt : les sujets du jugement ne semblent pas avoir accompli ces actes dans l'intention d'imiter Dieu, ou avec la pensée que cela leur sera compté, d'où aussi l'étonnement des justes et des maudits.

On pourrait prolonger la liste des textes analogues dans la littérature rabbinique, qui présentent de nombreux traits communs avec celui de l'Évangile[71]. Ce sont des motifs communs au monde ancien et au judaïsme, et c'est cela peut-être qui a conduit certains à voir dans tout le morceau une tradition juive, christianisée par l'Église primitive, dans la mesure où elle a rapporté ces services de miséricorde à Jésus[72]. Mais le caractère profondément biblique et juif de ces œuvres n'explique pas encore que leur insertion dans l'Évangile soit de provenance ecclésiale ou qu'on puisse en attribuer la paternité à Mt. Les différences que nous avons notées invitent à leur chercher une origine en dehors du milieu chrétien et juif, dans la prédication de Jésus lui-même. Il peut avoir repris certaines de ces œuvres, mais en leur imprimant un caractère particulier[73]. Cette thèse est encore confirmée par le fait que le juge prend à son compte personnel ces actes faits en faveur des démunis (la formu-

69. Texte reproduit aussi par W. GRUNDMANN, *Mt*, p. 528.
70. Cf. STR.-BILL. *IV* 1, p. 561 ; Bab. Sota 14a.
71. Cf. STR.-BILL. *IV* 1, p. 559-610. A. WIKENHAUSER, *Lieberswerke*, p. 366-377 ; E. BRANDENBURGER, *Weltenrichter*, p. 62-64.
72. Ainsi R. BULTMANN, *Tradition*, p. 130 s.
73. La liste n'est pas exhaustive ; il manque notamment le devoir d'enterrer les morts. Par contre la visite aux prisonniers n'est pas expressément recommandée dans le judaïsme, sinon qu'il faut racheter les prisonniers israélites (cf. W. GRUNDMANN, *ThWB III*, p. 548. A. SCHLATTER, *Mt*, p. 705 ; STR.-BILL. *IV*, 1, p. 572 s. ; J. JEREMIAS, *Gleichnisse*, p. 205 s. ; E. BRANDENBURGER, *Weltenrichter*, p. 64, note 16.

lation à la première personne du singulier) et par le fait de l'identification osée du Christ avec ces démunis.

Nous pouvons donc conclure : nous avons noté que le catalogue est très peu marqué par des habitudes rédactionnelles de Mt : il contient de nombreux *hapax legomena* : l'évangéliste ne peut en être l'auteur. D'autre part à cause de la sonorité profondément biblique et juive de ces œuvres, il faut rattacher ce catalogue aux couches anciennes de la tradition. Son emploi dans l'Évangile remonte à Jésus lui-même, qui s'est ainsi inspiré d'un catalogue traditionnel.

Notre péricope se différencie, avons-nous fait remarquer, des textes bibliques et juifs, en ce fait que le juge s'identifie avec les nécessiteux et les appelle « les plus petits de mes frères ». Avant d'aller plus loin, examinons ces deux motifs, et tout d'abord le dernier nommé.

En réponse à l'étonnement des justes : « Quand t'avons-nous vu... » le Fils de l'Homme dit : « En vérité, je vous le déclare, chaque fois que vous l'avez fait à l'un de ces plus petits de mes frères, c'est à moi que vous l'avez fait »[74].

Les exégètes sont partagés sur le sens à donner à cette expression. On peut regrouper les différentes opinions en deux catégories. Les unes se basent sur des considérations intrinsèques au premier évangile : toutes les nations désignent dans le discours les peuples de l'univers auxquels est destiné l'Évangile ; les plus petits désigneraient, comme le confirme l'emploi de la même formule en Mt 10, 42, les porteurs du message évangélique, les missionnaires. Une promesse accompagne la charité dont ils auront bénéficié de la part de ceux qui les accueillent. Ici, dans le contexte du jugement dernier, nous aurions une pensée analogue, avec la promesse d'une récompense éternelle à ceux qui ont fait de tels gestes[75].

Mais une telle interprétation sur la base de Mt 10, 42 a l'inconvénient de ne pas tenir compte du contexte du discours missionnaire. Le geste du verre d'eau y est fait εἰς ὄνομα μαθητοῦ « en sa qualité du disciple » (Comparer avec Mc 9, 41 ὅτι Χριστοῦ ἐστε : « parce que vous appartenez au Christ »). Dans Mc 9, 42, « ces petits » sont dits explicitement « croyants », ce que Mt 18, 6 explique davantage : « un de ces petits qui croient en moi »[76]. Dans Mt

---

74. Le terme ἀδελφῶν fait défaut dans quelques manuscrits B, clem Or, lat Ambr, Cyr. Il n'est pas repris dans l'antithèse des réprouvés, v. 45. C'est l'évangéliste qui l'a ajouté à sa tradition.

75. Ainsi J. WINANDY, *Mt 25, 31-46*, p. 183-186 ; J.R. MICHAELS, *Hardships*, p. 28 ; L. COPE, *Sheep and Goats*, p. 44 : « The least of these my brethren are the disciples... For a wider concern and richer ethic interpreters must turn to other places in the New Testament ». Ainsi aussi D. GEWALT, *Mt 25, 31-46*, p. 19. J.C. INGALAERE, *Jugement dernier*, p. 23 ss. S. LÉGASSE *(Jésus et l'Enfant*, p. 97-98) en étend le sens aux « Chrétiens inférieurs par la faiblesse de leur trempe religieuse » (p. 98). « Mais ici comme en X, 42 l'appellation singulière qui désigne cette sorte de chrétiens attire l'attention, et l'usage qui en est fait dans ce dernier texte ainsi qu'au ch. XVIII nous détourne d'y voir un pur synonyme des messagers de l'Évangile » (p. 97).

76. Cf. J. GNILKA, *Mk II*, p. 61 : « Die Verheissung wird begründet mit dem Wissen von ihrer Zugehörigkeit zu Christus ».

25 cette insistance manque absolument[77] : bien au contraire, l'accent est mis sur la surprise ; le geste de miséricorde n'est pas fait à « ces petits » en tant qu'ils sont des représentants du Christ ou sont des croyants ; les justes comme les réprouvés s'étonnent que le juge les nomme « mes frères ».

La seconde tendance ne fait pas de distinction entre disciples et non-disciples : « ces plus petits de mes frères » sont les pauvres en général, tout homme se trouvant dans une situation précaire et ayant besoin d'assistance[78].

Cette interprétation, celle que nous adoptons ici, tient compte du contexte et des perspectives eschatologiques de Mt, dont la vue est ici nettement universaliste : le jugement concerne tous les hommes, païens, juifs et chrétiens. Comme le rappelle J. Gnilka, on ne doit pas négliger la signification sociale du terme μικρός ἐλάχιστος[79]. Le terme ne veut désigner autre chose que cette catégorie de pauvres pour lesquels Jésus a nettement pris position[80].

Certes l'emploi du terme ἀδελφός dans Mt ne corrobore pas ce sens universaliste du contexte, mais il ne l'infirme pas non plus. En effet la notion de fraternité dans les évangiles et dans celui de Mt a un sens restreint[81] : il y a d'abord le passage du discours sur la montagne où Jésus déclare : « Si vous saluez seulement vos frères, que faites-vous d'extraordinaire » (Mt 5, 47) ; Frère désigne ici le frère de race, membre de la communauté religieuse, par opposition à ἐθνικοί et τελῶναι. On pourrait tout aussi bien le traduire par ami[82]. Dans d'autres passages, quand Jésus parle de frères, il désigne les disciples, mais aussi ceux qui écoutent la Parole et font la volonté du Père (Mt 12, 46 s : 49-50). Mc 3, 34 s. indique qu'il s'agit non seulement de la communauté des disciples, mais aussi de τοὺς περὶ αὐτόν, donc une fraternité spirituelle.

On peut de ces emplois conclure que le terme ἀδελφός conserve le sens du terme hébreu et se réfère aux membres de la communauté religieuse, en tant qu'ils forment une communauté de croyance[83]. Notre passage ne se laisse pas

77. E. KLOSTERMANN (Mt, p. 207) explique ce manque par le fait qu'au jugement dernier tous les peuples auraient été évangélisés. Rien n'autorise cependant cette interprétation. Certes l'Évangile est destiné à tous les peuples, mais il n'est pas dit que tous l'auront accueilli.

78. Ainsi W.G. KÜMMEL, Verheissung und Erfüllung, p. 85-88 ; J. SCHMID, Mt, p. 355 ; J. SCHNIEWIND, Mt, p. 255 ; P. BONNARD, Mt, p. 366 ; G. GROSS, Geringste Brüder, p. 179-180.

79. J. GNILKA, Die Kirche des Matthäus und die Gemeinde von Qumran, p. 53.

80. S. LÉGASSE (Jésus et l'Enfant), p. 95 note avec raison que le superlatif ἐλάχιστος ne dit guère plus que le positif μικρός : ils désignent tous deux ceux qui sont au bas de l'échelle sociale.

81. Nous laissons les passages où le terme désigne frère au sens de parenté charnelle comme en Mt 1, 2.11 ; 4, 18.21 ; 10, 21 etc.

82. Ainsi G. GROSS, Geringste Brüder, p. 175, note 22. Dans l'AT le terme hébreu אח désigne avant tout le membre de la communauté religieuse israélite, par contre גר a une connotation nationale. Pour l'emploi à Qumrân cf. J. GNILKA, Die Kirche des Matthäus und die Gemeinde von Qumran, p. 52 : les membres de la secte se considèrent, d'après Josèphe « comme des frères » (Bell II, 122).

83. Mt 23, 8 ; mais cf. STR.-BILL. I, p. 600-601 : le prosélyte est aussi redoutable pour Israël que la lèpre, a dit R. Chelbo.

ranger dans cette catégorie : il est probable que nous avons ici une addition
tardive de la main de l'évangéliste pour expliquer l'idée de l'identification du
Christ avec les pauvres, qui ne sont pas, pour lui, seulement des chrétiens[84].
La phrase originelle a dû être : « à l'un de ces tout petits ».

Bien que l'emploi du terme ἀδελφός ait chez Mt un sens restreint, il est difficile de ne pas lui donner ici un sens universel. Mt ne limite pas la pratique
de l'amour aux membres de la communauté. Il recommande l'amour des
ennemis (5, 43 ss.) — bien que ces derniers ne s'expriment pas dans la catégorie de frères, mais de prochains (cf. Lc 10, 29-37) — ce qui est déjà choquant
pour un juif. Cette interprétation universelle de « Frère » se recommande
même, non seulement à cause du contexte, mais aussi à cause du souci
constant de Mt pour les païens[85].

Nous en arrivons maintenant à l'affirmation par laquelle le roi prend à son
compte les actes de charité faits envers les indigents : « C'est à moi que vous
l'avez fait ».

Cette identification du Christ avec « ses frères » a été considérée comme
une sorte d'affirmation de « personnalité corporative » : le Fils de l'Homme
(d'origine céleste dans la ligne de Dn 7) serait l'archétype d'une humanité
nouvelle, représentant le nouveau peuple de Dieu. Ce faisant, il serait le
porte-parole et l'avocat de « ses frères » au jugement dernier[86].

Le moins qu'on puisse dire à propos de cette compréhension est qu'elle est
étrangère à la pensée du premier évangile et des autres synoptiques. Pour Mt
le Fils de l'Homme est un individu précis, le Christ.

On dira autant de l'explication d'ordre mystique défendue par Th. Preiss[87],
et selon laquelle le Christ prendrait sur lui la destinée de chaque homme, non
pas seulement par une sorte de substitution juridique, mais par une identification effective et réelle, de sorte que « notre vie se trouve mystérieusement
liée à la sienne »[88]. Th. Preiss et, à sa suite, A. Feuillet[89] prétendent que Jésus
aurait présenté ici une esquisse du corps mystique tel que Paul l'exposera
plus tard : la présence mystérieuse du Christ-Tête dans ses membres.

Cette explication pèche par extrapolation : elle veut voir dans cette péricope un énoncé du principe du corps mystique, notion étrangère à Mt et aux
synoptiques. Encore faut-il expliquer la nature de cette identification. Pour
ce faire, l'examen de quelques expressions plus ou moins semblables dans la
bouche de Jésus s'avère nécessaire.

Sans être un parallèle direct à notre passage, Mt 10, 40-42 évoque une

---

84. J. GNILKA, *Die Kirche des Matthäus und die Gemeinde von Qumran*, p. 52,
note 30 : « Die Geringsten Brüder » von Mt 25, 40 sind der Wahrscheinlichkeit nach
innerhalb und ausserhalb der Gemeinde zu suchen, da jeder Hinweis auf ihre
Gemeindezugehörigkeit fehlt ». Cf. E. BRANDENBURGER, *Weltenrichter*, p. 79.
85. 2, 1 ; 15, 21-28 ; 24, 14.30 ; 28, 19.
86. T.W. MANSON, *The Sayings of Jesus*, p. 249-250.
87. *La vie en Christ*, p. 83 s.
88. A. FEUILLET, *Synthèse*, p. 185.
89. *Op. cit.*, p. 185-186.

situation rapprochante : « Qui vous accueille m'accueille moi-même ». Il s'agit, dans ce contexte, des disciples missionnaires en situation précaire comme les démunis du chapitre 25. Mais cela rappelle le principe du *shaliah* juif, où ce qui est fait à l'envoyé atteint l'envoyeur. Dans notre péricope la situation est différente : « ces petits » ne peuvent pas être considérés comme des envoyés du Christ. Cette fliction juridique se trouve dépassée ici.

La même remarque vaut pour Mt 18, 5 : « Qui accueille un enfant comme celui-là en mon nom, m'accueille moi-même ». L'enfant est certes le type du démuni, dépendant des autres pour sa subsistance, mais l'accueil en question est fait « au nom de Jésus ». Le contexte invite en outre à voir dans cette équivalence une application aux rapports inter-communautaires, ce qui est absolument absent dans notre péricope où il s'agit aussi bien des relations à l'intérieur qu'à l'extérieur de la communauté.

Il faut le reconnaître, cette déclaration d'identification de Jésus avec les pauvres n'a pas de parallèle direct dans les évangiles, pas plus que dans l'AT, où pourtant des textes soulignent la relation particulière qui lie les pauvres à Dieu :

> « Celui qui a pitié du faible prête au Seigneur
> qui le lui rendra » (Prov. 19, 17)
> « Qui opprime le faible outrage son Créateur,
> mais qui a pitié du pauvre l'honore » (Prov. 14, 31).

Des écrits rabbiniques exposent une certaine solidarité de Dieu avec les pauvres : « Mes enfants, si vous avez donné à manger aux pauvres, moi je vais vous le compter, comme si c'était à moi que vous aviez donné à manger » (Midr Tann DT 15, 9).

« Si un pauvre se tient à ta porte, alors Dieu se tient à sa droite, comme il est écrit : Il se tient à la droite des pauvres, Ps 109, 31. Si tu donnes, sache que celui qui se tient à sa droite te rendra ta récompense ; et si tu ne lui donnes rien, sache donc que celui qui se tient à sa droite te punira... » (LevR 34 (131c) STR.-BILL. *IV* 1, 552-553).

L'intention de ces textes est avant tout de souligner le droit des pauvres, en montrant Dieu Créateur comme leur défenseur et garant de leur droit : s'occuper des pauvres est une expression de la conscience du devoir envers Dieu qui rend à chacun selon ses actes ; récompense ou punition ; bénédiction ou malédiction. Toujours est-il que ces textes soulignent les rapports privilégiés des pauvres avec Dieu.

Pour singulière que soit cette déclaration d'identification du Fils de l'Homme avec les pauvres, elle n'est pas impensable dans la bouche de Jésus de l'histoire ; elle ne manque pas d'enracinement concret dans le reste de la tradition évangélique. Durant son ministère public Jésus s'est particulièrement penché sur le sort des pauvres et des petits et les a fait bénéficier de ses actes de miséricorde et de salut. Le message central de sa prédication et de son ministère est que, dans sa personne, la puissance et l'amour de Dieu sont venus au secours des hommes, surtout des pauvres et des malades. Il invite les hommes à imiter le Père et à pratiquer à leur égard la miséricorde (Mt 5, 45) et promet aux miséricordieux la miséricorde de la part de Dieu (Mt 5, 7). Finalement les paroles du juge eschatologique reflètent l'attitude fondamentale de Jésus pendant sa vie terrestre : les actes de miséricorde que lui-même a accomplis prennent au jugement une valeur de norme générale. Ce qui est fait aux petits et aux pauvres atteint réellement Jésus et, à travers lui, Dieu lui-même. Dès lors l'identification évoquée aux vv. 40 et 45 est le point culminant du message évangélique et donne toute leur valeur aux actes de charité faits envers les hommes, quels qu'ils soient. Elle donne aussi une dimension nouvelle à la solidarité humaine : non plus la simple fraternité qui rend chacun solidaire des autres qui sont dans des situations difficiles et qui impose le devoir de leur venir en aide ; mais « la responsabilité de chacun revêt un aspect christologique (cf. 10, 32 s.). Les œuvres de chacun sont un témoignage pour ou contre Jésus »[90]. Leur accomplissement ou leur omission donne ou interdit l'accès au Royaume (vv. 34.41). « Fais cela et tu auras la vie » dit Jésus, en parlant de l'amour de Dieu et du prochain (Lc 10, 28).

Cette dernière remarque nous conduit à parler du sens et du *Sitz im Leben* du récit original. D'abord un résumé des résultats de notre analyse. Les vv. 31-32a constituent le cadre du récit et sont, d'après notre analyse, entièrement de la confection de Mt. Dans les vv. 32b-34 les seuls éléments rédactionnels certains sont : δεῦτε, τοῦ πατρός μου ; peut-être aussi ἀπὸ καταβολῆς κόσμου. Au v. 40 τῶν ἀδελφῶν μου est une addition de l'évangéliste. Au v. 41 il est probable que τὸ αἰώνιον et la mention du « diable » sont de la main de Mt. Enfin le v. 46 est à mettre au compte de sa rédaction. Le récit original comporterait la scène de la séparation par le berger et le dialogue entre le roi et les sujets du jugement. Ces derniers n'étaient pas dans la tradition prématthéenne « toutes les nations » mais seulement le groupe concerné dans le double dialogue. « Ces plus petits », n'étaient pas non plus les « Frères » du Roi-Juge mais se référaient seulement à ceux auxquels on a refusé l'amour et c'est à eux que le Roi s'est identifié.

Les attendus du jugement portent sur une liste d'œuvres d'amour telle qu'on les rencontre dans l'At et le judaïsme et elles constituent le seul critère du jugement. On s'étonnera de ce que Jésus n'énumère pas les autres conditions du salut, comme la foi et la conversion (Mt 3, 2), la confession du nom de Jésus (Mc 8, 38) et les exigences énumérées dans les béatitudes (Mt 5, 3-12), etc. Cette présentation des œuvres de charité comme critère du jugement n'est pas exclusive des autres conditions de salut. Le récit dans la bouche de Jésus a sans doute un caractère polémique et combat des tendances christologiques naïves minimisant l'exigence éthique qui doit aller de pair avec la foi du Christ[91]. Ce qui donne l'accès au royaume, ce n'est pas la seule confession du « Nom de Jésus » ou même les actes thaumaturgiques accomplis en son « Nom » (Mt 7, 21-23) mais aussi l'action miséricordieuse[92]. Le dernier pas-

---

90. L. SABOURIN, *Mt*, p. 331-332.
91. P. BONNARD, *Mt 25, 31-46*, dans *Foi et Vie*, p. 82.
92. Cf. Lc 10, 28.29-37.

sage cité le montre plus clairement encore : le Christ répond aux hommes qui ont opéré des miracles en son « Nom » : « Je ne vous ai jamais connus ». Notre péricope veut donc combattre un certain « dogmatisme christologique » qui met en vedette avant toute chose la confession de foi au détriment de l'action charitable[93]. Jésus renchérit cette dernière, en affirmant qu'elle est faite pour Dieu lui-même : il établit ainsi un lien entre foi et exigence éthique[94].

4. RÉDACTION.

Une des caractéristiques de l'évangile de Mt est la référence constante, aux grandes articulations de son ouvrage, au thème du jugement menaçant et les disciples et le monde. Mais ce retour fréquent au thème a une intention parénétique : exhortation à faire la Volonté de Dieu. Dans cette perspective s'inscrivent aussi les chapitres 24 et 25[95] et plus spécialement les vv. 31 à 46 du chapitre 25. La position même de cette péricope à la fin du discours eschatologique et à la fin de tous les discours du Christ matthéen suggère qu'elle doit être comprise comme la dernière instruction de Jésus, une représentation apocalyptique du jugement dernier, qu'il ne faudrait pas prendre pour une description exacte de ce qui se passera.

De par son contenu elle constitue comme un résumé de l'enseignement du Christ : c'est l'amour qui en dernière analyse déterminera le sort eschatologique de chacun ; le seul fait de confesser (λέγων, 7, 21) le nom du Seigneur ne saurait remplacer la pratique (ποιεῖν) de la volonté du Père et ne saurait suffire pour donner l'accès au Royaume. Cette péricope offre à l'évangéliste l'occasion de présenter systématiquement la priorité du « faire » sur le « dire » ; d'insister sur la priorité de l'amour (c'est la miséricorde que je veux et non le sacrifice ; la règle d'or, 7, 12 ; l'amour de Dieu et du prochain comme accomplissement de la Loi et des Prophètes : 22, 40 ; cf. 23, 23).

En plusieurs passages, l'évangéliste présente des épisodes du jugement dernier, sous forme de dialogue du Kyrios avec des subordonnés : 7, 21-23 ; 25, 10-11 ; 14-30 ; ici le jugement a un caractère cosmique. Une fresque puissante qui montre le Christ en gloire : c'est lui qui en tient les assises, non plus comme un simple avocat ou porte-parole devant son Père (cf. 16, 27), mais comme un juge solennel et souverain. Le Fils de l'Homme « vient » dans « sa gloire » « escorté de tous les anges » et prend place sur « son trône de gloire » (v. 31). Nous avons aussi dans cette péricope une accumulation de titres christologiques importants, posés comme un point d'orgue à la fin de l'Évangile : Jésus, Fils de l'Homme, Pasteur[96], Roi, Juge, Fils et Seigneur. L'accumulation de tous ces titres, faite intentionnellement, facilite ici le transfert des prérogatives de Yahwé sur le Fils. Cependant, malgré ces préro-

93. Cf. P. BONNARD, op. cit., p. 84.
94. I. BROER (Gericht, p. 288) pense plutôt que la parabole originelle voudrait combattre l'idée de mérite.
95. Ainsi R. PESCH, Eschatologie und Ethik, p. 236.
96. Cf. 2, 6 ; 9, 36.

gatives qui pourraient dénoter l'autonomie du Roi-Juge, ses relations avec
Dieu demeurent celles de Fils à Père (« Venez les bénis de mon Père »). La
phrase « de mon Père » est aussi importante à un autre point de vue, car elle
montre ou du moins suggère, le genre de relation qui unit le Juge et les jugés,
appelés par le Fils de l'Homme du nom de frères. Malgré cela le Royaume
reste ici celui du Père[97].

Le rassemblement de toutes les nations devant le Fils de l'Homme pour le
jugement correspond à la perspective universaliste de Mt[98] : c'est le monde
entier qui est le champ du Fils de l'Homme (13, 38). La scène de la séparation
reprend un thème central de la tradition du jugement et que Mt a à plusieurs
reprises introduit dans les paraboles de l'Ivraie et du Filet, des Talents et des
Dix Vierges. Ce trait originel qui concernait deux groupes est maintenant
porté au niveau du monde entier. De plus il s'agit ici d'un jugement dont le
critère n'est pas spécifiquement chrétien[99], de la sorte nul n'en est exclu, qu'il
soit chrétien, juif ou païen. Dans les autres annonces du jugement, la sentence porte sur la foi à la mission du Christ (10, 15 ; 11, 20-24 ; 12, 41-42), sur
le témoignage qu'on lui porte (10, 32-33) ; c'est dire que la présentation ici de
ce motif exclusif de l'amour est intentionnelle, pour permettre d'inclure
toutes catégories d'hommes, même ceux-là qui n'ont jamais reçu le message
chrétien. La spécificité de cette scène de séparation est qu'elle est déjà en soi
l'issue du jugement ; l'irrévocabilité de la sentence est déjà échue sur l'un et
l'autre groupe. Cela n'étonnera donc pas qu'ici, au lieu des anges (cf. 13,
41.49), ce soit le Fils de l'Homme lui-même qui agisse; il le fait en tant que
Pasteur connaissant chacune de ses ouailles.

Cette division en deux groupes est basée sur l'accueil fait ou refusé aux
indigents. Seul le contexte universaliste, dans lequel se situe le jugement dernier permet d'expliquer une telle insistance sur le service matériel et non plus
sur la conversion, la foi ou même sur le commandement d'amour sous son
double aspect d'amour de Dieu et du prochain. Il s'agit en effet de toutes les
nations, dont il y en a qui probablement ne se réclament pas d'une appartenance nominale au Christ. Le critère de service matériel est à la portée de
tous, ne serait-ce que du seul fait de la solidarité humaine. Mais celle-ci ne
reçoit sa vraie signification que dans le Christ. Mt est convaincu que ce n'est
qu'à travers l'expérience de l'amour divin que l'amour humain prend toute sa
valeur (Mt 18, 23-35, surtout 18, 32-33), autrement le pardon ou l'entr'aide
humains restent au simple niveau de la solidarité humaine (Mt 5, 43-48).
Mais cette insistance sur le service matériel a une autre raison plus profonde
dans la théologie de Mt.

Les bénis auxquels est destiné le Royaume éternel sont par deux fois appelés « justes » (25, 37.46). Ce terme désigne habituellement chez Mt ceux qui
ont accueilli et pratiqué la Parole que le Fils de l'Homme a semée dans le cos-

97. Ainsi J.A.T. Robinson, *Parable*, p. 237 ; mais comparer 13, 41.
98. 8, 11-12 ; 10, 18 ; 28, 19.
99. Cf. J. Lambrecht, *The Parousia Discourse*, p. 340.

mos ; ils seront sauvés au jugement et sont pour cela appelés fils ou sujets du Royaume (13, 38.43.49). Ce sont donc ceux dont la conduite correspond à la volonté du Père (cf. 13, 41). Ici la conduite qui reçoit l'approbation du juge est le secours fraternel. Le groupe de droite, aussi bien chrétiens, juifs que païens, est donc appelé «juste» à cause du seul fait qu'il «a fait» la miséricorde, tandis que le groupe de gauche est maudit pour ne l'avoir pas faite». Ce verbe «faire» est caractéristique chez Mt pour exprimer l'importance des œuvres et de la pratique du commandement : faire la volonté du Père (7, 21) ; que dois-je faire de bon pour posséder la vie éternelle (19, 16); le Fils de l'Homme rendra à chacun selon ses actes (16, 27). Ce «faire» est donc l'accomplissement des commandements régis par la loi d'amour, surtout de la miséricorde, principe d'une meilleure justice (23, 23). C'est donc dire qu'en exerçant la miséricorde, ces justes ont accompli, sans le savoir, la loi du Christ. Les paroles du Fils de l'Homme les déclarant justes et héritiers du Royaume, veulent souligner la valeur christologique de l'accomplissement de la miséricorde. Par elle ils ont été mis en relation avec Lui, même inconsciemment. On pourrait avec E. Schweizer se poser sérieusement la question de savoir si cette péricope n'entend pas plutôt envisager le salut de ceux qui n'ont pas conscience d'appartenir au Christ[100] ; par leurs actes d'amour envers les démunis, même des païens ont posé un acte de justice : ils ont été en relation avec le Christ. Le groupe de gauche qui a négligé toute occasion d'être en contact avec lui, et par conséquent d'être justifié, est rejeté.

Le fait absolument singulier de notre péricope est la déclaration du Juge-Roi. Il parle de lui-même, à la première personne, de sa situation propre «j'avais faim et vous m'avez donné à manger». Les justes et les maudits ne sont pas étonnés de ce qu'ils aient fait ou refusé de faire des actes de charité, mais de ce que leurs actes ou leurs omissions aient un rapport quelconque avec le Fils de l'Homme. Les uns et les autres n'ont pas su qu'ils rencontraient le Fils de l'Homme. La vraie portée de leurs actes leur demeure inconnue jusqu'à l'heure du jugement (cela aussi est conforme à l'éthique matthéenne : «Ton Père qui voit dans le secret, te le rendra» (6, 4.18). L'insistance de Mt sur cette inconscience christologique et sur l'identification du Christ avec les pauvres veut souligner au moins une chose : pour Mt chacun a eu l'occasion de prendre position vis-à-vis du Christ par des actes concrets envers les pauvres[101].

Nous pouvons conclure : pour Mt la confession du Fils de l'Homme ou du nom de Jésus garde toute sa valeur dans une économie ecclésiale normale. La foi décide de l'entrée dans la salle de festin d'Abraham, d'Isaac et de Jacob (8,

---

100. E. SCHWEIZER, *Gemeinde*, p. 25, note 67.

101. Ποιεῖν par lequel Mt résume les services rendus aux pauvres est peut-être la traduction de l'araméen '*abad*, qui signifie aussi bien faire que servir ; «ce ne sont pas les intentions, ni les sentiments, mais des gestes de secours qui comptent au jugement dernier » (P. BONNARD, *Mt*, p. 366). S'en abstenir οὐκ ποιεῖν, c'est se livrer délibérément à la réprobation éternelle.

11.13). Mais il faut aussi qu'elle s'accompagne de bons fruits (7.16-18 ; 12, 33-37). Mais au jugement dernier, ce qui est plus décisif encore est l'accomplissement de la volonté du Père par l'action miséricordieuse concrète.

Les paroles du Fils de l'Homme insistant sur la miséricorde reflètent la vie du Christ terrestre. Son amour est allé avant tout aux pauvres, aux malades (9, 35 ; 11, 5). Il a invité les hommes à l'amour du prochain, surtout des nécessiteux (Lc 10, 29-37). Il n'est donc pas étonnant qu'au jugement dernier, il continue de prendre fait et cause pour ces petits comme il l'a fait pour eux durant sa vie terrestre. Il peut s'identifier à eux comme il l'a fait avec les disciples (10, 42 ; 18, 5). Leur sort est identique au sien : il a connu la faim, la soif ; il a été sans logis : « les renards ont des terriers, les oiseaux du ciel, des nids ; le Fils de l'Homme, lui, n'a pas où poser la tête » (8, 20).

Cependant, dans cette identification il reste le Seigneur et le Juge. Il ne s'agit donc pas d'une identification à la manière mystique où le fidèle « se confond en Dieu », ou à la manière stoïque, où l'humanité s'absorbe en l'être divin[102]. Il s'agit plutôt de la volonté libre du Juge eschatologique prenant à son compte le sort de chacun de ses plus petits frères, parce que semblable au sien dans la souffrance et l'abandon.

---

102. Cf. E. SCHWEIZER, *Mt*, p. 312.

CONCLUSION

Nous avons déjà, au cours des chapitres précédents, assez analysé la tradition prématthéenne dans le discours eschatologique, pour qu'il soit nécessaire de reprendre ici en détail les résultats de notre étude. En plus des ajouts rédactionnels, la composition de ces deux chapitres de Mt 24-25 utilise des matériaux de trois provenances différentes : le discours de Mc 13, des éléments de la Quelle et une troisième source d'où l'évangéliste a puisé notamment les paraboles. Il a regroupé ces éléments épars de la tradition, parce qu'il estimait qu'ils avaient trait au même objet. Ils sont interprétés et actualisés dans le sens de sa conception de l'histoire du salut, en pleine homogénéité avec l'orientation générale de son Évangile.

Cette conclusion veut essayer de cerner le contour des matériaux propres à Mt, d'abord dans l'Évangile puis dans le discours. Ensuite elle examinera leur utilisation rédactionnelle par l'auteur.

1. TRADITION.

A) *Les biens propres à Mt.*

La moitié du contenu du premier Évangile se trouve dans Mc et près de 5/9 de l'autre moitié sont pris de la source commune à Mt et à Lc ; le reste, soit près de 340 versets, sont sans parallèles dans Mc et Q. La première question à se poser est celle de l'origine de ces matériaux relativement abondants. A titre heuristique, on pourrait se demander s'ils existaient dans la communauté matthéenne sous forme de documents écrits et autonomes à l'instar de Mc ou de Q, ou déjà réunis à l'un ou l'autre de ces derniers, ou simplement comme une tradition locale circulant oralement dans le milieu matthéen. Beaucoup de ces questions resteront sans réponse ; on ne peut faire que des conjectures plus ou moins fondées. Toutefois il faut exclure la possibilité de l'utilisation de Q pour ces passages propres à Mt[1]. Ces passages, malgré leur diversité, se laissent classer en trois catégories :

---

1. J.P. BROWN (*The Form of Q known to Matthew*, p. 32-33) admet la possibilité que ces matériaux aient été initialement unis à Q et que Luc les ait omis, de même que Mt aussi aurait omis certains passages de Q. Une telle position est irrecevable.

a) Des faits ajoutés pour compléter le texte de Mc ou de Q. Ils ont un caractère christologique et constituent comme des réflexions sur la personne de Jésus.

1, 1 — 2, 23	le récit de l'enfance
9, 27-31	la guérison de deux aveugles
17, 24-27	le statère dans la bouche du poisson pour payer l'impôt
18, 10	sur le comportement envers les enfants
27, 19	la démarche de la femme de Pilate
27, 24-25	Pilate se lave les mains ; les Juifs prennent sur eux la responsabilité de la mort de Jésus
27, 51-53	la résurrection des morts après la crucifixion
27, 62-66	la garde du tombeau
28, 2-4	l'ange du Seigneur à la résurrection du Christ
28, 11-15	les tentatives de corruption par les grands prêtres
28, 16-20	apparition du Ressuscité en Galilée et mission aux apôtres.

La diversité et l'importance des matériaux plaident en faveur d'une utilisation d'une tradition plutôt qu'en faveur d'une addition rédactionnelle, émanant de la plume de Mt. Très vraisemblablement ce sont des faits et réflexions circulant dans le milieu matthéen, sans pourtant qu'on puisse dire qu'ils étaient insérés dans un ensemble structure et composé.

b) Des paroles de Jésus à l'intérieur des grands discours. Elles comportent essentiellement des paraboles :

dans le sermon sur la montagne : 5, 7-10.16.17-20.21-22.27-28.33-37 ; 6, 1-4.5-8.16-18 ; 7, 6.15.

dans le discours de mission : 10, 5-8.

dans le chapitre des paraboles : 13, 24-30.36-43.44-46.47-50.51-52.

dans le discours communautaire : 18, 10.15-20.21-22.23-35.

dans le discours contre les pharisiens : 23, 1-12.15-22.27-36.

dans le discours eschatologique : 24, 10-12.30-31 partim ; 25, 1-46.

Enfin d'autres paraboles propres : 20, 1-16 les ouvriers de la onzième heure ; 21, 28-32 les deux fils et 22, 1-13 l'invité sans habit.

c) enfin un groupe de passages divers.

3, 14-15	sur le baptême de Jésus
4, 13-16	citations colligées d'Isaïe
11, 28-30	appel à suivre Jésus
12, 5-7	dans la controverse sur la sabbat
12, 30-31 ; 14, 28-31 ; 16, 11.16-19 sur Pierre
19, 7-8.10-12	sur le mariage et le divorce
21, 4-5	sur l'origine divine du Christ.

Ces passages sont assez variés et ne sont pas de la même veine que Mc et Q, de sorte qu'on peut difficilement penser à un emprunt à l'une ou l'autre de ces deux sources — sous prétexte que Luc aurait omis ces éléments. Selon la remarque judicieuse de B. Rigaux «qu'il y ait des éléments empruntés à des traditions anciennes et que leur inclusion dans le texte de Mt laisse des traces d'une origine autre que Mc et la Quelle strictement dite, ne prouve pas qu'il y ait eu dans cette Quelle tout ce qui n'est pas dans Mc »[2].

L'examen des paraboles nous permettra de préciser le milieu d'origine de ces passages. Elles présentent des traits communs. Elles ont presque toutes trait au jugement et ont été plus ou moins allégorisées dans ce sens, même avant leur insertion dans l'Évangile (cf. en particulier l'explication de la parabole de l'ivraie 13, 36-43). L'un des éléments-clé de cette allégorisation est la phrase prérédactionnelle συντέλεια τοῦ αἰῶνος (13, 39-40.49 ; cf. 28, 20) que Mt reprend ailleurs une autre fois rédactionnellement (24, 3). Cette idée est normalement exprimée en contexte Q par ἐν ἡμέρᾳ κρίσεως ou ἐν τῇ ἡμέρᾳ ἐκείνῃ (cf. Mt 10, 15 ; 11, 22.24 ; 12, 36).

Dans quelques-unes de ces paraboles et de ces logia il y a une prise de position pour les païens : « le champ, c'est le monde » (13, 38) ; le traitement égal des ouvriers envoyés à la vigne (20, 1-16) ; les deux fils (21, 28-32) ; « Le Royaume de Dieu vous sera enlevé et donné à un peuple qui en produira les fruits » (21, 43). A ces paroles il faut ajouter les logia comme : « il y a ici plus grand que le temple » (12, 6) ; « c'est la miséricorde que je veux et non le sacrifice » (12, 7) ; des passages où Mt exprime son universalisme (24, 14 ; 25, 31-46 ; 28, 19)[3].

Le *Sitz im Leben* de ces paraboles et de ces logia est à chercher dans le milieu ecclésiastique pagano-chrétien, à cause des tendances « anti-juives » qu'ils contiennent, plus marquées ici que dans Mc et Q (cf. 27, 25). Il est impossible d'expliquer autrement ces traits pro-païens à côté de ceux favorables aux juifs et dont on retrouve des traces jusque dans le discours apocalyptique (sur le non-lieu de la fuite le jour du sabbat (24, 20) ; « Je ne suis pas venu pour détruire mais pour accomplir » (5, 17) ; « je n'ai été envoyé qu'aux brebis perdues de la maison d'Israël » (15, 24) ; « Ne prenez pas le chemin des païens... » (10, 5-6).

Ces deux sortes de paroles doivent avoir eu des *Sitze im Leben* différents avant leur insertion dans l'Évangile, les unes dans le cadre de l'Église paganochrétienne où l'Évangile de Mt a pris forme, les autres dans le contexte judéochrétien. Ces deux tendances ont été présentes dans les traditions matthéennes. Leur combinaison se voudrait au service des nouveaux intérêts dogmatiques de Mt. L'Église de Mt, née dans la Syrie, province frontière de l'Empire, était à la recherche de son identité et a retenu particulièrement ces groupes de paraboles et de paroles de Jésus qui justifient son statut et sa situation particulière d'Église, dont les structures regroupaient juifs et païens. Cette situation a engendré des conflits évidents : d'une part attachement à la Loi ; d'autre part influence et prise de conscience des païens conver-

---

2. B. Rignaux, *Mt*, p. 171.
3. Parfois le terme païen est employé comme un compliment : « Les païens n'en font-ils pas autant » (5, 47) ? Peut-être est-il la rédaction de Mt. En contexte Q on lit plutôt publicains et pécheurs cf. Mt 11, 19b ; Lc 7, 34.

tis d'appartenir eux aussi et de plein droit à la communauté post-pascale. Le rédacteur Matthieu, tel un pasteur, a souci de préserver l'unité de la communauté : d'une part affirmer l'insertion juive de l'Évangile, d'autre part maintenir son caractère universaliste. Cela explique les frictions et le manque d'homogénéité à l'intérieur de l'Évangile.

B) *Les paraboles eschatologiques.*

Pour en revenir spécialement aux paraboles eschatologiques, il est très vraisemblable qu'elles soient prises de cette tradition locale du milieu matthéen, où elles se présentaient comme une « collection » de paraboles parénétiques se référant au jugement à venir. La similitude même des idées et des formulations — que nous avons notée plus haut — postule une telle appartenance sinon à une « source continue » du moins à une même tradition. Il n'est pas impossible que cette collection se soit présentée dans un ordre analogue à celui que nous avons dans l'Évangile ; la scène du jugement dernier a dû constituer le dernier tableau de cette présentation. Mt s'est donc servi de ces paraboles pour apporter un complément nécessaire au discours eschatologique de Mc parce qu'elles conviennent à son propos parénétique. Il procède de la même façon avec la parabole Q du bon et mauvais serviteur (24, 45-51). L'insistance sur cette parénèse montre de façon patente combien l'attente de la fin fut déterminante pour l'Église primitive. La catéchèse chrétienne a trouvé dans les paraboles de Jésus l'attitude qui correspond à cette attente : la vigilance, thème sans cesse répété et rendu familier par les paraboles.

C) *Un témoin extérieur : la Didachè.*

Pour faire appel à un témoin extérieur, on pourrait proposer ici un rapprochement avec la Didachè, née elle aussi dans un milieu pagano-chrétien, sans doute dans la Syrie septentrionale, vers la même époque que l'Évangile de Mt[4]. Assez curieusement elle contient de nombreux passages parallèles à ceux propres à Mt : Did 1, 3-5 par. Mt 5, 38-47 (partim) ; on reconnaît dans Did 7, 1 ; 8, 1-2 ; 9, 5 ; (10, 5 ?) ; 14, 2 des passages propres à Mt. Did 16, 3 s. reproduit presque les mêmes termes que Mt 24, 10-12 ; Did 16, 6 mentionne comme Mt 24, 30-31 les signes et la trompette. Sans aller jusqu'à supposer l'utilisation d'un fragment apocalyptique commun par les deux auteurs, on pourrait tout au moins penser, non à une dépendance de la Didachè par rapport à Mt, mais à l'utilisation par l'un et l'autre d'une même tradition locale, les différences dans la formulation étant dues au caractère oral de cette tradition.

2. RÉDACTION.

Nous avons déjà examiné, au chapitre premier, le contexte rédactionnel du

4. Cf. J.P. AUDET, *Didachè*, p. 215.219. La version géorgienne, le manuscrit de Bryennios porte même le titre : Enseignement des Apôtres, Enseignement du Seigneur aux Gentils par le ministère des Douze Apôtres.

discours. Il s'agira ici de présenter la conception théologique à la base de l'ensemble de la composition matthéenne du discours.

A) *La rédaction de Mt 24-25.*

L'occasion de la rédaction du discours par Mt est différente de celle de Mc[5]. L'Évangile a été écrit dans les années 80-90, donc plus d'une décade après les événements qui ont déclenché en leur temps une fausse attente eschatologique de la Parousie et de la fin du monde. Si pour Marc ils étaient encore actuels, ils n'ont plus, au moment de la rédaction de Mt, la même résonnance ni la même actualité. La fièvre apocalyptique est quelque peu tombée. Il faut alors s'attendre à ce que Mt fasse une relecture des événements et les insère dans l'ensemble de sa conception de l'histoire du salut[6].

Déjà le lien que Mt établit entre la fin du chap. 23 et la double introduction prise de Mc 13 donne le ton de l'orientation du discours. La destruction du temple est présentée comme un jugement punitif. Mais elle est un événement passé. Mais cet événement sert de base à une vision *post eventum*. La Venue du Christ et la fin du monde, qui lui sont directement liées dans la question des disciples, montrent la signification eschatologique de cette destruction. Elle est un signe que la fin aura lieu sûrement. Mais il fait une distinction des trois événements. Tout en faisant référence constante à la situation et à l'expérience de la communauté, il se situe à la fin des temps.

C'est ainsi qu'il rédige la première section de Mc 13, 3-8 — bien que sans changement substantiel — en portant nettement le regard vers l'avenir : μελλήσετε... ἀκούειν 24, 6[7]. La préoccupation de l'évangéliste est le sort de la communauté, présent ou futur. En face des catastrophes présentes ou à venir les fidèles risquent de les prendre pour le jugement lui-même. Il y a le danger de se laisser égarer par les faux prophètes, d'où les avertissements : « Ne vous laissez pas séduire. Ce n'est pas encore la fin ».

Dans la seconde section 24, 9-14 il y a des modifications notables par rapport à Marc ; en particulier il n'y a plus de mention de sanhédrins ou de synagogues. L'évangéliste se réfère davantage à l'époque de la mission hors du contexte juif, parmi les nations (24, 14). On notera volontiers une certaine tension chez l'auteur : tension eschatologique et souci d'édifier l'Église ; malgré cette tension eschatologique qui voit la Parousie proche, il prévoit cependant un certain délai pour que l'Évangile soit annoncé à toutes les nations. Mais, ici encore, il ne quitte pas la réalité concrète de la communauté, qu'il veut prévenir surtout contre les dangers intérieurs : l'activité « anomiste » des faux prophètes amenant à l'abandon de la foi et provoquant surtout le refroidissement de l'amour (24, 10-12). Il y va de la perte ou du salut éternel. « Celui qui tiendra jusqu'au bout » n'est plus compris comme fidélité dans le martyre (Mc) mais comme fidélité dans la pratique de l'amour fraternel dans l'Église.

---

5. A propos de la rédaction de Marc, voir R. PESCH, *Naherwartungen*, p. 224-243.
6. Cf. Mt 23, 35.
7. Cf. G. STRECKER, *Der Weg der Gerechtigkeit*, p. 44.

La troisième section (24, 15-22) ne diffère de celle de Mc que par la mention de la prière que la fuite eschatologique n'ait pas lieu le jour de Sabbat. Cela s'explique par l'attachement de la communauté matthéenne à des pratiques juives.

La quatrième section (24, 23-28) reprend Mc, sauf les vv. 26-28 issus de Q pour souligner le caractère universel de la Parousie. Elle sera aussi visible pour tous que l'éclair.

La dernière section (24, 29-36) parallèle à Mc s'en différencie par la mention du signe du Fils de l'Homme, à la vue duquel toutes les tribus de la terre se frapperont la poitrine. Chez Marc la Parousie ne semble concerner que les élus. Chez Mt elle concerne toutes les nations et signifie en même temps le jugement de tous. La Parousie n'est pas un spectacle apocalyptique, mais un événement qui engage chacun. La seconde addition au texte de Marc concerne la trompette pour le rassemblement des élus (v. 31). Elle veut aussi souligner le caractère visible et universel de la Parousie.

A partir de 24, 37 jusqu'à la fin, Mt suit son propre chemin, en composant sa parénèse soit avec des matériaux provenant de Q (24, 37-51) soit avec ceux issus de sa source particulière (25, 1-46). Il y développe son éthique. Elle est conséquence directe de l'ignorance du jour et de l'heure de la Parousie (24, 36). Ainsi face à l'ignorance du moment, la seule attitude chrétienne qui compte, c'est de s'y préparer dans une vigilance constante et active : être prêt, mener une vie fructueuse et responsable en vue de l'événement inévitable, le jugement dernier, et non se réfugier dans une évasion religieuse qui se plairait à calculer les moments de la fin. Mt fait donc de cette vision eschatologique le fondement de sa conception morale[8].

B) *La proximité ou le retard de la Parousie.*

On peut noter une certaine tension entre deux groupes d'affirmation dans l'évangile de Mt : « Ce n'est pas encore la fin » ; « c'est le début des douleurs » et les affirmations concernant la proximité de la Parousie, et l'inconnaissance de la date. Mais une chose semble certaine : le problème du retard de la Parousie n'influence pas la composition matthéenne. Son attente de la fin, telle qu'il l'exprime, est homogène. Dans plusieurs passages de son livre, il insiste sur la proximité de la Parousie : dans le discours de mission : « Quand on vous pourchassera dans telle ville, fuyez dans telle autre ; en vérité, je vous le déclare, vous n'achèverez pas le tour des villes d'Israël avant que ne vienne le Fils de l'Homme »[9]. Après la confession de Pierre à Césarée de Philippe, Mt rapporte un logion connu aussi de Mc (9, 1) et de Lc (9, 27) mais qu'il modifie fortement : « En vérité, je vous le déclare, parmi ceux qui sont ici, certains ne mourront pas avant de voir le Fils de l'Homme venir comme roi »[10].

8. Voir à ce sujet R. PESCH, *Eschatologie une Ethik*, p. 236-238.
9. 10, 23 ; sur la critique de la tradition et rédaction de ce logion, cf. H. SCHÜRMANN, *Mt 10, 23*, p. 82-88. Il voudrait croire que le logion a pu se trouver aussi dans Q : p. 83.
10. 16, 28.

Enfin dans notre discours Mt rapporte à la suite de Mc : « En vérité, je vous le déclare, cette génération ne passera pas que tout cela n'arrive »[11]. Tous ces logia veulent fotement souligner l'actualité de la situation eschatologique pour cette génération en marche vers le jugement dernier et qui doit voir s'accomplir les promesses divines. Mais tout en croyant à la proximité de la Parousie, il refuse d'en calculer les moments, à la manière apocalyptique. Car cette proximité ne se laisse pas fixer en termes de temps précis. Il sait seulement que la communauté se trouve déjà dans les derniers temps. Les préludes de la fin ont déjà commencé. Les événements au sein de la communauté en sont signes (24, 5-8.32-33). On doit l'attendre jour après jour, heure après heure, pour ne pas être surpris quand le Fils de l'Homme viendra. Cette tension eschatologique dans le temps n'atténue donc pas l'attente de la Parousie. N'étant pas encore en possession du salut définitif, l'Église matthéenne sait pourtant qu'elle est entrée dans la grande crise eschatologique et vit dans le temps de l'urgente décision. L'évangéliste veut maintenir ses fidèles dans une attitude positive face à la Parousie, d'où les exigences éthiques préparant à la rencontre avec le Juge eschatologique. Chaque génération doit se poser la question de son rapport avec Jésus, et prendre conscience de vivre déjà dans les derniers temps. Pour les Juifs, le tournant décisif de cette prise de conscience devrait être la destruction de Jérusalem et du temple ; pour le chrétien la prise de conscience doit se faite à partir des événements présents et de la vision apocalyptique de la fin annoncée par Jésus.

C) *La Théologie du discours eschatologique matthéen.*

Comme dans le Sermon sur la Montagne où l'évangéliste instruit et exhorte à la fois — cf. en particulier la parénèse de 7, 15-23 où Mt appelle les chrétiens à la vigilance et au discernement — nous pouvons mesurer dans ce dernier discours du Christ matthéen la pénétration réciproque de l'eschatologie et de la parénèse ecclésiale. Il y a, pour cela, une raison profonde : ce qui intéresse l'évangéliste, ce n'est pas tellement de savoir le moment et la chaîne des événements qui déboucheront sur la Parousie, mais la préparation intérieure à cet Avènement final du Fils de l'Homme. Il donne intentionnellement à la question « quand ces choses arriveront » un caractère vague, sans y insister. Cependant cette question ne se réfère pas pour lui à un avenir incertain. La mise en garde du Christ montre que ces événements auront lieu en leur temps et même dans un avenir proche et qu'il n'y a pas à s'affoler. Bien au contraire, les disciples ne doivent pas se préoccuper outre mesure de ces signes extérieurs, mais de leur propre sort et de leur devoir dans l'Église. De là l'insistance particulière sur la vigilance chrétienne ; mais cette dernière ne reçoit sa vraie signification qu'en perspective eschatologique. Les idées de Parousie et de fin du monde sont présentées la plupart du temps, non pour elles-mêmes, mais pour soutenir des appels répétés au discernement, à la vigilance et à la fidélité.

11. 24, 34 ; Cf. E. LÖVESTAN, *Mc 13, 30 par.*, p. 403-413. Cet auteur présente un bon état de la question.

L'objet de l'enseignement eschatologique concerne le temps de la grande crise parousiaque, le temps où le Christ sera séparé des siens ; il concerne l'avenir tout entier de l'Église. Or, cet avenir commence dès maintenent. Le discours ne constitue donc pas un enseignement sur l'histoire en tant que telle, comme le montrent bien les images utilisées. En effet, l'annonce de ce qui n'est pas encore arrivé, l'apocalypse des signes se sert des images du présent et du passé : ce seront des guerres, des tremblements de terre, des famines, en somme, des catastrophes communes à tous les siècles; même « les conflits spirituels » ont pour cadre celui traditionnel des persécutions, familier à toutes les époques de l'histoire, sans traits proprement nouveaux, sauf leur caractère aigu : « Il y aura alors en effet, une grande détresse, telle qu'il n'y en a pas eu depuis le commencement du monde jusqu'à maintenant » (Mt 24, 21). Cette annonce va dans la ligne des prophéties de Joël et de Daniel[12]. Même l'annonce de la destruction du temple n'est pas présentée comme si Jésus voyait l'armée romaine saper la ville et son temple[13]. Cette destruction du temple et l'utilisation de l'image daniélique de « l'abomination désolatrice » servent à l'évangéliste à exprimer le rapport de ces événements avec l'histoire du salut, déjà en train de s'accomplir maintenant.

En mentionnant que la fin ne viendra que lorsque « cet évangile du Royaume sera annoncée dans toute l'oikuménè », l'évangéliste indique clairement que la crise eschatologique ne doit pas entraver la mission universelle. Les épreuves ne doivent pas émousser l'ardeur missionnaire ; mais en même temps celle-ci n'est pas à comprendre comme une exigence de hâte devant l'imminence de la Parousie, mais seulement comme une exigence interne de l'annonce universelle du Royaume.

Les visions énigmatiques et fulgurantes — le soleil et la lune qui perdent leur lumière, les étoiles qui s'effondrent — sont ici une reprise du scénario apocalyptique traditionnel dans la ligne des avertissements prophétiques du Jour de Yahwé[14]. Elles sont destinées à affirmer Jésus comme Fils de l'Homme, Seigneur de l'avenir ; sa venue achèvera tous les siècles de l'histoire. En lui, l'histoire humaine a son sens et son accomplissement. Ces visions expriment le geste de Dieu mettant définitivement fin à l'histoire par la Venue de son Fils.

L'histoire et cette fin de l'histoire sont mises bout à bout, comme le suggère la parabole du figuier, car les derniers temps ont déjà commencé, même si, auparavant, un temps rempli de guerres, de fléaux et de la haine entre les hommes, sépare de cette dernière période ; c'est un avenir proche, débouchant immédiatement sur la Venue du Fils de l'Homme. Il s'agit alors pour les disciples, d'attendre à travers les situations les plus tragiques, dans la fidélité, la patience et l'amour.

Dans la ligne des avertissements prophétiques du Jour de Yahwé, Jésus

---

12. Jl 2, 2 et Dn 12, 1 annoncent aussi des événements sans précédents.
13. Cf. J. GUILLET, *Jésus devant sa vie et sa mort*, p, 185.
14. Is 2, 6-22 ; Jr 30, 5-8 ; Am 2, 13-16 ; 5, 18-20 ; So 1, 2-16.

invite donc cette génération à se préparer, car la Parousie sera une surprise pour les gens qui ne la soupçonnent pas ou n'en veulent rien savoir. Mais les paroles du Christ sont en même temps un encouragement, un appel à l'espérance de sa Venue, à laquelle fera place la sombre description des événements catastrophiques.

En affirmant ignorer le moment précis, Jésus refuse de décrire à l'avance et avec précision le cheminement et les phases des événements que comporte cette fin de l'histoire : on ne doit pas considérer la Parousie comme un objet de curiosité, un fait extérieur sans engagement personnel. Mais avant tout, cette déclaration d'ignorance a une portée christologique importante. Il est Fils, et de tous les hommes et de tous les anges il est seul à pouvoir revendiquer ce nom. Cependant cette position unique et cette relation exclusive qu'il entretient avec le Père n'empêchent pas que ses possibilités terrestres, en regard de sa conscience divine, comportent des limites nécessaires. En refusant délibérément de fixer un temps à la durée de l'attente, il laisse au Père, dans un amour filial, libre et discret, l'initiative de révéler en leur temps « les moments que le Père a fixés de sa seule autorité »[15] et que les hommes ne peuvent savoir. Il s'agit alors d'attendre cet Avènement qui ne manquera pas d'avoir lieu.

Les paroles du Christ recommandant le discernement, la vigilance, la préparation et la fidélité, sont exprimées en des paraboles qui ont toutes pour centre la figure d'un personnage absent, le Christ. La pointe de ces paraboles est l'instant du retour et de la rencontre ; elles veulent souligner que l'heure des comptes est certaine et proche. Le sort individuel dépend de la façon dont on aura réagi pendant cette absence et préparé cette rencontre avec le Christ.

Enfin la vigilance miséricordieuse, dans les derniers versets, a une valeur programmatique : pour l'évangéliste le point décisif de la morale chrétienne est dans les relations interpersonnelles, basées sur le commandement de l'amour. Cet accomplissement des œuvres de charité envers les démunis, quels qu'ils soient, résume l'attente première de Dieu à l'égard des siens et pour lesquels Jésus lui-même a pris parti. Aussi le Jugement dernier ne connaît-il d'autres exigences que celles des gestes de miséricorde manifestés aux hommes tombés dans la détresse. La vraie relation avec Dieu ne saurait se trouver en dehors du vécu quotidien où se tissent nos relations avec autrui. Ce service des frères constitue, pour les non-croyants, une pierre d'attente de la rencontre avec le Christ : « Ce que vous avez fait à l'un de ces plus petits qui sont mes frères, c'est à moi que vous l'avez fait ».

---

15. Ac 1, 7 ; cf. J. GUILLET, *Jésus devant sa vie et sa mort*, p. 194.

BIBLIOGRAPHIE

ALAND, K., *Synopsis Quattuor Evangeliorum*, Stuttgart [9]1976.

ALBRIGHT, W.F./MANN, C.S., *Matthew* (The Anchor Bible), New York 1971.

ALLEN, C., *Commentary on the Gospel according to S. Matthew*, Edinburgh [3]1977.

AUBINEAU, M., *Exégèse patristique de Mt 24, 12: Quoniam abundavit iniquitas, refrigescet charitas multorum.* (Studia Patristica *IV*): (*TU* 79), Berlin 1961, 3-19.

AUDET, J.P., *La Didachè. Instructions des Apôtres*, Paris 1958.

BACON, B.W., *Studies in Matthew*, New York 1930.

— *The Five Books of Matthew against the Jews, The Expositor 8* (1918) 56-66.

— *The Apocalyptic Chapter of the Synoptic Gospel, JBL 28* (1909) 1-25.

BAILLY, A., *Dictionnaire Grec-Français*, Paris 1950.

BARTH, G., *Das Gesetzesverständnis des Evangelisten Matthäus*, in: Bornkamm, G./Barth, G.N./Held, H.J., *Überlieferung und Aslegung im Matthäusevangelium* (*WMANT I*) Neukirchen-Vluyn (1960) [7]1975, 54-154.

BEARE, F.W., *The Synoptic Apocalypse. Matthean Version*, in: *Understanding the Secret Text. Essays in Honor of Morton S. Enslin on the Hebrew Bible and Christians Beginnings*, Edited by John Keumen, Valley Forge 1972, 117-133.

BEASLEY-MURRAY, G.R., *A century of eschatological Discussion*, in: *Expository Times* 64 (1952-53) 312-316.

— *Jesus and the Future. An Examination of the Criticism of the Eschatological Discourse, Mark 13, with Special Reference to the Apocalypse Theory*, London 1954.

— *A commentary on Mark Thirteen*, London 1957.

BENOIT, P., *L'évangile selon saint Matthieu* (La sainte Bible), Paris [4]1972.

BERGER, K., *Exegese des Neuen Testaments* (*UTB* 658), Tübingen 1977.

BETZ, H.D., *Eine Episode im Jüngsten Gericht (Mt 7, 21-23)*, in: ZThK 78 (1981) 1-30.

BETZ, O., *The Dichotomized Servant and the End of Judas Iscariot (Light on the dark passages: Matthew 24, 51 and parallel; Acts 1, 18)* in: Revue de Qumran 5/1 (1964 43-58).

BLASS, F./DEBRUNNER, A., *Grammatik des Neutestamentlichen Griechisch. Mit einem Ergänzungsheft von Tabachowitz, D.*, Göttingen [13]1970.

BLIGH, Ph-H., *Eternal Fire, Eternal Punishment, Eternal Life*, in: *Expository Times* 83 (1971-72) 9-11.

BONNARD, P., *Matthieu 25, 31-46. Questions de lecture et d'interprétation*, in: *Foi et Vie*, Cahiers bibliques 5 (1977) 81-87.

— *L'Évangile selon saint Matthieu*, Neuchatel [2]1970.

BORNKAMM, G./BARTH, G./HELD, H.-J., *Überlieferung und Auslegung im Matthäusevangelium (WMANT 1)*, Neukirchen ⁴1965.

BORNKAMM, G., *Enderwartung und Kirche im Matthäusevangelium*, in: *The Background of the NT and its Eschatology, Studies in Honour of Dodd*, C.H., Cambridge 1956, 122-260.

— *Die Verzögerung der Parusie. Exegetische Bemerkungen zu zwei synoptischen Texten – zu Matth 25, 1-13*, in: *in Memoriam Lohmeyer*, E., Stuttgart 1951, 119-126.

BRANDENBURGER, E., *Das Recht des Weltenrichters (SBS 99)* Stuttgart 1980.

BRANDON, S.G.F., *The Fall of Jerusalem and the Christian Church. A Study of the Effects of the Jewish Overthrow of A.D. 70 on Christianity*, London 1951.

— *Jesus and the Zealots. A Study of the political factor in primitive Christianity*, Manchester 1967.

BRAUMANN, G., *Die Zweizahl und Verdopplungen im Matthäusevangelium*, in: *ThZ* 24 (1968) 255-266.

BROER, I., *Das Gericht des Menschensohnes über die Völker. Auslegung von Mt 25, 31-46*, in: *Bibleb 11* (1970) 273-295.

BROWN, J.P., *The Form of « Q » known to Matthew*, in: *NTS* 8 (1961-62) 27-42.

BRONW, S., *The Matthean Apocalypse*, in: *Journal for the Study of the New Testament* ⁴(July 1979) 2-27.

BULTMANN, R., *Die Geschichte der synoptischen Tradition (FRLANT 29)* Göttingen ⁸1970.

BURKITT, F.C., *On Immediately in Matt XXIV 29*, in: *JTS* (1911) 460-461.

— *The Parable of the Ten Virgins*, in: *JTS* (1929) 267-270.

BURNEY, C.F., *St Matthew XXV, 31-46 as a Hebrew Poem*, in: *JTS* (1913) 414-424.

BUSCH, F., *Zum Vertändnis der synoptischen Eschatologie: Markus 13 neu untersucht*, Gütersloh 1938.

BUZY, D., *Les Paraboles (Verbum Salutis VI)* Paris ⁹1932.

CADBURY, H.J., *The Style and Litetary Method of Luke (Vol. I-II)* in: *Harvard Theol. Studies 6*, Cambridge 1919.

CADOUX, A.T., *The Parable of the Sheep and the Goats (Mt 25, 31-46)* in: *Expository Times 41* (1929-30) 559-562.

CARLSTON, Ch. E., *The Parables of the triple Tradition*, Philadelphia 1975.

— *The Things that Defile (Mark VII, 14) and the Law in Matthew and Mark*, in: *NTS 15* (1968-69) 75-96.

CARMIGNAC, J., *Les dangers de l'Eschatologie*, in: *NTS 17* (1971) 365-390.

CERFAUX, L., *La voix vivante de l'Évangile au début de l'Église*, Tournai-Paris 1946.

CHARLES, R.H., *The Greek Versions of the Testaments of the Twelve Patriarchs edited Nine MSS. Together with the Variants of Armenian and Slavonic Versions and some Hebrew Fragments*, Oxford 1908.

CHARPENTIER, E., *Lecture de l'Évangile selon St Matthieu*, in: *Cahiers Évangiles* 9(1974).

CHRISTIANSEN, I., *Die Technik der allegorischen Auslegungswissenschaft bei Philo von Alexandrien*, Tübingen 1969.

CHRISTIAN, P., *Jesus und seine geringsten Brüder. Mt 25, 31-46 redaktionsgeschichtlich untersucht*, Leipzig 1975.

CHEVALLIER, M.A., *Condition et vocation des chrétiens en diaspora. Note à propos de l'exégèse de Mt 25, 31-46*, in: *RevScRel* 48(1974) 398-400.

CONZELMANN, H., *Geschichte und Eschaton nach Mc 13*, in: *ZNW*(1959) 210-221.

COPE, L., *Matthew XXV : 31-46. The Sheep and the Goats reinterpreted*, in : *NovTest XI* (1969) 32-44.

COTHENET, E., *Les Prophètes chrétiens dans l'Évangile selon St Matthieu*, in : Didier, M., *L'évangile selon Mt, Rédaction et théologie*, Gembloux 1972, 281-308.

CULLMANN, O., *Parusieverzögerung und Urchristentum*, in : *TLZ 83* (1958) 1-12.

— *Christus und die Zeit. Die Urschristliche Zeit - und Geschichtsauffassung*, Zürich ³1962.

DAUBE, D., *The new Testament and Rabbinic judaism*, London 1956.

DAUSCH, P., *Die drei älteren Evangelien*, Bonn ⁴1932.

DEISSMANN, A., *Licht von Ostern*, Tübingen ⁴1923.

DELEBECQUE, E., *Évangile de Luc*, Paris 1976.

DERRETT, J.D.M., *Law in the New Testament : The Parable of the Talents and two Logia*, in : *ZNW 56* (1965) 184-195.

DESCAMPS, A., *Les justes et la justice dans l'Évangile et le Christianisme primitif, hormis la doctrine proprement paulinienne*, Louvain/Gembloux 1950.

DIDIER, M., *L'évangile selon Matthieu. Rédaction et Théologie*, in : *Bib. Ephem. Theol. Lovan.* 29 (1972).

— *Journées bibliques de Louvain 1970 : L'évangile selon Matthieu*, in : *Ephem. Theol. Lovan* 46 (1970) 433-440.

— *La Parabole des Talents et des Mines*, in : *De Jésus aux évangiles*, in : *Ephem. Theol. Lovan* 25 (1967) 248-271.

DODD, Ch. H., *The Parables of the Kingdom*, London 1965.

— *The Fall of Jerusalem and the «Abomination of Desolation»*, in : *Journal of Rom Stud 37* (1947) 47-54 ; ou in : *More New Testament Studies*, Manchester 1968, 69-83.

DONFRIED, K.P., *The Allegory of the ten Virgins (Matt 25, 1-13) as a summary of Matthean Theology*, in : *JBL* 93 (1974) 415-428.

— *The setting of Second Clement in early Christianity*, Leiden 1974.

DREWS, P., *Untersuchungen zur Didache*, in : *ZNW 5* (1904) 53-79.

DUPONT, J., *Il n'en sera pas laissé pierre sur pierre (Marc 13, 2 ; Luc 19, 44)*, in : *Biblica 52* (1971) 301-320.

— *La Parabole du figuier qui bourgeonne (Mc XIII, 28-29 et par.)* in : *RB 75* (1968) 526-548.

— *La Parabole du Maître qui entre dans la nuit (Mc 13, 34-36)*, in : *Mélanges bibliques - Rigaux B.*, Gembloux 1970, 89-116.

— *La Parabole des Talents (Mt 24, 14-30) ou des Mines (Luc 19, 12-27)*, in : *Rev. Theol. & Phil.* 1969, 376-391.

— *La ruine du Temple et la fin des temps dans le discours de Marc 13*, in : *Lectio Divina* 95 (1977) 207-269.

EDWARDS, R.A., *The Eschatological Correlative as a Gattung in the New Testament*, in : *ZNW 60* (1969) 9-20.

ELLIS, P.F., *Matthew : His Mind and his Message*, Collegeville 1974.

FARRER, A., *An examination of Mark XIII, 10*, in : *JTS* 1956, 75-79.

FASCHER, E., *« Von dem Tage aber und von der Stunde weiss niemand... » Der Anstoss in Mk 13, 32 (Mt 24, 36). Eine exegetische Skizze zum Verhältnis von historisch-kritischer und christologischer Interpretation*, in : *Ruf und Antwort (Festgabe für Fuchs, E.)* Leipzig 1964, 475-483.

FENTON, J.C., *The Gospel of Saint Matthew* (The Pelican Gospel Commentaries), London 1977.

FERNANDEZ, A., *Vita di Gesù Cristo* (ed. italiana) Roma 1954.

FEUILLET, A., *La synthèse eschatologique de saint Matthieu (XXIV-XXV)* in: *RB 56* (1949) 340-364 et *RB 57* (1950) 62-91. 180-211.

— *Le sens du mot Parousie dans l'Évangile de Matthieu : Comparaison entre Mt 24 et Jc 5, 1-11*, in: *The Background of the NT and its Eschatology*, Cambridge 1956, 261-280.

FIEDLER, P., *Die übergebenen Talente. Auslegung von Mt 25, 14-30*, in: *Bibleb 11* (1970) 259-273.

FISCHER, U., *Eschatologie und Jenseitserwartung im hellenistischen Diasporajudentum*, Berlin/New York 1978.

FLÜCKIGER, F., *Die Redaktion der Zukunftsrede in Mark 13*, in: *ThZ 26* (1970) 395-409.

FORD, J.M., *The Parabole of the Foolish Scholars (Mt XXV, 1-13)* in: *NovTest 9* (1967) 107-123.

FRANKEMÖLLE, H., *Jahwebund und Kirche Christi. Studien zur Form – und Traditionsgeschichte des « Evangeliums » nach Matthäus (NTA NF 10)* Münster 1974.

FRIEDRICH, J., *Gott im Bruder? Eine Methodenkritische Untersuchung von Redaktion und Überlieferung in Mt 25, 31-46 (CThMA 7) Stuttgart 1977.*

GAECHTER, P., *Das Matthäus Evangelium*, Innsbruck/Wien/München 1963.

— *Die literarische Kunst im Matthäus-Evangelium (SBS 7)* Stuttgart 1965.

GASTON, L., *No Stone on another. Studies in the Significance of the Fall of Jerusalem in the synoptic Gospels*, in: *Suppl. to Novum Test. XXIII*, Leiden 1970.

GEIGER, R., *Die Lukanischen Endzeitreden und Studien zur Eschatologie des Lukasevangeliums*, Bern/Frankfurt/M 1973.

GEWALT, D., *Matthäus 25, 31-46 im Erwartungshorizont heutiger Exegese*, in: *Ling. Bibl.* (Juli 1973) 9-21.

GIET, S., *L'énigme de la Didachè*, Paris 1970.

GLASSON, T.F., *The Ensign of the Son of Man (Matt XXIV, 30)*, in: *JTS Ns 15* (1964) 299-300.

GNILKA, J., *Die Kirche des Matthäus und die Gemeinde von Qumran*, in: *BZ NF 7* (1963) 43-63.

— *« Parusieverzörung » und Nahewartung in den synoptischen Evangelien und in der Apostelgeschichte*, in: *Catholica 13* (1959) 277-290.

— *Rezension von R. Pesch, Naherwartungen*, in: *BZ NF 13* (1969).

— *Die Verhandlungen vor dem Synhedrion und vor Pilatus nach Markus 15, 53-15, 5*, in: *EKK zum NT, Vorarbeiten 2, Einsiedeln/Neukirchen 1970, 5-25.*

— *« Bräutigam » - Spätjüdisches Messiasprädikat?*, in: *TThZ 69* (1960) 298-301.

— *Das Evangelium nach Markus, Vol. I-II (EKK)*, Zürich 1979.

GOLDSCHMIDT, L., *Der Babylonische Talmud, Königstein* ²1980.

GOLLINGER, H., *« Ihr wisst nicht, an welchem Tag euer Herr Kommt ». Auslegung von Mt 24, 37-51*, in: *Bibleb 11* (1970) 238-247.

GOODING, D.W., *La Structure littéraire de Matthieu, XIII, 53 à XVIII, 35*, in: *RB 85* (1978) 227-252.

GOUDGE, H.L., *The Parable of the Ten Virgins*, in: *JTS* (1929) 399-401.

GOULD, E.P., *The Gospel according to St Mark (ICC)*, Edinburgh 1975.

GRÄSSER, E., *Die Naherwartung Jesu (SBS 61)*, Stuttgart 1973.

— *Das Problem der Parusieverzögerung in den synoptischen Evangelien und in der Apostelgeschichte*, in: *BZNW 22*, Berlin ²1960.

GRELOT, P., *Soixante-dix semaines d'années*, in: *Biblica 50* (1969) 169-185.

GROSS, G., *Die « Geringsten Brüder » Jesu in Mt 25, 40 in Auseinandersetzung mit der neueren Exegese*, in : *Bibleb 5* (1964) 172-180.

GRUNDMANN, W., *Das Evangelium nach Markus (ThHK)*, Berlin 1977.
— *Das Evangelium nach Matthäus (ThHK)*, Berlin ³1972.
— *Das Evangelium nach Lukas (ThHK)*, Berlin ²1961.

GRUNDRY, R.H., *The Use of the Old Testament in St Matthew's Gospel -With special Reference to the Messianic Hope*, in : *Suppl. to Novum Test XVIII*, Leiden 1967.

GUILLET, J., *Jésus devant sa vie et sa mort*, Paris 1971.

GUNTHER, J.J., *The fate of the Jerusalem Church, the Flight to Pella*, in : *ThZ 29* (1973) 81-94.

HAENCHEN, E., *Der Weg Jesu. Eine Erklärung des Markus Evangeliums und der Kanonischen Parallelen*, Berlin ²1968.

HAHN, F., *Das Verständnis der Mission im Neuen Testament (WMANT 13)*, Neukirchen 1963.
— *Christologische Hoheitstitel im Frühen Christentum (FRLANT 83)*, Göttingen 1963.

HARTMAN, L., *Prophecy interpreted, the formation of some Jewish Apocalyptic Texts and the Eschatological Discourse, Mk 13 par.*, Lund 1966.

HAUFE, G., « Soviel ihr getan habt einem dieser meiner geringsten Brüder », in : *Ruf and Antwort (Festgabe für Fuchs, E.)*, Leipzig 1964, 484-493.

HASLER, V., *Die Königliche Hochzeit, Matth 22, 1-14*, in : *ThZ 18* (1962) 25-35.

HENGSTL, J., *Griechische Papyrie aus Ägypten*, München 1978.

HESSLER, E., *Die Struktur der Bilder bei Deuterojesaja*, in : *Ev. Theologie 25* (1965) 349-369.

HIGGINS, A.J.B., *The Sign of the Son of Man (Matt XXIV, 30)*, in : *NTS 9* (1962-63) 380-382.

HJERL-HANSEN, B., *Did Christ know the Qumran sect ? Jesus and the Messiah of the Desert. An observation based on Matthew 24, 26-28*, in : *Revue de Qumran 4* (1959) 495-508.

HÖLSCHER, G., *Der Ursprung der Apokalypse Mrk 13*, in : *Th Bib 12* (1933) 193-202.

HUMMEL, R., *Die Auseinandersetzung zwischen Kirche und Judentum im Matthäus Evangelium*, München ²1966.

INGALAERE, J.C., *La « Parabole » du Jugement dernier (Matthieu 25/31-46)*, in : *RHPhR 50* (1970) 23-60.
— *Structure de Matthieu et Histoire de salut : état de la question*, in : *Foi et Vie, Cahiers bibliques 3* (1979) 10-33.

JEREMIAS, J., *Die Gleichnisse Jesu*, Göttingen ⁸1970.
— Λαμπάδες *Mt 25, 1.3f.7f.*, in : *ZNW 56* (1965) 196-201.
— *Neutestamentliche Theologie I. Die Verkündigung Jesu*, Gütersloh ²1973.

JOHNSON, Sh. E., *King Parables in the Synoptic Gospels*, in : *JBL 74* (1955) 37-39.

JÜLICHER, A., *Die Gleichnisreden Jesu, Vol. I-II*, Darmstadt 1963.

JÜON, P., *La parabole des mines (Luc 19, 13-27) et la parabole des talents (Matthieu 25, 14-30)*, in : *RSR 29* (1939) 489-493.
— *Notes philologiques*, in : *RSR 18* (1928) 349.
— « Les Forces des Cieux seront ébranlées » *(Mt 24, 29 ; Marc 13, 25 ; Luc 21, 26*, in : *RSR 29* (1939) 114-115.
— *Notes de philologie évangélique, Matthieu 25, 9*, in : *RSR 15* (1925) 438.
— *Notes philologiques sur les Évangiles, Mt 24, 16*, in : *RSR 18* (1928) 349.
— *La Parabole des Talents, Matthieu 25, 14-30*, in : *RSR 29* (1939) 489-494.

— *La Parabole du Portier qui doit veiller (Marc 13, 33-37) et la parabole des Servi-teurs qui doivent veiller (Luc 12, 35-40)*, in: *RSR 30* (1940) 365-368.

KAHLEFELD, H., *Paraboles et Leçons d'Évangile, Vol. I*, Paris 1969 et *Vol. II*, Paris 1970.

KAMLAH, E., *Die Parabel vom ungerechten Verwalter (Luk 16, 1 ff) im Rahmen der Knechtsgleichnisse in: Abraham unser Vater (Festschrift für Michel, O., hrsg. von Betz, O.*, Leiden/Köln 1963, 276-294.

KILPATRICK, G.D., *Mk XIII. 9-10*, in: *JTS NF IX* (1958) 81-86.

KINGSBURY, J.D., *The title «Kyrios» in Matthew's Gospel*, in: *JBL 9* (1975) 246-255.

KISSINGER, W.S., *The parables of Jesus. A history of interpretation and bibliogra-phy*, Metuchen, N.J./London 1979.

KLAUCK, H.-J., *Allegorie und Allegorese in synoptischen Gleichnistexten (NTA NF 13)*, Münster 1978.

KLOSTERMANN, E., *Das Markusevangelium (ThHK 3)*, Tübingen ⁵1971.
— *Das Matthäusevangelium (ThHK 4)*, Tübingen 1971.

KNOCH, O., *Die eschatologische Frage, ihre Entwicklung und ihr gegenwärtiger Stand*, in: *BZ 6* (1962) 112-120.

KÖSTER, H., *Synoptische Überlieferung bei den apostolischen Vätern (TU 65)*, Berlin 1957.

KRENTZ, E., *The extent of Matthew's prologue. Towards the structure of the first Gospel*, in: *JBL 83* (1964) 409-414.

KRETZER, A., *Die Herrschaft der Himmel und die Söhne des Reiches (SEM 10)*, Stuttgart 1971.

KÜMMEL, W.G., *Einleitung in das Neue Testament*, Heidelberg 1973.
— *Verheisung und Erfüllung. Untersuchungen zur eschatologischen Verkündi-gung Jesu*, Zürich ²1953.

LAGRANGE, M.J., *Introduction à l'étude du Nouveau Testament*, Paris 1935.
— *L'avènement du Fils de l'Homme*, in: *RB 3* (1906) 382-411 et 561-574.
— *Évangile selon saint Marc*, Paris ⁴1929.
— *Évangile selon saint Luc*, Paris ⁷1948.
— *Évangile selon saint Matthieu*, Paris ⁸1948.

LAMBRECHT, J., *Die Logia-Quellen von Markus 13*, in: *Biblica 14* (1966) 321-360.
— *Die Redaktion der Markusapokalypse (Analecta Biblica 28)*, Roma 1967.
— *Die «Midrasch-Quelle»* von Mk 13, in: *Biblica 49* (1968) 254-270.
— *The Parousia Discourse: Composition and Content in Mt 24-25*, in: DIDIER, M., *L'Évangile selon Matthieu: Rédaction et théologie*, Gembloux 1972, 309-342.

LAUFEN, R., *Die Doppelüberlieferung der Logienquelle und des Markusevange-liums (Bonner Biblische Beiträge 54)*, Königstein/Ts/Bonn 1980.

LEBRETON, J., *L'ignorance du jour du jugement*, in: *RSR 8* (1918) 281-289.

LECLERCQ, H., art. *Pella*, in *Dictionnaire d'Archéologie chrétienne et de Liturgie*, tome XIV, Paris 1939, col. 176-178.

LÉGASSE, S., *Jésus et l'enfant, «Enfants», «petits et simples». Dans la Tradition synoptique*, Paris 1969.

LÉON-DUFOUR, X., in: ROBERT, A./FEUILLET, A., *Einleitung in die Heilige Schrift, Vol. II, Neues Testament*, Wien/Freiburg/Basel, 1964, 125-174.

LÉVESQUE, E., *Quelques procédés littéraires de saint Matthieu*, in: *RB 13* (1916) 5-22 et 387-405.

LINNEMANN, E., *Gleichnisse Jesu. Einführung und Auslegung*, Göttingen ⁵1969.

Lövestan, E., *The* ή γενεα ἄυτη. *Eschatology in Mk 13, 30 par.*, in : *Journées bibliques de Louvain* 1979, 403-413.

Lohmeyer, E., *Das Evangelium des Markus*, Göttingen 1937.

Lührmann, D., *Die Redaktion der Logienquelle (WMANT 33)*, Neukirchen 1969.

Maisch, I., *Das Gleichnis von den klugen und törichten Jungfrauen. Auslegung von Mt 25, 1-13*, in : *Bibleb 11* (1970) 247-259.

Malvy, A., «Cette génération ne passera pas...», in : *RSR 14* (1924) 539-544.

Manson, T.W., *The Sayings of Jesus*, London 1954.

Marxsen, W., *Der Evangelist Markus. Studien zur Redaktionsgechichte des Evangeliums (FRLANT 67)*, Göttingen 1956.

Massaux, E., *Influence de l'Évangile de St Matthieu sur la littérature chrétienne avant St Irénée*, Louvain/Gembloux 1950.

McGaughy, L.C., *The Fear of Yahweh and the Mission of Judaism : A Postexcilic Maxim and its Early Christian Expansion in the Parable to the Talents*, in : *JBL 94* (1975) 235-245.

McKenzie, J.L., *The Gospel according to Matthew (The Jerome Biblical Commentary)* New Jersey 1968, 62-114.

Meinertz, M., *Die Gleichnisse Jesu*, Münster 1916.
— «Dieses Geschlecht» *im NT*, in : *BZ NF 1* (1957) 283-289.
— *Die Tragweite des Gleichnisses von den zehn Jungfrauen*, in : *Synoptische Studien*, München (1953) 94-106.

Metzger, B.M., *A Textual Commentary on the Greek New Testament*, Stuttgart ³1971.

Michealis, W., *Kennen die Synoptiker eine Verzögerung der Parusie ?*, in : *Synoptische Studien (Festschrift für Wikenhauser A. zum 70. Geburtstag)*, München 1953, 107-123.
— *Die Gleichnisse Jesu*, Hamburg 1956.

Michaels, J.R., *Apostolic Hardships and righteous Gentiles. A Study of Matthew 25, 31-46*, in : *JBL 84* (1965) 27-37.

Monsarrat, V., *Matthieu 24-25. Du Temple aux démunis*, in : *Foi et Vie, Cahiers bibliques 5* (1977) 67-80.

Mowinckel, S., *He that cometh*, Oxford 1956.

Murphy-O'Connor, J., *The Structure of Matthew XIV-XVII*, in : *RB82* (1975) 360-384.

Mussner, F., *Was lehrt über das Ende der Welt ? Eine Auslegung von Markus 13*, Freiburg 1958.

Neirynck, F. *La rédaction matthéenne et la structure du premier Évangile*, in : *Ephem. Theol. Lovan. 43* (1967) 41-73.
— *Le discours antiapocalyptique de Mc XIII*, in : *Ephem. Theol. Lovan 45* (1969) 154-164.

Nestle, E., *Die Fünfteilung im Werk des Papias und im ersten Evangelium*, in : *ZNW 1* (1900) 252-254.

Perrot, Ch., *Essai sur le Discours eschatologique (Mc XIII, 1-37 ; Mt XXIV, 1-36 ; Luc XXI, 5-36)*,in : *RSR* (1959) 481-514.

Pesch, R., *Eschatologie und Ethik. Auslegung von Mt XXIV, 1-36*, in : *Bibleb 11* (1970) 223-238.
— *Naherwartungen. Tradition und Redaktion in Mk 13*, Düsseldorf 1968.
— *Das Markusevangelium (HTK)*, Freiburg (I) 1976, (II) 1977.

Preiss, Th., *La Vie en Christ*, Paris 1951.

PIGNANIOL, A., *Observations sur la date de l'Apocalypse synoptique*, in: *RHPhR 4* (1924) 245-249.

RADERMAKERS, J., *Au fil de l'Évangile selon saint Matthieu, Vol. II, Lecture continue*, Bruxelles 1974.

RAGON, E., *Grammaire Grecque*, Paris 91963.

REICKE, B.O., *Synoptic Propheties on the destruction of Jerusalem*, in: *Suppl. to NT 33* (1972) 121-134.

RIDDLE, D.W., *Die Verfolgungslogien in formgeschichtlicher und soziologischer Beleuchtung*, in: *ZNW 33* (1934) 271-289.

RIDLEY, W.D., *The Parable of the Ten Virgins*, in: *Expositor* (1895) 342-349.

RIESENFELD, H., *Zum Partizip Matth 24, 41*, in: *Conject. NT 13* (1949) 12-16.

RIESSLER, P., *Altjüdisches Schrifttum ausserhalb der Bibel*, Heidelberg 31975.

RIGAUX, B., Βδέλυγμα τῆς ἐρημώσεως *(Mc 13, 14; Mt 24, 15)*, in: *Biblica 40* (1959) 675-683.

— *Témoignage de l'Évangile de Matthieu. (Pour une histoire de Jésus II)*, Bruges 1967.

— *Témoignage de l'Évangile de Marc*, Louvain 1965.

— *La seconde venue de Jésus*, in: *La venue du Messie : messianisme et eschatologie Recherches bibliques VI)*, Bruges 1962.

ROBERT, A./FEUILLET, A., *Einleitung in die Heilige Schrift, Vol. II, Neues Testament*, Wien/Freiburg/Basel 1964.

ROBINSON, J.A.T., *The Parable of the Sheep and the Goats*, in: *NTS 2* (1955-56) 225-237.

RÜSTOV, A., Ἐντὸς ὑμῶν ἐστιν. *Zur Deutung von Lukas 17, 20-21*, in: *ZNW 51* (1960) 197-224.

RUSSEL, D.S., *The Method and Message of Jewish Apocalyptic*, London 1964.

SABOURIN, L., *L'Évangile selon saint Matthieu et ses principaux parallèles*, Rome 1978.

SAND, A., *Die Polemik gegen* «Gesetzlosigkeit» *im Evangelium nach Matthäus und bei Paulus*, in: *BZ 14* (1970) 112-125.

SAVINEL, P., *La guerre des Juifs (une traduction de Bellum de F. Josèphe)*, Paris 1977.

SCHANZ, P., *Kommentar über das Evangelium des Heiligen Matthäus, Markus, Lukas, Johannes*, Freiburg/Br 1879.

SCHELKLE, K.H., *Gericht*, in: *Bibleb 15* (1974) 159-173.

SCHLATTER, A., *Das Evangelium des Lukas*, Stuttgart 1931.

— *Die Kirche des Matthäus*, Gütersloh 1930.

— *Der Evangelist Matthäus, seine Sprache, sein Ziel, seine Selbständigkeit. Ein Kommentar zum Ersten Evangelium*, Stuttgart 61963.

SCHMACH, W., *Die Komposition des Matthäus-Evangeliums und ihre Bedeutung für ihre Interpretation*, Göttingen 1967.

SCHMID, J., *Das Evangelium nach Matthäus (RNT 1)*, Regensburg 1963.

SCHMID/ J./WIKENHAUSER, A., *Einleitung in das Neue Testament*, Basel 1973.

SCHNACKENBURG, R., *Gottes Herrschaft und Reich. Eine biblisch-theologische Studie*, Freiburg/Basel/Wien 41965.

— *Das Evangelium nach Markus*, Düsseldorf 1971.

— *Der eschatologische Abschnitt Lk 17, 20-37*, in: *Mélanges bibliques en hommage au R.P. Rigaux, B.*, Gembloux 1970, 213-234.

SCHOEPS, H.J., *Ebionistische Apokalyptik im NT*, in: *ZNW 51* (1960) 101-111.

— *Theologie und Geschichte des Judenchristentums*, Tübingen 1949.

SCHNEIDER, G., *Parusiegleichnisse im Lukas-Evangelium (SBS 74)*, Stuttgart 1975.

SCHNIEWIND, J., *Das Evangelium nach Matthäus (NTD 2)*, Göttingen 1968.

SCHULZ, S., *Q Die Spruchquelle der Evangelisten*, Zürich 1972.

SCHÜRMANN, H., *Zur Traditions - und Redaktionsgeschichte von Mt 10, 23*, in : *BZ NF 3* (1959) 82-88.

SCHÜTZ, R., *Das Feigengleichnis der Synoptiker*, in : *ZNW 10* (1909) 333-334.

SCHWEIZER, E., *Der Menschensohn (Zur eschatologischen Erwartung Jesu)*, in : *NTS 9* (1962-63) 256-261.

— *Beiträge zur Theologie des Neuen Testaments. Neutestamentliche Aufsätze (1955-1970)*, Zürich 1970.

— *Matthäus und seine Gemeinde (SBS 71)*, Stuttgart 1974.

— *Das Evangelium nach Markus (NTD 1)*, Göttingen 1975.

— *Das Evangelium nach Matthäus (NTD 2)*, Göttingen 1976.

SEEBERG, A., *Die Didache des Judentums und des Urchristentums*, Leipzig 1908.

SJÖBERG, E., *Der Menschensohn im äthiopischen Henochbuch*, Lund 1946.

SOWERS, S., *The Circumstances and Recollection of the Pella Flight*, in : *ThZ 26* (1970), 305-320.

STAUFFER, E., *Jesus. Gestalt und Geschichte*, Bern 1957.

STENDHAL, K., *The school of Matthew (Acta Seminarii Neotestamentici Uppsaliensis 20)* Lund / Copenhagen 1954.

STRACK, H.L. / BILLERBECK, P., *Kommentar zum Neuen Testament aus Talmud und Midrasch (Vol. I-V)*, München [7]1978.

STRECKER, G., *Das Judenchristentum in den Pseudoklementinen (TU 70)*, Berlin 1958.

STROBEL, F.A., *Zum Verständnis von Mt XXV, 1-13*, in : *NT 2* (1957-58) 199-227.

— *Untersuchungen zum eschatologischen Verzögerungsproblem (Suppl. to NovTest. Vol. II)*, Leiden 1961.

STUHLMACHER, P., *Das Paulinische Evangelium. I Vorgeschichte (FRLANT 95)*, Göttingen 1968.

TAGAWA, K., *Marc 13. Le tâtonnement d'un homme réaliste, éveillé, face à la tradition apocalyptique*, in : *Foi et Vie, Cahiers bibliques 76* (1977) 11-44.

THYSMAN, R., *Communauté et Directives éthiques. La Catéchèse de Matthieu. Théologie morale du Nouveau Testament, essai de synthèse*, Gembloux 1974.

TÖDT, H.E., *Der Menschensohn in der synoptischen Überlieferung*, Gütersloh 1959.

TRILLING, W., *Zur Überlieferungsgeschichte des Gleichnisses vom Hochzeitsmahl Mt 22, 1-14*, in : *BZ NF 4* (1960) 251-265.

— *Das Evangelium nach Matthäus*, Düsseldorf 1965.

— *Das wahre Israel. Studien zur Theologie des Matthäus-Evangeliums (StANT 10)*, München [3]1964.

TURNER, H.R.W., *Expounding the Parables. VI. The Parable of the Sheep and the Goats (Matthew 25, 31-46)*, in : *Expository Times 77* (1965-1966) 243-246.

VAGANAY, L., *Le Problème synoptique. Une hypothèse de travail*, Tournais / Paris 1954.

VIA, D.O., *Die Gleichnisse Jesu. Ihre literarische und existentiale Dimension (BEvTh 57)*, München 1970.

VIELHAUER, Ph., *Gottes Reich und Menschensohn in der Verkündigung Jesu (Festchrift für Dehn, G.)*, Neukirchen 1957, 51-79.

VÖGTLE, A., *Der Spruch vom Jonaszeichen*, in : *Synoptische Studien (Festschrift für Wikenhauser A.)*, München 1953, 230-277.

— *Exegetische Erwägungen über Wissen und Selbstbewusstsein Jesu*, in: *Gott in Welt (Festschrift für Rahner, K.)*, Vol. I, Freiburg i.Br. 1964, 608-667.

— art. *Menschensohn*, in: *LThK* ²*VII*, 297-300.

— *Das Neue Testament und die Zukunft des Kosmos*, Düsseldorf 1970.

VOKES, F.E., *The riddle of the Didache, Fact or Fiction, Heresy or Catholicism?*, London 1938.

VOSS, G., *Die Christologie der lukanischen Schriften in Grundzügen (Studia Neotestamentica/Studia II)*, Paris/Bruges 1965.

VOLZ, P., *Die Eschatologie der jüdischen Gemeinde im neutestamentlichen Zeitalter. Nach den Quellen der rabbinischen, apokalyptischen und apokryphen Literatur*, Tübingen 1934.

WALTER, N., *Tempelzerstörung und synoptischen Apokalypse*, in: *ZNW 57* (1966) 38-49.

WALKER, R., *Die Heilsgeschichte im ersten Evangelium (FRLANT 91)*, Göttingen 1967.

WEDER, H., *Die Gleichnisse Jesu als Metaphern. Traditions - und redaktionsgeschichtliche Analysen und Interpretationen (FRLANT 120)*, Göttingen ²1980.

WEISER, A., *Die Knechtsgleichnisse der synoptischen Evangelien (StANT)*, München 1971.

— *Von der Predigt Jesu zur Erwartung der Parusie. Überlieferungsgeschichtliches zum Gleichnis vom Türhüter*, in: *Bibleb 12* (1971) 25-31.

WEISS, B., *Die Quellen des Lukasevangeliums*, Stuttgart/Berlin 1907.

— *Das Neue Testament I*, Leipzig 1922.

WIKENHAUSER, A., *Die Liebeswerke in dem Gerichtsgemälde Mt 25, 31-46*, in: *BZ 20* (1932) 366-377.

— *Einleitung in das Neue Testament*, Basel 1973.

WILDER, A.N., *The eschatology of Jesus in Recent Cristicism and Interpretation*, in: *Journal of Religion 28* (1948) 177-187.

WILCKENS, U., *Gottes geringste Brüder - zu Mt 25, 31-46*, in: ELLIS, E./GRÄSSER, E. (Hrsg.), *Jésus and Paulus (Festschfift für Kümmel, W.G.)*, Göttingen 1975, 363-383.

WINANDY, J., *La scène du jugement dernier Mt 25, 31-46*, in: *ScEc 18* (1966) 169-186.

— *Le logion de l'ignorance*, in: *RB 75* (1968) 63-79.

ZAHN, Th., *Das Evangelium nach Matthäus*, Leipzig ²1905.

ZERWICK, M., *Die Parabel vom Thronanwärter*, in: *Biblica 40* (1959) 654-674.

ZUMSTEIN, J., *Matthieu, l'avocat de Jésus terrestre. Brève esquisse de théologie matthéenne*, in: *Foi et Vie, Cahiers bibliques 3 (1979) 34-52*.

ZMIJEWSKI, J., *Die Eschatologiereden des Lukasevangeliums*, Bonn 1972.

INDEX DES CITATIONS SCRIPTURAIRES

Cet index comprend toutes les citations de l'Écriture sauf celles de Matthieu, dont les références sont trop nombreuses pour être citées dans cet index.

APOCRYPHES ET PSEUDÉPIGRAPHES

4 Esdras

4,13-18	P. 126 n 15
4,24	90 n 57
4,33-35	52
4,52	114
5, 2	75
5, 4	111
6,11	52
6,23	112
6,24	75
6,25	70 n 49 ; 75
9,7-8	75 n 71
13, 3	112 n 40
13,16-20	70 n 47 ; 75

Henoch Slave

9-10	187 ; 188

Henoch Éthiopien

10,33	76 n 74
10,37	76 n 74
16, 1	56
16, 2	113 n 48
47, 3	181, n 41
51, 3	181
60, 2	181 n 33
61,10	181 n 33
62,2-5	112. 181 n 32
63, 5	181 n 32
69,27-29	181 n 32
80, 2	90
80,4-7	111
91. 6.7	75
99, 4	65
99, 5.6.9.15	75

TABLE DES MATIÈRES

PHOTOCOMPOSÉ EN TIMES DE 10
ET ACHEVÉ D'IMPRIMER EN DÉCEMBRE 1983
PAR L'IMPRIMERIE DE LA MANUTENTION
A MAYENNE
Nº 7999